Kochkünste aus sieben Jahrhunderten

Anne Willan

Kochkünste aus sieben Jahrhunderten

Berühmte Köchinnen und Köche von Taillevent bis Escoffier

Ihre Rezepte Ihre Gäste

Hallwag Verlag Bern und Stuttgart

Eine McGraw-Hill Koproduktion

Titel der Originalausgabe:
Great Cooks and Their Recipes

Deutsche Übersetzung:
Doris E. Flach
Marie-Louise Lüscher
Brigitte E. Schwabacher

Umschlag:
Robert Buchmüller

ISBN 3 444 10 252 6
Printed in Switzerland

ÜBER DIE AUTORIN

Anne Willan, gebürtige Engländerin, wandte nach Abschluß des Wirtschaftsstudiums in Cambridge ihre ganze Schaffenskraft, ihr Wissen und Können der Kochkunst zu. Es gelang ihr damit, was für viele ein Wunschtraum bleibt: aus einem geliebten Hobby einen Beruf zu machen.

Das nötige Fachwissen erwarb sie sich an der Cordon Bleu-Schule in London, wo sie anschließend als Lehrerin engagiert wurde. Fasziniert von der französischen Küche, besuchte sie später noch die berühmte Ecole du Cordon Bleu in Paris und schloß dort mit dem Grand Diplôme ab. Am Anfang ihrer kulinarischen Laufbahn war sie als Kochlehrerin und exklusive Party-Köchin tätig – unter anderem führte sie Empfänge auf Schloß Versailles durch.

Später übersiedelte sie nach New York, um an der führenden Zeitschrift *Gourmet* Redaktorin zu werden. Ihre Heirat mit Mark Cherniavsky, einem Mitarbeiter der Weltbank, brachte sie nach Washington. Dort erhielt sie den Auftrag, die weltbekannte Kochbuchserie *Cordon Bleu Cookery Course* für die USA zu überarbeiten. Neben dieser Arbeit machte sie Demonstrationen am Fernsehen, hielt Vorträge und betreute Kochseiten bekannter Zeitschriften. Ihr erstes Kochbuch *"Entertaining Menus"* erschien 1974 in New York. Drei Jahre später folgte das Werk *"Great Cooks and Their Recipes"*, das nun hier in der deutschen Fassung vorliegt.

Durch die Tätigkeit ihres Mannes kehrte Anne Willan wieder nach Europa zurück. 1975 eröffnete sie ihre eigene Kochschule, die Ecole de Cuisine La Varenne in Paris, an der Rue St. Dominique 34. Zusammen mit französischen Küchenchefs führt sie dort vorwiegend Amerikanerinnen in die französische und europäische Küche ein. In kurzer Zeit wurde die Schule zu einem Begriff, ebenso – nun auch in Europa – der Name Anne Willan.

INHALTSVERZEICHNIS

FÜR MARK, welcher der Idee zu diesem Buch Pate gestanden und sie zur Verwirklichung geführt hat. Für die drei Kapitel über die italienischen Köche schulde ich Elisabeth Evans besonderen Dank. Sie hat das Quellenmaterial mit viel Geschick durchforscht und mich durch unvertrautes Gelände geleitet. Margo Miller bin ich höchst dankbar für ihre Hilfe bei den zwei Kapiteln über die amerikanischen Köchinnen und John Bowle für seine Kommentare zum Manuskript. Großzügige und fachkundige Unterstützung erhielt ich auch von Jenny Turtle, welche die Bildnachforschung an die Hand genommen hat, und von Sheryl Julian und Jenie Wright, welche die Rezepte ausprobiert haben.

Anne Willan

Nein, ich kann in der ganzen Welt nichts
Angenehmeres mir denken
Als wenn Fröhlichkeit sich des ganzen Volkes
bemächtigt
Und in den Häusern die Gäste, in Reihen sitzend,
dem Sänger horchen, indem vor ihnen vollauf die
Tische bedeckt sind
Mit Gebacknem und Fleisch, und der Schenke
den Wein aus der Kumpe
Fleißig schöpft und ringsum in vollen Bechern
verteilet;
Ja, dies nennet mein Herz die höchste Wonne
des Lebens...

Homer

Die Entdeckung eines neuen Gerichtes, das unseren Appetit erhält und unsere Genüsse verlängert, ist ein viel interessanteres Ereignis als die Entdeckung eines Sterns; davon sieht man immer genug.

Jean Brillat-Savarin

Die größte Tugend des wahren Feinschmeckers ist die: nie mehr zu essen, als er mit Andacht verdauen, und nie mehr zu trinken, als er mit vollem Bewußtsein vertragen kann.

Grimod de la Reynière

VORWORT

Das Vorwort zu diesem Buch schreiben zu dürfen, ist für mich eine besondere Freude. Schon das Thema selbst interessiert mich brennend und, was noch wichtiger ist, ich habe Anne Willan persönlich kennengelernt. Wir verstanden uns, kaum daß wir ein paar Worte gewechselt hatten: sie, die unkomplizierte Amerikanerin mit dem unverkennbaren Pariser Charme – ich, die Europäerin mit weltweiten kulinarischen Interessen, die bei Kollegen neben Fachwissen und -können vor allem Großzügigkeit, Herzlichkeit und Fairneß sucht. Einfach die gewisse Atmosphäre und das unentbehrliche Flair für alles, was mit Essen und Trinken zusammenhängt. Das alles fand ich in dieser Begegnung. Nach kurzer Zeit verstand ich, warum Anne Willan sich an die große Aufgabe herangewagt hatte, ein historisches Buch zu schreiben. Ihre intensive Beschäftigung mit der Kochkunst brachte ihr immer mehr zum Bewußsein, wieviel wir eigentlich den Köchen vergangener Zeiten verdanken. Es war sicher keine leichte Aufgabe, nach bestimmten Kriterien unter ihnen die geeignete Auswahl für dieses Buch zu treffen. Anne Willan entschloß sich für berühmte Berufsköche, die uns kulinarische Werke hinterlassen haben.

Das Buch beginnt mit Taillevent, dem Küchenchef der Könige von Frankreich, dann folgen Martino und Scappi, die für die klassische Schule der französischen Küche maßgebend waren. La Varenne, Menon und der unvergleichliche Carême schließen sich an. Erstmals lesen wir auch etwas über angelsächsische Köche, wie Robert May, dem durch ein hinterlassenes Werk eine gewisse Bedeutung zukommt, wenn auch seine Rezepte nicht unbedingt nach unserem Geschmack sind. Und natürlich ist auch der große Escoffier vertreten. Mit seinem *"Guide culinaire"* schuf er ein Werk, das heute noch für viele Küchenchefs das Basisbuch der klassischen Küche ist.

Bemerkenswert ist, daß für einmal in diesem Buch auch Köchinnen gewürdigt werden. Man pflegt sie gewöhnlich in solchen Werken zu übergehen, war doch – besonders in Frankreich – noch bis vor kurzem das Kochen eine durchaus männliche Angelegenheit. Von Frauen verfaßte Kochbücher aus früheren Jahrhunderten gelangen erst jetzt in Ausgaben aus Österreich und Deutschland an die Öffentlichkeit.

Die Gründe dafür sieht Anne Willan darin, daß sich nach der Renaissance die Küche in zwei Bereiche aufteilte: einmal die Berufsküche mit anspruchsvollen Gerichten, deren Realisierung große Brigaden erforderte, daneben die ausgesprochene Frauenküche.

Erst anfangs des 18. Jahrhunderts vermochten sich Frauen in Amerika und England im Kochberuf durchzusetzen. So schildert Anne Willan die spannende, abenteuerliche Geschichte der Hannah Glasse, der es dank Subskriptionen gelang, ihr praktisches Buch *"The Art of Cookery, by a lady"* herauszubringen. Wir erfahren, wie Amelia Simmons etwas später ein rührend naives Buch über die amerikanische Pionierküche veröffentlichen konnte. Mit Interesse vernimmt man auch, daß das *"Book of Household"* der viktorianischen Isabella Beeton gute und heute noch brauchbare Rezepte enthält. Ebenso, daß Fannie Farmer, deren erstes Kochbuch 1896 in den USA erschien, ihre Schülerinnen zu einer gewissen Kreativität beim Kochen ermutigte.

Die in diesem Buch aufgeführten Werke besitzt die Autorin alle im Original oder als Nachauflage. Bei der Nachzeichnung der historischen Überlieferungen hat es Anne Willan aber nicht bewenden lassen; sie hat jedes publizierte Rezept gekocht und mit ihren Mitarbeitern zu einer heute brauchbaren Version überarbeitet.

So ist das vorliegende historisch-kulinarische Werk ein lebendiges, für jedermann lesbares Buch geworden – ein wesentlicher Beitrag zur Küchengeschichte und zur Erhaltung der Tafelkultur.

Marianne Kaltenbach

Die Rezepte dieses Buches sind im Original wiedergegeben und wurden durch eine moderne, adaptierte Version ergänzt. Die oft etwas seltsam anmutenden Kochmethoden wurden – wenn immer möglich – in ihrer ursprünglichen Form belassen, die Zutaten hingegen durch heute erhältliche ersetzt, sofern dies nötig war.

Taillevent

etwa 1312–1395

Taillevents "Le Viandier" erschien 1490 – fast hundert Jahre nach seinem Tod – erstmals in Druck. Hier das Titelblatt einer Ausgabe zu Beginn des 16. Jahrhunderts, erschienen in Lyon, Hauptstadt des Burgunds und hervorragende Stätte der Gelehrsamkeit und Buchdruckerkunst.

Le liure de taillevent grant cuysinier du Roy de France.

On les vend a Lyon/en la maison de feu Barnabe Chaussard/pres nostre dame de Confort.

In der langen Geschichte der Kochkunst ist Taillevent der erste Berufskoch, dessen Namen in Erinnerung geblieben ist. Er war Chefkoch einer eindrücklichen Reihe von französischen Königshöfen des Mittelalters. Vor ihm hatten schon viele die Freuden der Tafel zu preisen gewußt, aber sein Buch *"Le Viandier"* begründet erst die eigentliche Kochkunst, wie wir sie heute kennen, denn von seiner Zeit an bezeugt eine stete Folge von Köchen und Kochbüchern die Entwicklung dieser Kunst.
Sein bürgerlicher Name lautete Guillaume Tirel. Taillevent war ein Spitzname, wie ihn Lehrlinge damals oft erhielten und zeitlebens nicht mehr loswurden.
Im Jahr 1326 kam der Vierzehnjährige als *happelapin* (Küchenjunge) in den Dienst der Königin

Wie alle Küchenjungen begann Taillevent seine Laufbahn als Bratspießdreher.

Johanna von Frankreich und hatte als solcher die wenig beneidenswerte Aufgabe, die großen Bratspieße am offenen Feuer zu drehen. 1346 zum *maître queux* (Koch) bei Philipp VI. befördert, wurde ihm schon drei Jahre später "in Anerkennung der dem König geleisteten guten und angenehmen Dienste" ein eigenes Haus bewilligt. Kurz danach erhob ihn der König in den Rang eines *écuyer* (Junker); in der Folge diente er sich in verschiedenen Hofhaltungen der Valois-Dynastie weiter hoch und erreichte 1381 den Höhepunkt seiner Laufbahn als erster Hofkoch Karls VI. Er verfaßte *"Le Viandier"* vermutlich ein paar Jahre früher, ermuntert von Karl V.
Heute erscheint die von Taillevent in *"Le Viandier"* beschriebene Kunst des Kochens recht merkwürdig. Während wir heute Geschmack und Beschaffenheit der Zutaten voll und ganz zur Geltung zu bringen versuchen, wurden die Ingredienzien

Gegenüber:
Der Herzog von Berry tafelt in königlicher Manier. Derartige Szenen waren Taillevent als Koch der französischen Könige aus dem Hause Valois wohlvertraut. Der vor dem Herzog stehende Vorschneider ist eben daran, eine ganze Platte kleiner Vögel zu zerlegen. Der Diener neben ihm hat jede Speise auf Gift zu prüfen. Am Tischende bereitet der Brotmeister die als Unterlage dienenden Brotscheiben vor, während ein Geistlicher sich anschickt, das Tischgebet zu sprechen.

Tranchiermesser und Tischmesser, frühes 15. Jahrhundert, für Johann ohne Furcht von Burgund hergestellt.

von den Köchen des Mittelalters bis zur Unkenntlichkeit zerstoßen und püriert, und dann so verschwenderisch gewürzt, daß ihr Eigengeschmack völlig verloren ging. Dafür gab es allerdings gute Gründe. Die Nahrungsmittel waren oft schon so alt und verdorben, daß sie zerstoßen und mit starken Gewürzen überdeckt oder mit Farbstoffen aufgefrischt werden mußten. Bevorzugt war das Goldgelb des Safrans, doch verwendeten die Köche des Mittelalters auch gerne Sandelholz, Kräuter und Maulbeeren, um ihre unappetitlichen Pürees mit roter, grüner oder blauer Farbe herauszuputzen.

Der goldene Pokal der Könige von England und Frankreich, ein Geschenk des Herzogs von Berry. Wie alle Prunkbecher der damaligen Zeit hat er einen Deckel zum Schutz gegen Gift.

Aber schon damals gab es eitle Vornehmtuerei bei der Zubereitung der Speisen. Ein Pfund Safran kostete so viel wie ein Pferd, was Taillevent jedoch nicht daran hinderte, dieses kostbare Gewürz in mehr als der Hälfte seiner Rezepte zu verwenden. Was heute Kaviar darstellt, waren damals Gewürze, wie etwa die Muskatnuß, die sieben fette Ochsen das Pfund wert war.

Taillevent verwendete auch eine *poudre fine* genannte Gewürzmischung als Grundlage, die dem

Festmahl eines deutschen Adligen. Dieses Bild zeigt, wie im Mittelalter die Bankettische rechtwinklig zum hohen Tisch angeordnet wurden. Um das Gesicht des Edlen zeigen zu können, hat ihn der Künstler allerdings mit dem Rücken gegen die Gesellschaft im Saal dargestellt. Das Salzfaß zu seiner Linken dient dazu, das kostbare Gewürz wie auch die hohe Stellung des Gastgebers den Augen aller sichtbar zu machen. Wer seinen Platz nicht am hohen Tisch hatte, saß "unter dem Salz".

Einige von Taillevents Rezepten sind kaum mehr als eine Aufzählung der Zutaten mit nur wenig Anleitung. Viele jedoch geben mehr Einzelheiten und ein gutes Bild der mittelalterlichen Küche und ihrer Gerichte. Salz fehlt sehr oft in den Rezepten, einerseits, weil es sehr teuer war und meist erst bei Tisch, nach individuellem Geschmack und vor allem nach Rang und Stand, gebraucht wurde, andererseits, weil so manches Fleisch schon gesalzen, d.h. gepökelt war. Von den angegebenen Rezepten dürften daher einige noch Salz erfordern, obwohl die anderen Gewürze diesen Mangel weitgehend wettmachen.

★★★★★★★★★★★★★★★★★★★★★

Civé de veel

Civet oder Pfeffer ist noch heute echter Bestandteil der französischen Küche. Taillevents Rezept ist zwar eher einem indischen Curry vergleichbar. Die Sauce wird mit Brotkrumen oder Erbsenpüree eingedickt, ähnlich wie man in Südindien Hülsenfrüchte verwendet, um dem Curry Substanz zu geben. «Paradieskörner» (Aframomum melegueta, Meleguetapfeffer) sind eine pfefferige Abart von Kardamom, und Verjus ist der Saft herbsaurer Früchte.

Brate das Fleisch zuerst am Spieß oder auf dem Rost nicht allzustark, schneide es in Stücke und lasse es in einem Topf mit Fett weiterdünsten, hacke Zwiebeln fein und gib sie dazu; nimm geröstetes, in Wein getränktes Brot und Rindsbrühe oder Erbsenpüree und bring es mit dem Fleisch zum Kochen; nun bereite Ingwer, Zimt, Nelken, Paradieskörner und Safran zum Färben zu, und verdünne die Mischung mit Verjus und Essig, und laß' es gut eindicken, mit viel Zwiebeln, das Brot gebräunt, alles pikant mit Essig und stark gewürzt, und es sollte gelb sein.

KALBSPFEFFER (RAGOUT)

Für 4 Personen

ZUM EINDICKEN:

3 Eßlöffel (250 g) leicht geröstete Weißbrotkrume
2 dl Rot- oder Weißwein
2,5 dl Rindsbrühe

ODER

60 g getrocknete halbe Erbsen (über Nacht in Wasser eingelegt und gut abgetropft)
4 dl Wasser
Pfeffer

FÜR DEN PFEFFER:

2 Eßlöffel Schmalz oder Öl
1 kg Kalbfleisch (Schulter oder Keule/Stotzen, ohne Bein)
4 mittlere Zwiebeln, feingehackt
2 Teelöffel Ingwerpulver
2 Teelöffel Nelkenpulver
Kardamomkörner
1 Prise Safran
2–3 Eßlöffel Verjus (siehe unten)
2–3 Eßlöffel Essig

Ursprünglich wurde der Pfeffer auf einer dicken Scheibe Brot gereicht, aber heute gäbe man Reis dazu.

EINDICKEN DER SAUCE: Bei Verwendung von Brotkrumen (geriebenes Weißbrot), diese mit dem Wein gut durchtränken und 5 Minuten stehenlassen, dann die Brühe dazugeben. Bei Verwendung getrockneter Erbsen, diese 1–1½ Stunden zugedeckt leicht kochen lassen, bis sie zum Pürieren weich genug sind. Das Püree muß dickflüssig sein; mit Salz und Pfeffer abschmecken.

ZUBEREITUNG DES PFEFFERS: Das Fleisch über der offenen Flamme, vorzugsweise Holzkohlenfeuer, leicht anbräunen und in etwa 2 cm dicke Würfel schneiden. In einer Kasserolle Schmalz oder Öl erhitzen und das Fleisch auf allen Seiten braun braten (am besten in zwei Arbeitsgängen). Fleisch herausnehmen und die feingehackten Zwiebeln im Fond goldgelb werden lassen. Nun das Fleisch wieder beigeben, die weingetränkten Brotkrumen oder das Erbsenpüree dazu und zugedeckt zum Kochen bringen. Mit einigen Löffeln der so erhaltenen Sauce die bereitgestellte Gewürzmischung aus Ingwer, Zimt, Nelken, Kardamom und Safran anfeuchten und dem Fleisch beimengen. Salzen und pfeffern. Das Ragout auf dem Herd oder in mittelheißem Ofen (160° C) zugedeckt 1–1½ Stunden weichkochen. Zuletzt Fruchtsaft und Essig nach Belieben einrühren (die Menge richtet sich nach dem Säuregehalt).

ZUBEREITUNG DES VERJUS: Saure Trauben und Äpfel, Holzäpfel oder andere herbe oder unreife Früchte durchpressen (Obstpresse, Mixer), nötigenfalls sieben.

Mit etwas Findigkeit läßt sich in einem mittelalterlichen Kessel eine ganze Mahlzeit gleichzeitig bereiten: Das Fleisch, das am längsten braucht, liegt im siedenden Wasser am Boden, mit einem Brett beschwert; auf dem Brett steht ein Topf mit Gemüsen zum Dämpfen, während ein Pudding in ein Tuch eingewickelt und mit einer Schnur am Griff befestigt ist.

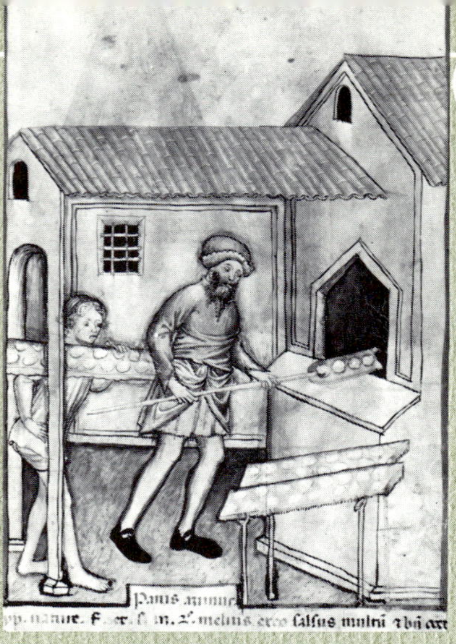

Um Brot zu backen, wurde im Mittelalter im Ofen erst ein Feuer angezündet. War der Ofen heiß genug, entfernte man die Asche und legte das Brot hinein.

Gournault, rouget, grimodin

Dies sind drei Arten von Meerbarbe. Taillevent dämpft sie und gibt eine damals sehr beliebte gewürzte Sauce hinzu, *cameline* genannt. Die Fische können auch auf dem Rost unter ständigem Würzen und Begießen mit Verjus gebraten werden, genau wie bei einem Barbecue. Langer Pfeffer ist auch ein Pfeffergewächs, ist aber mit Cayennepfeffer, der erst etwa 150 Jahre später aus der Neuen Welt eingeführt wurde, nicht verwandt.

Nimm die Fische aus und wasche sie gut, gib sie in einen Topf, bestreue sie mit Salz, gib Wasser zu und dämpfe sie; gereicht werden sie mit Camelinesauce. Du kannst sie aber auch am Rücken aufschneiden, gut waschen und auf dem Rost braten, wobei sie des öftern in Verjus und Gewürzpulver getaucht werden.

Cameline

Zerreibe Ingwer, eine gute Menge Zimt, Gewürznelken, Kardamom, Muskatblüte, nach Belieben langen Pfeffer zu Pulver; tränke Brot in Essig, drücke es durch ein Sieb und gib es dazu; feuchte alles gut an und salze nach Belieben.

GEDÄMPFTE MEERBARBE MIT CAMELINESAUCE

Für 4 Personen

4 Meerbarben oder andere kleine Seefische oder Forelle (je etwa 400–450 g)

DIE SAUCE:

2,5 dl Wein oder Essig
5 Scheiben Brot (ohne Rinde)
1 ½ Teelöffel Zimtpulver
1 Teelöffel Ingwerpulver
Körner von zwei Kardamomschoten, zerstoßen
½ Teelöffel Nelkenpulver
½ Teelöffel Muskatblütenpulver
½ Teelöffel frisch gemahlener schwarzer Pfeffer
Salz nach Belieben

Die Fische gut waschen und auf Papier trocknen. In eine Kasserolle legen, salzen und mit Wasser nicht ganz bedecken. Die Kasserolle mit einem Deckel oder mit Folie zudecken und in mittelheißem Ofen (180° C) 20–25 Minuten dämpfen lassen. Fische auf Papier abtropfen lassen. Die Sauce wird separat gereicht.

DIE SAUCE: Den Essig über das Brot gießen und etwa 5 Minuten stehenlassen, bis es gut durchweicht ist. Zimt, Ingwer, Kardamom, Nelken, Muskatblüte und Pfeffer dazugeben, und die Mischung pürieren. Mit Salz abschmecken. Die Masse sollte sich leicht vom Löffel lösen.

MEERBARBE VOM ROST

Für 4 Personen

4 Meerbarben oder andere kleine Seefische oder Forelle (je 400–450 g) oder
2 mittlere Seebarsche oder anderer Seefisch (je 750–900 g)
2,5 dl Verjus
1 Teelöffel Ingwerpulver
1 Teelöffel Zimtpulver
½ Teelöffel frisch gemahlener schwarzer Pfeffer
½ Teelöffel Muskatpulver
¼ Teelöffel Nelkenpulver
Körner einer Kardamomschote, zerstoßen
¼ Teelöffel Salz, oder nach Belieben

Die Fische am Rücken aufschneiden, ausnehmen, gut waschen. Mit Papier abtupfen. Zwei Eßlöffel Verjus mit der Gewürzmischung und Salz vermengen und zu einer glatten Masse verrühren, den restlichen Verjus dazugeben. Die Fische beidseitig mit dieser Mischung einreiben und mit den aufgeschnittenen Rücken nach unten auf den Rost legen, etwa 5–10 Minuten, je nach Dicke des Fisches, unter wiederholtem Begießen mit der Verjusmischung grillieren, umdrehen, neu begießen und weiter grillieren, bis der Fisch weich ist.

Ein Pfau in seinem ganzen Federschmuck, von einer besonders schönen Frau feierlich hereingetragen, stellte den Höhepunkt manchen Festmahls dar. In ganz Nordeuropa war die Speisenfolge wohl ungefähr dieselbe wie jene beim Inthronisierungs-Festmahl von George Nevill als Erzbischof von York (1467): Weizenbrei mit Wild; Königssuppe; Hirsch mit üblicher Würze; Reh wie Schaf gewürzt; Königsbrei; gebratene Schwanküken; Schwan mit Zyperwurzel gekocht; Kapaun mit Gänsebraten; Rehbratenstücke; Rindfleisch; geschmorter Rehbraten; und als leichtes Zwischengericht, subtletie *genannt, ein Eierstich – und dies war nur der erste von drei ähnlichen Gängen!*

heutigen Currypulver sehr ähnlich war. Tatsächlich kommt die moderne indische Küche der mittelalterlichen wohl am nächsten, nicht nur in ihrer freizügigen Verwendung von Gewürzen, sondern auch in ihrer Gewohnheit, den Geschmack durch süße und saure Zutaten zu heben. Pikante Speisen wurden oftmals mit Zucker und *vin aigre* (Essig, wörtlich: saurer Wein) oder *verjus,* hergestellt aus dem Saft herbsaurer Früchte, abgeschmeckt. Zuk-

ker verwendete man wie Salz zum Bestreuen fertiger Gerichte.

Tatsächlich wurde kein Unterschied zwischen süßen und pikanten Speisen gemacht; sie kamen alle gleichzeitig auf den Tisch, völlig ungeachtet ihrer verschiedenen Geschmacksrichtungen. Stark gewürzte Fleischgerichte wurden mit fadem Brei oder mit einem Mus aus Korn und Hülsenfrüchten gereicht, eine Gewohnheit, die wiederum an die moderne indische Küche erinnert.

Zu Taillevents Zeiten mußten die Köche die Speisen für eine Tafel vorbereiten, an der es nur sehr wenig Tischgerät gab. Kein Wunder, daß ein Happen von der Länge eines Fingers das größte zulässige Stück war, oder daß in fast jedem Rezept das Fleisch "zerhauen", "zerhackt" oder "zu Staub gemahlen" wurde. Gabeln waren unbekannt, Löffel selten; deshalb wurde buchstäblich mit den Händen, d.h. mit den Fingern gegessen. Das Fleisch war zäh, die Zähne waren schlecht; aber das Messer als einziges verbreitetes Tischgerät galt als "lebensgefährlich", und von seinem Gebrauch wurde tunlichst abgeraten.

Anstelle eines Tellers wurde eine dicke Scheibe Brot verwendet. Daher wurden die Saucen mit Brotkrumen oder Eigelb eingedickt und so daran gehindert, sich über den ganzen Tisch zu ergießen. Mindestens 200 Jahre mußten noch vergehen, bis Mehl als Bindemittel breite Verwendung fand.

Taillevent hatte eine erstaunlich breite Auswahl an Zutaten zur freien Verfügung. Er erwähnt mehr als zwei Dutzend Sorten Fleisch und Vögel, darunter den Storch, den Reiher und den Liebling des Mittelalters, den Pfau. Der Pfau wurde mit intakten Federn enthäutet, gekocht, dann wieder in die Haut gefüllt und im vollen Federschmuck, den Schwanz zum Rad geschlagen, als Schaugericht aufgetragen.

ANIS

PFEFFER

PORTULAK

In den Speisenfolgen jener Zeit machte man mit den Braten großes Aufheben. Wenn Taillevent ihnen nur geringen Platz einräumt, so spiegelt dies nur wieder, daß sie nicht vieler Anleitung bedurften, sind doch auch in einem modernen Kochbuch die Kapitel "Braten" und "Sieden", gemessen an ihrer Wichtigkeit für die Hausfrau, unverhältnismäßig kurz gehalten. Die weitverbreitete Vorstellung, Hauptgericht eines mittelalterlichen Festmahls sei ein ganzer Ochse am Spieß gewesen, entspricht wohl kaum den Tatsachen. Ausgewachsene Tiere waren für diese Art der Zubereitung sicher zu zäh. Taillevent spricht nur von Jungtieren – Kalb, Kitz und Spanferkel – und natürlich von Vögeln. Im Winter waren sogar diese knapp, und es stand fast nur Pökelfleisch zur Verfügung.

Fleisch – welcher Art auch immer – kam nur auf den Tisch der Reichen, und auch diese sahen sich an mehr als der Hälfte der Tage im Jahr durch die Fasten- und Abstinenzgebote gezwungen, Fischdiät zu halten. Taillevent zählt über fünfzig verschiedene Salzfische auf. Fastentage wurden streng eingehalten – in Frankreich nannte man sie *jours maigres* (magere Tage) –, und sie zu brechen war ein sündhaftes Vergehen. Pflanzenkost wurde als Nahrung für die Armen betrachtet, die von Milch und Käse und von dem leben mußten, was sie selber pflanzen konnten. (Eine Bestätigung dafür sind die vegetarischen Vorschriften der strengsten religiösen Sekten.) Dies umfaßte alle Arten von Kohl, Lauch, Zwiebeln und eine ganze Reihe halbvergessener Grünpflanzen wie Borretsch, Diptam, Ysop und Weinraute. Eines der wenigen Heilkräuter, das die Zeiten überdauert hat, ist die Petersilie. Nur hie und da konnte diese magere Kost durch Vogelfleisch ergänzt werden. Erst 200 Jahre später sollte Heinrich IV. sagen dürfen, er habe Frankreich solchen Wohlstand gebracht, daß sich jede Familie am Sonntag ein Huhn im Topf *(la poule au pot)* leisten könne.

Nur wenige mittelalterliche Gerichte haben in unsere Zeit hineingefunden. *Hochepot* ist sehr ähnlich wie ein moderner Eintopf, und *froumentée* kennt

Jeder größere Haushalt hatte seinen eigenen Kräutergarten, für medizinische Zwecke und für die Küche.

ROSMARIN

SONNENBLUME

MUSKAT

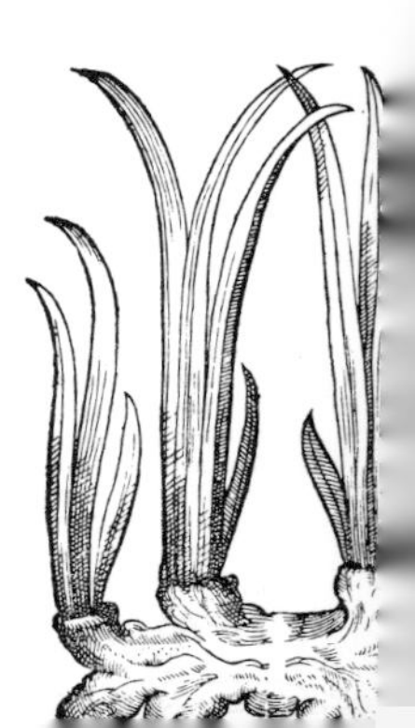

INGWER

PETERSILIE

THYMIAN

SAFRAN

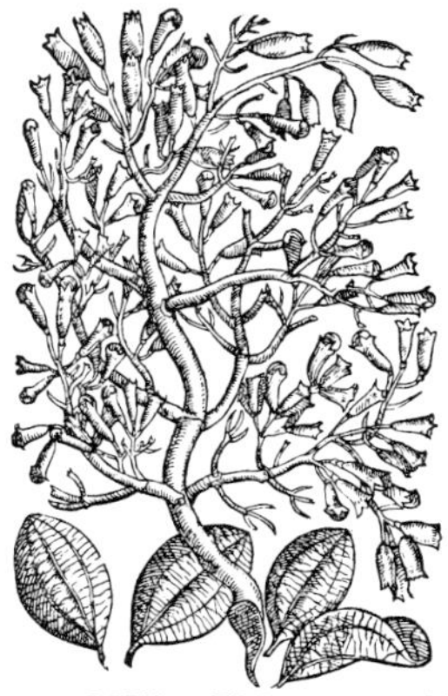

NELKEN

NATTERNKOPF

man noch in England als *frumenty*, ein Weizenbrei, der nach alter Tradition am Heiligen Abend gereicht wird. *Galantine* und *blanc manger* sind noch heute gebräuchliche Namen, wenn auch die Speisen an sich etwas abgeändert worden sind. Taillevent verstand unter *galantine* jedes mit der aromatischen Zyperwurzel gewürzte Gericht, während sein *blanc manger* ein weißes Püree – meist aus Geflügel oder Fisch – war, das mit Reis oder gemahlenen Mandeln eingedickt wurde, damit es eine feste Form beibehielt. Im Mittelalter brauchte man Mandeln in enormen Mengen: für Süßspeisen gemahlen, zur Herstellung von Mandelmilch in kochendem Wasser eingeweicht, und als Bindemittel für Saucen zerstoßen.

Taillevent tat bedeutend mehr als einfach nur die Küche zu überwachen. Als Chefkoch war er auch für die Zulieferungen verantwortlich und insofern einem modernen Quartiermeister vergleichbar (*viandier* bedeutet Proviantierer). Gegen Ende seines Lebens – er starb 1395, wahrscheinlich mehr als achtzigjährig – stand er dem halben Dutzend Küchen der Königin und der verschiedenen königlichen Prinzen sowie denen des Königs vor. Wenn er Paris verließ, um Lebensmittel einzukaufen, erhielt er eine Reiseerlaubnis von "Heu und Hafer für zwei Pferde". Bei den schlechten Verbindungen und der allgemeinen Unsicherheit des späten Mittelalters dürfte die tägliche Versorgung des Hofes mit Nahrungsmitteln eine wahre Herkulesarbeit gewesen sein. Dem zeitgenössischen Hauswirtschaftstraktat "*Le Ménagier de Paris*" zufolge schloß der Wochenbedarf aller königlichen Hofhaltungen 496 Schafe, 70 Stück Großvieh, 70 Kälber, 63 Schweine, 17 Pökelschweine, 1511 Ziegen, 14900 Hühner, 12390 Tauben und 1511 Junggänse mit ein. Aus diesen Zahlen geht hervor, daß Gastfreundschaft als wichtiger Maßstab für Macht galt. Über die Festessen oder Bankette wissen wir recht gut Bescheid. Der Hausherr und seine Gäste gleichen Ranges saßen am "hohen Tisch", auf einer Art Podium am einen Ende des Saales, rechtwinklig den langen Bänken gegenüber aufgebaut, auf denen die anderen Gäste zu sitzen kamen. Auf diese Weise konnte ein jeder den ganzen umständlichen Fortgang einer Mahlzeit verfolgen – das Händewaschen, das Auftragen der "vortrefflichsten" Speisen und die ausgeklügelten Sicherheitsmaßnahmen gegen Gift. Alle Speisen und Getränke für den hohen Tisch wurden vom Vorschmecker, oft auch vom Koch, geprüft, die Schüsseln und Becher anschließend bis zum Auftragen zugedeckt, damit nicht doch noch Gift beigemischt werden konnte. Die Portionen waren nach dem Rang der Gäste abgestuft; auf dem hohen Tisch folgte in drei verschiedenen Gängen Platte um Platte, und jeder Gang bestand aus zwanzig Gerichten. Bei königlichen Gastmählern hatten die Großen des Reichs Anrecht auf die Hälfte des dem hohen Tisch Gereichten, die Ritter auf ein Viertel, und alle anderen

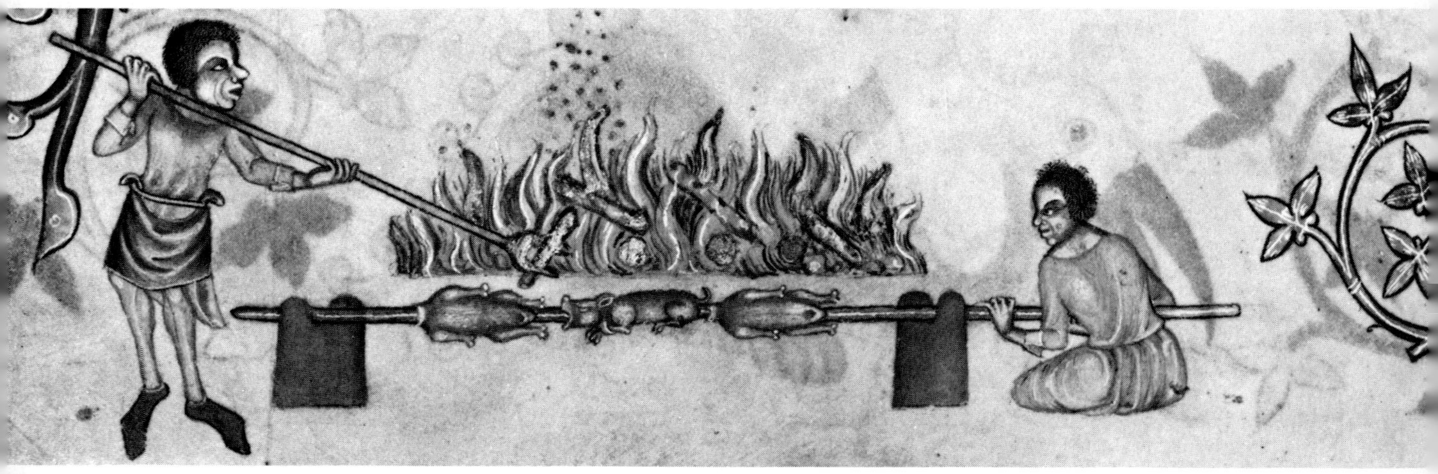

Geladenen lediglich auf ein Achtel. Dem hohen Herrn wurde das Muskelfleisch gereicht, während die Innereien des Tieres in Form einer kleinen Pastete für die Gäste niedrigeren Ranges zubereitet wurden. Daher der Ausdruck "kleine Brötchen backen". Der Höhepunkt eines jeden Ganges war ein kunstvolles, oft jedoch ungenießbares, meterhohes Schaugericht, eine kulinarische Schöpfung, ebenso farbenfreudig wie die Bekleidung der Geladenen mit ihren hohen Hüten, bunten Wämsern und weiten Mänteln. Bei einem Hochzeitsfest machten sich die Köche gar den Spaß, die Braut im Kindbett darzustellen. Etwas taktvollere *pièces montées* waren noch vor hundert Jahren sehr in Mode und finden heute ihren Nachhall in den groß-

artigen Eisskulpturen, die oftmals festliche Tafeln zieren.

Die meisten Autoren bringen die mittelalterliche Küche mit den Traditionen im antiken Rom in Verbindung, und zweifellos bestanden Berührungspunkte zwischen den Rezepten in *"Le Viandier"* und denjenigen im einzig erhaltenen römischen Kochbuch, das dem Epikuräer Apicius zugeschrieben wird. Die mittelalterlichen wie die römischen Köche schreckten vor dem zähen Fleisch größerer Tiere zurück; sie hatten eine Vorliebe für Pürees,

Gegenüber:
Zu Taillevents Zeit war Fleisch zäh und mußte lange gekocht, fein gehackt oder zu Brei zerstoßen werden (s. oben).

Man beachte das Sieb, den Schürhaken und die zwei Hackmesser, die der Koch gleichzeitig benützte. Nur Vögel und Kleintiere wie z.B. Spanferkel waren zart genug zum Braten (s. Mitte).

Speisen werden zum Auftragen bereitgestellt. Die dreibeinigen Tische standen auch auf unebenem Boden fest (s. unten).

Hochepot de poulaille

Im Mittelalter verstand man unter *hochepot* den an einem Haken aufgehängten Kessel, in dem Speisen lange gekocht wurden.

Nimm ein Huhn, schneide es in Stükke und laß diese in Schmalz anbraten; gib etwas geröstetes Brot und die in Wein und Rindsbrühe eingeweichte Hühnerleber dazu; schäle Ingwer, Zimt und Kardamom und löse sie in Verjus auf; es sollte klar und dunkel sein, aber nicht zu stark.

HÜHNERRAGOUT

Für 4 Personen

2 Eßlöffel (200 g) geröstete Weißbrotkrume
1 Brathuhn (etwa 1–1½ kg), in Stücke geschnitten, mit der Leber
2 dl Rotwein
2 dl Rindsbrühe
2 Eßlöffel Schmalz
Salz und Pfeffer
2 Eßlöffel Verjus
1 Teelöffel Ingwerpulver
1 Teelöffel Zimtpulver
Körner einer Kardamomschote, zerstoßen

Eigentlich sollte das Gericht auf einer dicken Scheibe Brot gereicht werden, aber Kastanienpüree (siehe nächstes Rezept) paßt ausgezeichnet dazu.

Die Hühnerleber feinhacken, durch ein Sieb streichen, die Brotkrumen und den Wein dazugeben und alles 5 Minuten durchtränken lassen, dann die Rindsbrühe einrühren.

Das Schmalz in einer Kasserolle erhitzen und die Fleischstücke ringsum gut anbraten. Die mit Salz und Pfeffer abgeschmeckte Lebermischung beigeben und zugedeckt auf dem Herd oder im Ofen bei 180° C etwa 30 Minuten schmoren, nicht zu weich werden lassen! Die bereitgestellte Gewürzmischung mit Verjus anfeuchten und dazugeben. Noch etwa 10 Minuten kochen lassen, bis das Huhn gut weich ist. Das Huhn herausnehmen und warm stellen. Die Sauce einkochen, bis sie gut dunkel, glänzend und sehr dick ist. Vor dem Auftragen über das angerichtete Fleisch gießen.

Subtil brouet d'Engleterre

Ein *brouet* oder Püree konnte beinahe alles beinhalten – Fleisch, Fisch oder Geflügel. Dieses Kastanienpüree wird auch heute noch gerne zu Wildbret gereicht.

Nimm gekochte, geschälte Kastanien und hartgekochtes Eigelb, dazu etwas Schweinsleber, und zerstoße alles zusammen; glätte die Masse mit etwas warmem Wasser und drücke sie durch ein Sieb, würze mit langem Pfeffer und Safran, und koche alles zusammen.

KASTANIENPÜREE NACH ENGLISCHER ART

Für 6 Personen

1 kg Kastanien
7,5 dl Wasser
4 hartgekochte Eigelbe
250 g Schweinsleber, in Stücke geschnitten
2 Teelöffel frisch gemahlener schwarzer Pfeffer, oder nach Belieben
1 Prise Safran, in 2 Eßlöffeln kochendem Wasser aufgelöst
Salz nach Belieben

Die Kastanien werden mit dem Messer eingeschnitten, mit Wasser bedeckt zum Kochen gebracht, handvollweise abgegossen, geschält und die Innenhaut entfernt. Sollten sie zu hart werden und sich nicht mehr schälen lassen, bringe man sie wieder kurz zum Kochen.

Die geschälten und enthäuteten Kastanien werden mit Wasser etwa 30 Minuten weichgekocht, abgetropft (Abguß beiseite stellen), mit dem hartgekochten Eigelb und der Schweinsleber, unter Beimengung des Abgusses, püriert, so daß die Masse leicht vom Löffel tropft. Das Püree wird nun wieder in die Kasserolle gegeben, Pfeffer und der aufgelöste Safran dazu, und unter ständigem Rühren erhitzt. Etwa 5 Minuten kochen lassen, bis es dick wird, eventuell Flüssigkeit nachgießen, wenn es zu sehr eintrocknen sollte. Abschmecken – es darf recht pfefferig sein.

Blanc menger en parties

Dieses *Blanc-manger*-Rezept ist insofern ungewöhnlich, als es weder Geflügel noch Fisch, sondern nur Mandeln und Reis enthält, genau wie der altbekannte Kinderpudding. *En parties* bedeutet hier "in Partien", und die Form weist denn auch verschiedenfarbige Schichten auf, die der mittelalterlichen Vorliebe für bunte Gerichte entsprechen. Die Herstellung der roten, grünen, blauen und gelben Farbstoffe war wohl recht mühsam. Taillevent verwendet für Rot Natternkopf oder Sonnenblumen, für Blau wahrscheinlich aus Maulbeeren hergestelltes *azur fin,* für Grün Petersilie oder Nelkenwurz, und für Gelb Safran.

Nimm überbrühte, geschälte Mandeln, zerstoße sie sehr fein, und weiche sie in gekochtem Wasser auf; um sie zu binden, ist zerstoßener Reis oder Stärke nötig. Wenn die Milch gekocht hat, ist sie aufzuteilen, in zwei Töpfen, wenn nur zwei Farben gewünscht werden, aber wer will, kann auch drei oder vier Teile machen; es muß sehr dick sein, so dick wie Weizenbrei, damit es nicht auseinanderfallen kann, wenn auf einer Platte oder in einer Schale angerichtet. Dann nimm Natternkopf oder Sonnenblumen, Maulbeeren, Petersilie, Nelkenwurz, oder etwas Safran, mit etwas Grünzeug gesiebt, damit es beim Kochen seine Farbe besser behält; am besten ist etwas Schmalz, um den Natternkopf und die Sonnenblumen und auch die Maulbeeren darin einzuweichen; dann gib Zucker in die Milch, wenn sie kocht, ziehe sie vom Feuer und salze, rühre stark, bis es dick ist und die gewünschte Farbe angenommen hat.

GESTREIFTER BLANC MANGER

Für 6–8 Personen

6 Eßlöffel kochendes Wasser
180 g ganze, blanchierte Mandeln, fein gemahlen
1 l Milch
180 g Reismehl
1 Prise Safran
120 g Zucker
1 Teelöffel Salz
30 g Schmalz oder Fett
1 Teelöffel Zimt
½ Teelöffel Nelkenpulver
½ Teelöffel Ingwerpulver
} nach Belieben
Safran, Randen (rote Beete), Spinat oder Beerensaft zum Färben
1 Puddingform (1–1¼ l)

Diese Süßspeise wird am besten in einer tiefen Pudding- oder Charlottenform zubereitet, weil dann die verschiedenen Farbstreifen am schönsten zur Geltung kommen.

Die Form leicht einölen. Den Mandeln genug kochendes Wasser und dem Reismehl genug kalte Milch beigeben, um eine glatte Masse zu erhalten. Die restliche Milch erhitzen, zwei Teelöffel davon mit dem Safran verrühren, etwa 20 Minuten stehenlassen. Die verbleibende heiße Milch langsam in die Mandelmasse einrühren und wieder in die Kasserolle geben. Zucker, Salz, Schmalz und Gewürze beigeben und zum Kochen bringen; 10 Minuten leicht kochen. Diese stark eingedickte Masse langsam in den Reisschleim einrühren, nochmals 10 Minuten leicht kochen lassen, bis sie sich von der Kasserolle löst. In 5 Teile teilen. Eine Portion rot färben und in die Form gießen, die nächste grün usw. und jeweils nachgießen, zwischendurch mal eine Schicht weiß lassen. Die oberste Schicht sollte gelb sein. Die fertig gefüllte Form, mit Wachspapier zugedeckt, über Nacht stehenlassen. Kurz vor dem Auftragen die Masse mit einem Messer leicht von der Form lösen und auf eine Platte stürzen.

Tartres de pommes

Die Köche des Mittelalters kannten verschiedene Ersatzmittel für Zucker, der eine teure Importware darstellte. Hier werden Wein und Trockenfrüchte zum Süßen von Äpfeln verwendet. Portulak, ein damals beliebtes Gewürzkraut, ist großblätterig und von scharfem Geschmack, ähnlich Sauerampfer. Wenn Sie dem Originalrezept folgen wollen, fügen Sie mit den Gewürzen 60 g gehackten Sauerampfer oder Spinat der Apfelmasse bei.

Schneide die Äpfel in kleine Stücke, füge Feigen und gut gereinigte Weinbeeren bei, mische dann in Butter oder Öl geröstete Zwiebeln, Wein und geriebene, in Wein getränkte Äpfel darunter; zu den restlichen geriebenen Äpfeln gib Safran und verschiedene Gewürze – Zimt, weißen Ingwer, Anis und Portulak, wenn vorhanden; rolle zwei große Teigblätter aus; auf einen gib die erste Mischung, drücke mit der Hand eine dicke Schicht Äpfel drauf, bedecke diese mit der zweiten Mischung; obendrauf lege das zweite Teigblatt, drücke dessen Rand gut an, vergolde mit Safran, und backe alles im Ofen.

APFELKUCHEN

Für 6 Personen

DER TEIG:

250 g Mehl
½ Teelöffel Salz
80 g Butter
30 g Schmalz oder Fett
4–5 Eßlöffel kaltes Wasser

Das Mehl mit etwas Salz durchsieben, Butter und Schmalz in kleinen Stücken zugeben und unter Beigabe von Wasser einen weichen, aber nicht klebrigen, glatten Mürbeteig bereiten. In ein Tuch einschlagen und 30 Minuten kalt stellen. Den Backofen auf 190° C vorheizen.

DIE FÜLLUNG:

1 Zwiebel, gehackt
30 g Butter oder Öl
5 Äpfel
3 getrocknete Feigen, verhackt
100 g Rosinen
2 dl Portwein oder süßer Weißwein
1 Teelöffel Zimtpulver
1/2 Teelöffel Ingwerpulver
1/2 Teelöffel Anispulver
1 Prise Safran, in 1 Eßlöffel kochendem Wasser aufgelöst
1 Kuchenblech mit Rand (22 cm)

Die Zwiebel in 2 Eßlöffeln Butter oder Öl dünsten (nicht braun werden lassen!). Die Äpfel schälen und entkernen, zwei davon in kleine Stücke schneiden und mit der Zwiebel, den Feigen und Rosinen und 1 1/4 dl Wein vermengen. Die restlichen Äpfel reiben und gleich mit etwas Wein bedecken, damit sie nicht braun werden. Etwa 1/3 davon unter die Rosinenmischung ziehen. Den restlichen geriebenen Äpfeln Zimt, Ingwer, Anis und die Hälfte des aufgelösten Safrans beigeben. Etwas mehr als die Hälfte des Teiges ausrollen und damit das eingefettete Kuchenblech auslegen. Zuerst die Rosinenmasse einfüllen, dann die gewürzte Apfelmasse gut andrücken. Den restlichen Teig ausrollen und darüberlegen, die Ränder gut andrücken. Den Deckel mit dem restlichen aufgelösten Safran bestreichen und in der Mitte ein Loch machen, damit der Dampf entweichen kann. Im vorgeheizten Ofen etwa 55 Minuten backen. Warm oder kalt zu Tisch bringen.

Das Grabmal des Meisterkochs Guillaume Tirel, genannt Taillevent, wird von seinem Wappen verziert – im Mittelbalken drei kleine Kochtöpfe, oben und unten je drei Rosen.

und ihnen gemeinsam war die eigenartige (aber hygienische) Methode des Abbrühens vor dem Braten oder des Anbratens vor dem Sieden. Beide schätzten Singvögel und schön gezeichnetes Wildgeflügel, obwohl dieses im Geschmack für nicht ebenbürtig mit dem weniger prächtigen Hofgeflügel gehalten wurde. Für Taillevent und Apicius war es völlig undenkbar, Fleisch ohne Honig und viele Gewürze zuzubereiten, und beide liebten es, Beschaffenheit und Geschmack der Speisen zu verändern und "tausend Aromen zu einem vorherrschenden Geschmack" zu vereinen, wie Seneca bemerkte.

In Taillevents Welt fehlten die Volkstraditionen und Landesgrenzen, wie wir sie heute kennen. Die in *"Le Viandier"* dargelegte Kunst des Kochens war am englischen Hof ebenso bekannt wie in Frankreich, und Taillevents Rezepte unterscheiden sich kaum von anderen zeitgenössischen Kochanleitungen. Kürzlich ist nun ein mit *"Le Viandier"* fast völlig übereinstimmendes Manuskript entdeckt worden, von dem man annimmt, daß es ganze 30 Jahre vor Taillevents Geburt verfaßt wurde, womit dem Meisterkoch Karls V. der zweifelhafte Ruhm gebührt, der erste, wenn auch nicht der letzte Plagiator unter den großen Köchen gewesen zu sein. Ob er es nun verdient oder nicht, er ist und bleibt doch der berühmteste und wichtigste Koch des Mittelalters. Von 1395, Taillevents Todesjahr, bis zur endgültigen Ausgabe 1604, erlebte *"Le Viandier"* mehr Abschriften und Neudrucke als jede andere mittelalterliche Schrift dieser Art. Die große Zeit der französischen Kochbücher begann erst Mitte des 17. Jahrhunderts.

Martino

belegt 1450–1475

Die hohe Kunst des Kochens gilt so sehr als eine französische Schöpfung, daß ihre italienischen Ursprünge häufig übersehen werden. Das traditionsreiche Italien war der Nährboden, aus dem die Köche der Renaissance schöpften. Von der Antike angeregt, gelang ihnen die glückliche Verschmelzung der Kochgewohnheiten der verschiedenen Landesteile mit dem von Arabern und Kreuzrittern beigesteuerten Brauchtum. So wurde jene ausgeklügelte Küche begründet, die später – wie die anderen Künste der Renaissance – ganz Europa eroberte. Ein Italiener war denn auch der erste Koch, dessen Rezepte unter dem Titel *"De honesta voluptate et valetudine"* ("von der eerlichen, zimlichen auch erlaubten Wollust des Leibs") im Druck erschienen. Sein Name war Martino.

Das Buch kam 1474 in Rom als das Werk des Humanisten und Literaten Platina heraus, der seine letzten Jahre als Leiter der Vatikanischen Bibliothek verbrachte. In den ersten fünf Kapiteln schreibt er in echt humanistischem Stil über gutes Essen und gemäßigte Lebensweise. Es folgen recht überraschend fünf Kapitel mit Rezepten, einer Auslese der zeitgenössischen italienischen Küche, von den bei den alten Römern so beliebten Käsetörtchen bis zum Geschmorten nach Sarazenenart und der heimischen *pasta*. Die so plötzlich veränderte Darstellungsweise erweckte erst in den dreißiger Jahren unseres Jahrhunderts. Aufmerksamkeit, als eine Handschrift aus dem 15. Jahrhundert auftauchte. *"Libro de arte coquinaria"* ist dieses Kochbuch betitelt, "zusammengestellt von dem ehrbaren Maestro Martino, dem früheren Koch seiner Hochwürden, des Monsignore Oberhofmeister und

In einem Käseladen prüft ein Kunde die Reife der Waren.

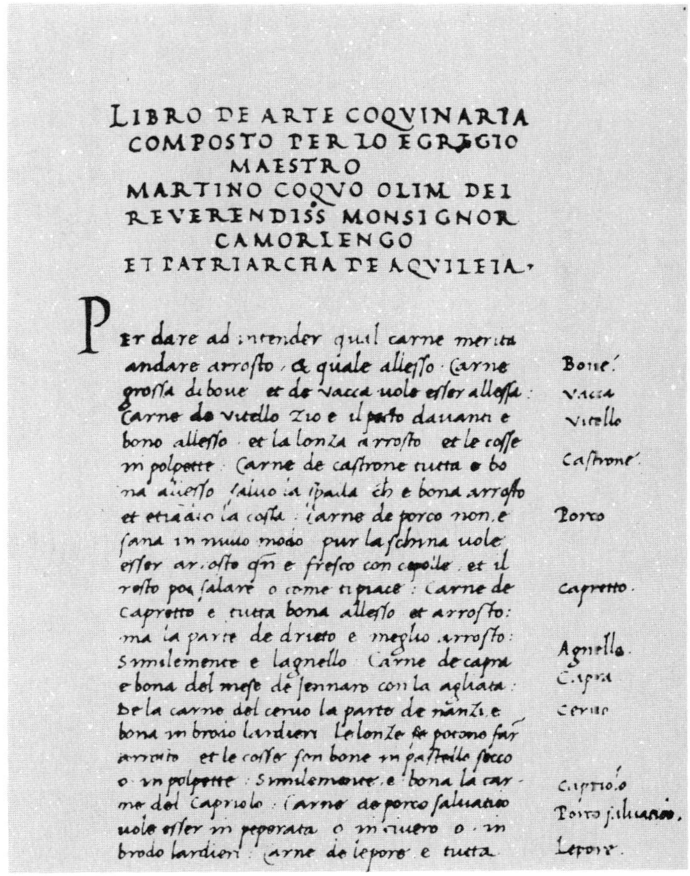

LIBRO DE ARTE COQVINARIA
COMPOSTO PER LO EGREGIO
MAESTRO
MARTINO COQVO OLIM DEI
REVERENDISS MONSIGNOR
CAMORLENGO
ET PATRIARCHA DE AQVILEIA.

Per dare ad intender qual carne merita andare arrosto, et quale allesso. Carne grossa di bove et de vacca vole esser allessa. Carne de vitello ... et la lonza arrosto et le coste in polpette. Carne de castrone tutta è bona allesso salvo la spalla che è bona arrosto et etiandio la costa. Carne de porco non è sana in nullo modo ... Carne de capretto è tutta bona allesso et arrosto ... Carne de capra è bona del mese de jennaro con la agliata ... Carne de porco salvatico vole esser in peperata ... Carne de lepore è tutta ...

Bove. Vacca. Vitello. Castrone. Porco. Capretto. Agnello. Capra. Cervo. Capriolo. Porco salvatico. Lepore.

Die erste Seite der Handschrift des Maestro Martino aus dem 15. Jahrhundert (heute in der Kongreßbibliothek in Washington). Ihre Entdeckung führte zur Anerkennung Martinos als Verfasser der ersten Rezeptsammlung der Renaissance und erschien in Platinas "De honesta voluptate".

Gegenüber:
Zu Martinos Zeiten war das Leben im Vatikan von internationaler Politik überschattet; so spielte sich das Schicksal Platinas, der die Rezepte Martinos in sein Buch über das Wohlleben übernahm, zwischen Amt und Gefängnis ab. 1475 machte ihn Sixtus IV. zum Leiter der Vatikanischen Bibliothek, in einer feierlichen Zeremonie, die Melozza da Forlì im Bild festgehalten hat. Zur Rechten des Papstes Kardinal Pietro Riario.

In einem schattigen Bogengang werden Fisch, Früchte und Gemüse in verschwenderischer Fülle zum Kauf dargeboten.

Patriarchen von Aquileia". Es ist nicht lateinisch wie Platinas Werk geschrieben, sondern im Italienischen der Toskana, aber die 250 Rezepte sind identisch mit jenen aus *"De honesta voluptate"*. Durch diese Entdeckung gewann eine in Platinas Buch enthaltene Anmerkung unverhofft Bedeutung. "Welchen Koch, unsterbliche Götter", ruft er in einem Rezept für *bianco mangare* aus, "kann man mit meinem Martino aus Como vergleichen, von dem das, was ich hier schreibe, großenteils stammt." Ob das genannte handschriftliche Werk vor *"De honesta voluptate"* anzusetzen ist, bleibt ungewiß, doch steht außer Frage, daß Platina es gekannt haben muß.

Herr besitzt, denn jeder Fisch schmeckt besser ganz als in Stücken gekocht."

Martino erwähnt die Würste aus Bologna, die Reisgerichte der Lombardei, die Krebse aus Venedig und Rom und die Pfannengerichte, für die Florenz so berühmt war. Seine eingehende Kenntnis all dieser Speisen zeigt, daß sich bereits im 15. Jahrhundert ein markanter gesamtitalienischer Kochstil

Krebse gehören schon lange zu den bevorzugten Speisen der Italiener. Hier sind sie von einem Künstler des 14. Jahrhunderts liebevoll abgebildet. Man reicht sie mit Zitronen und Wein.

Martino ist mit den Zutaten seiner Rezepte so vertraut, daß man fast von Verliebtheit sprechen könnte. "Lachs" bemerkt er, "ist ein äußerst geeigneter Fisch, am natürlichsten gekocht, gut aber auch auf jede andere Art und Weise zubereitet... Für ganze Fische benötigst du große Gefäße, wie sie mein

entwickelt hat. Tatsächlich lassen die wenigen handschriftlichen Kochbücher vor Martino schon Anzeichen allgemein gültiger Kochmethoden und Rezepte erkennen, aber keines war auch nur annähernd so gut zusammengestellt und so vollständig wie sein Werk.

Martino ist der erste Koch, der eingehende Anleitungen und Ratschläge erteilt. Aus ihnen spricht echte Sachkenntnis. Wie Taillevent erwähnt er Salz nur selten. Es wird häufig durch Zitronensaft, Verjus (Saft saurer Trauben) oder Käse ersetzt, aber in den nachfolgenden Rezepten können Salz und Pfeffer nach Geschmack beigefügt werden.

★★★★★★★★★★★★★★★★★★★★★

Gambari pieni

Schon zur Zeit der Renaissance liebten die Römer Schalen- und Krustentiere, wie z.B. Austern und Krebse aus den wasserreichen Gegenden längs der Flüsse Po und Piave.

Koche sie (die Krebse) in wenig Wasser und Essig, mit ebensoviel Wasser wie Essig und viel Salz, und da die Krebse Flüssigkeit abgeben, nimm nicht zuviel von dieser Mischung, koche sie stark, bis der Schaum aufsteigt. Um zu sehen ob sie gar sind, warte, bis der Schaum zwei bis dreimal über den Kesselrand geflossen ist. Danach sollten sie gar sein, aber vergewissere dich durch Kosten, und du wirst zufrieden sein. Öffne den Magen zwischen den Beinen mit einer Messerspitze und zerstoße das Fleisch des Schwanzes und der Beine

mit Mandeln und etwas saurem Traubensaft. Zu den Zeiten, in denen Eier erlaubt sind, kannst du dieser Mischung ein Eigelb und je nach der gewünschten Menge auch ein wenig Käse, etwas feingehackte Petersilie und Majoran beifügen. Fülle den Krebs mit dieser Mischung und brate ihn so langsam und so sanft wie möglich in gutem Öl. Zur Fastenzeit fügst du weder Eier noch Käse bei.

GEFÜLLTE KREBSE

Für 6 Personen

½ l Wasser
½ l Weinessig
1½ kg Krebse
125 g ganze, blanchierte Mandeln (gemahlen)
2 Teelöffel saurer Traubensaft (siehe Seite 11) oder Zitronensaft
4 Eigelbe
100 g geriebener Parmesan- oder Romanokäse
4 Teelöffel gehackte Petersilie
2 Teelöffel Majoran
Salz und Pfeffer
1,5 dl Olivenöl (zum Braten)

Große Krevetten oder 750 g Garnelen sind ein ausgezeichneter Ersatz, wenn man keine Krebse bekommen kann.

Wasser und Essig zum Kochen bringen, die Krebse oder Krevetten hinzufügen und die Krebse 5–7 Minuten, die Krevetten 3–5 Minuten kochen lassen, je nach Größe. Abschütten und mit kaltem Wasser spülen, gut abtropfen lassen. Bei Verwendung von Krebsen: Den Magen auf beiden Seiten bis zum Schwanzende aufschneiden und den weichen Teil der Schale entfernen. Schwanzfleisch und den weichen Teil des Magens herausnehmen, den Darm entfernen. Die Scheren aufknacken und das Fleisch herausnehmen. Bei Verwendung von Krevetten dem Schwanz zu beiden Seiten der weichen Schale entlang schneiden und diese entfernen; das Fleisch herausnehmen und den Darm entfernen. Die harten Schalen der Krebse oder Krevetten reinigen und beiseitelegen.
Das Fleisch in einem Mixer pürieren oder sehr fein hacken.

De Cucurbyta. A gourde. Ca. C.rii.

Die gemahlenen Mandeln, den Trauben- oder Zitronensaft, Eigelbe, Käse, Petersilie, Majoran und Pfeffer einrühren und abschmecken. Die leeren Schalen mit der Mischung füllen und diese gut festdrücken. Kurz vor dem Anrichten das Öl erhitzen und die gefüllten Schalen bei mittlerer Hitze 4–5 Minuten leicht anbraten. So rasch wie möglich zu Tisch bringen.

Zucche fritte

Dieses im Teig ausgebackene Gemüse ist bezeichnend für Florenz, denn das beste Öl kam aus dieser Gegend. Die von Martino verwendeten *zucche* waren sehr wahrscheinlich die in Europa bekannten großen Eierkürbisse (obwohl sie damals sicher kleiner waren). Zucchini kamen vermutlich später aus der Neuen Welt, doch müssen Martinos Eierkürbisse ihnen sehr ähnlich gewesen sein.

Nimm die Eierkürbisse und reinige sie gründlich, dann schneide sie quer in Scheiben, so dünn wie eine Messerklinge. Lege sie ins Wasser und bringe sie zum Kochen, dann nimm sie heraus und lasse sie trocknen. Streue sehr wenig Salz auf die Scheiben, bedecke sie mit gutem Mehl und brate sie in Öl. Dann hebe sie heraus, nimm ein wenig Fenchelmehl, ein wenig Knoblauch und weiches Brot, zerstoße dies gut und mische es mit agresto *(saurem Traubensaft) bis du eine gute Flüssigkeit erhälst, die durch ein Sieb gestrichen wird, und gieße diese pikante Beigabe über die Eierkürbisscheiben. Diese schmecken ebenfalls gut, wenn man sie nur mit Essig und Fenchelpulver anrichtet. Und wenn diese Beigabe gelb sein soll, füge etwas Safran hinzu.*

ZUCCHINISALAT
(Zucchetti)

Für 6 Personen

1 kg Zucchini in 5 cm dicke Scheiben geschnitten
75 g Mehl
Salz
2–2,5 dl Olivenöl (zum Backen)

FÜR DIE SAUCE:

2 Teelöffel Fenchelblätter oder
1 Teelöffel Fenchelsamen
1 zerdrückte Knoblauchzehe
2 Scheiben Weißbrot ohne Kruste
1,25 dl weißer Weinessig oder Apfelessig
1 Prise Safran, in 2 Teelöffeln kochendem Wasser aufgelöst (nach Geschmack)
Salz (nach Belieben)

Diese Sauce kann je nach Wunsch auch nur aus Essig und Fenchel, ohne Brot und Knoblauch zubereitet werden.

Die Zucchini in kochendem Wasser während 30 Sekunden blanchieren und auf Papier gründlich trocknen lassen. In Mehl und einer Prise Salz wenden, bis sie ganz bedeckt sind. In einer Bratpfanne etwas Öl erhitzen und einige Zucchinischeiben hineingeben, die sorgfältig voneinander getrennt werden müssen. Bei starker Hitze beidseitig goldbelb backen. Herausnehmen und auf einer flachen Schüssel anrichten, die übrigen Zucchini in gleicher Weise zubereiten.

FÜR DIE SAUCE: Fenchel, Knoblauch, Essig, Safran mit dem Wasser (falls verwendet) und Salz in einem Mixer pürieren, oder in einem Mörser mit dem Stößel zertoßen und durch ein Sieb streichen. Die Sauce über die Zucchini verteilen.

¶ De raffana. Rape rote. Ca. CCC.lxiiij.

Rape armate

Martinos Art, aus einem so gewöhnlichen Gemüse wie weißen Rüben ein besonderes Gericht zu machen, war echt italienisch. Sonst betrachtete man in Europa Wurzel- (resp. Knollengemüse) als Armenkost. Hier handelt es sich offensichtlich um eine Nachspeise. Die Kombination von Zucker mit weißen Rüben ist nicht so ungewöhnlich, denn dieses Gemüse ist bereits leicht süß, und Karotten werden ja oft in süßen Kuchen verwendet.

Backe die Rüben in heißer Asche oder koche sie ganz und schneide sie in Scheiben, so dünn wie eine Messerklinge, schneide guten, feuchten cacio (Käse) in der Größe der Rübenscheiben, aber dünner, und nimm Zucker, Pfeffer und süße Gewürze und mische sie. Gib alles in eine Pfanne, indem du auf den Boden Käsescheiben legst, die eine Kruste bilden sollen, dann folgt eine Schicht Rüben mit den erwähnten Gewürzen und viel frische Butter. Auf diese Weise werden die Rüben und der Käse abwechslungsweise eingefüllt, bis die Pfanne voll ist. Backe dies während einer Viertelstunde oder länger, wie einen Kuchen. Dieses Gericht soll nach den anderen gereicht werden.

RÜBENKUCHEN

Als Nachtisch für 6 Personen
Als Beilage für 8 Personen

1 kg große weiße Rüben
80 g Zucker
1 Teelöffel frischgemahlener Pfeffer
2 Teelöffel Zimt
½ Teelöffel Muskatblütenpulver
½ Teelöffel Nelkenpulver
550 g Bel Paese in dünnen Scheiben*
Eine niedrige Backform (22 cm)

Unter süßen Gewürzen meinte Martino wahrscheinlich Gewürze ohne scharfen Geschmack, wie Zimt. Wird dieser Kuchen zu Fleisch oder Geflügel gereicht, ist 1 Teelöffel Zucker genügend.

Die ungeschälten Rüben mit Wasser bedeckt (je nach Größe) 15–30 Minuten kochen lassen, bis sie gerade weich sind. Abtropfen, abkühlen lassen und schälen, in 0,5 cm dicke Scheiben schneiden. Zucker mit Pfeffer, Zimt, Muskat und Nelken mischen. Den Ofen auf Mittelhitze stellen (190° C). Die Form reichlich mit Butter ausstreichen und den Boden mit einer Schicht Käse belegen. Es folgt eine Schicht schuppenförmig angeordneter Rübenscheiben, die mit der Zuckermischung bestreut wird. Abwechslungsweise Schichten von Käse, Rüben und Zucker einfüllen, bis alle Zutaten aufgebraucht sind, zuoberst eine Käseschicht.
Das Gericht im heißen Ofen 30–35 Minuten braun backen. Den Kuchen aus der Form auf eine Platte stürzen und zum Anrichten in Stücke oder Vierecke schneiden. Als Nachtisch kann er warm oder kalt gereicht werden, als Beilage sollte er warm sein.

Ludovico Trevisano, Martinos Dienstherr, war ein echter Renaissancemensch. Als Kardinal stand er fünf Päpsten zur Seite.

Darstellung aus einer illuminierten Handschrift des 15. Jahrhunderts.

Nächste Doppelseite:
Sandro Botticelli: "Die Legende des Nastagio degli Onesti III." Den Rahmen bildet ein Bankett in reizvoller Umgebung, das durch das Geschehen unerwartet unterbrochen wird.

Die frühen italienischen Kochbücher sprechen viel von *pasta* (Teigwaren). *Lasagne,* die älteste und bekannteste Art, wurden stets in Kraftbrühe gekocht und in Lagen mit Käse überbacken. Um 1350 waren die *lasagnari* oder Pastaverkäufer bereits wohlbekannt. Boccaccio, der ungefähr zu jener Zeit sein *"Decamerone"* verfaßte, beschreibt mit Entzücken eine utopische Landschaft, Bengodi genannt, wo die Reben mit Würsten aufgebunden waren und ein Berg aus geriebenem Parmesankäse entstand. Darauf befanden sich Leute, die nichts anderes zu tun hatten als Makkaroni und Ravioli herzustellen, sie in Kapaunbrühe zu kochen und den Hügel hinunterzurollen; je schneller sie gegessen wurden, desto rascher gab es neue.
Zur Zeit Martinos waren Teigwaren schon recht verbreitet, galten allerdings immer noch als Luxus und waren in Dürrejahren verboten. Martino beschreibt sogenannte *vermicelli,* Vierecke "in der Größe von Spielwürfeln", die sich, in der Sonne getrocknet, zwei Jahre hielten. Seine *macaroni siciliani,* durch Wickeln des Teigs um einen Stab hergestellt, sind der heutigen neapolitanischen Pasta mit Zusatz von Eiern sehr ähnlich. Er vergißt auch nicht die knusprigen, in schwimmendem Fett gebackenen, mit Zucker und Gewürzen bestreuten Florentiner *crespelli,* heutzutage *cenci* genannt.
Meister Martino arbeitete höchstwahrscheinlich für Ludovico Trevisano, einen weltlich gesinnten, wohlhabenden Kardinal, der 1439 Patriarch von Aquileia und ein Jahr später päpstlicher Kämmerer wurde. Er behielt beide Ämter über die Herrschaft von fünf Päpsten bei, und als er 1465 starb, besaß er so viel Macht, daß Paul II., der damals Papst war, beide Posten während mehreren Jahren unbesetzt ließ. Für einen Koch gab es kaum einen besseren Dienstherrn, gab er doch 20 Dukaten am Tag für sein Essen aus. Man nannte ihn den "Lukullischen Kardinal" und sagte von ihm, daß er, "seine Herkunft vergessend, derart vornehme Manieren annahm, daß er als erster Kardinal Hunde und Pferde zu züchten wagte, ausschweifende Gesellschaften und Bankette veranstaltete, die glanzvoller waren als seinem Rang zukam, und den so tief gesunkenen Römern wieder eine gesittetere Lebensweise beibrachte."
Als Kämmerer des Papstes stand Ludovico einem Haushalt von etwa 600 Personen vor, und sein eigenes Gesinde dürfte nochmals halb so viele ge-

Rom, wie es Martino kannte: eine zeitgenössische Ansicht.

Der Zucker, der hauptsächlich aus Zypern stammte, war damals eine kostbare Ware, die der Händler sehr sorgfältig abzuwiegen pflegte (unten).

zählt haben. Er war für die Veranstaltung der offiziellen römischen Bankette und Lustbarkeiten verantwortlich, die häufig im Freien abgehalten wurden – so fanden auf dem heutigen Corso Pferderennen statt. Über ein auserlesenes Festmahl, das Kardinal Pietro Riario 1473 (kurz nach Ludovicos Zeit) für Eleonore von Aragon gab, wissen wir genau Bescheid. Es begann mit zehn süßen Vorspeisen (dazu wurden vergoldete Orangen und Malvasierwein gereicht), und – nach dem förmlichen

Händewaschen – ergötzte sich die Gesellschaft an gebratenem Huhn und Ziegenleber, mit Weißwein abgeschmeckten Kalbsbrieschen, Kapaunen in weißer Sauce mit vergoldeten Granatapfelkernen, Geflügel in purpurfarbener Sauce und einem Dutzend anderer Leckerbissen. Ein Schaugericht "Andromeda und der Drache" aus Teig beschloß diesen Gang, dem noch zwei ebenso üppige folgten. Allein der Anblick der hohen Herrschaften bei Tisch dürfte ein Vergnügen gewesen sein. Wie ein Beobachter spitz bemerkte, mußte der Kirchenschatz ja wohl irgendwie aufgebraucht werden. Den Reichtümern der Kirche zur Zeit der Renaissance kam nichts gleich. Einen Kardinal zum Dienstherrn zu haben, war für einen Koch gleichbedeutend wie für einen Prinzen zu arbeiten, und Martino hat sicher viele glanzvolle Festmahle überwacht. Dennoch galten seine Speisen für damalige Begriffe als anspruchslos, weit eher dem bürgerlichen Haus eines Kaufmannes angemessen. Hier dürfte Florentiner Einfluß mitgespielt haben, war doch Florenz bis zum Ende des 15. Jahrhunderts in allen Künsten führend. Nicht jeder war im Nachahmen der florentinischen Küche so geschickt wie Martino. Ein gewisser Edelmann aus Siena, verblüfft über den Prunk des für Papst Pius II. 1459 in Florenz veranstalteten Festmahls, wollte dies in seinem Hause nachahmen. Da er keine Pfauen auftreiben konnte, wies er die Köche an, Enten zu verwenden und sie mit den Federn eines alten Pfaus zu schmücken. Die farbige Nachbildung des päpstlichen Wappens in Gelatine stellte seinen Erfindungsgeist auf eine harte Probe, doch tat er sein Bestes mit Grünspan, weißem Blei, Zinnober und anderen Farben, ohne je an genießbare Färbemittel wie Safran und Kräuter zu denken. Die Gäste kamen, bewunderten und verspeisten das Kunstwerk. Am nächsten Morgen fühlten sie sich sterbenskrank.

In den Banketten der Renaissance erstanden noch einmal Glanz und Prunk des antiken Roms. Nicht von ungefähr erwarb der Vatikan 1457 das einzig erhaltene römische Kochbuch, das der Epikureer Apicius zur Zeit Christi geschrieben haben soll. Platina kannte zweifellos das Werk, denn er legte "*De honesta voluptate*" nach dem klassischen Muster ebenfalls in zehn Büchern an. Aus mündlicher Überlieferung muß auch Martino über die römische Küche Bescheid gewußt haben. Im Italien der

Per fare polpette di carne de vitello o de altra bona carne

Dieses Rezept für Fleischrouladen findet sich in vielen alten Kochbüchern. In England nennt man sie, vermutlich ihrer Form wegen, *veal olives* (Kalbfleisch-Oliven), und in Frankreich heißen sie *oiseaux sans têtes* (Vögel ohne Köpfe), weil sie auch kleinen, ausgestopften Vögeln ähneln. Zu Martinos Zeit war aus der Scheibe alten Brotes, die im Mittelalter als Teller diente, eine flache Unterlage aus Holz oder Metall geworden.

Schneide zunächst mageres Fleisch vom Bein des Tieres in lange, dünne Scheiben und klopfe dies gut auf einem Tranchierbrett oder Tisch mit der flachen Seite eines Messers. Nimm Salz und zerstoßenen Fenchel und bestreue damit die Fleischscheiben. Dann nimm Petersilie, Majoran und guten Speck, verklopfe sie zusammen mit etwas gutem Gewürz und verteile diese Zutaten auf den Scheiben. Nun rolle jede Scheibe zusammen und spieße sie zum Braten auf den Spieß; laß jedoch die Hitze das Fleisch nicht zu sehr austrocknen.

KALBSROULADEN

Für 4 Personen

750 g dünn geschnittene Kalbschnitzel
1 Teelöffel Salz
1 Teelöffel Fenchelsamen, zerstoßen
200 g Schmalz/Fett
4 Eßlöffel gehackte Petersilie
2 Teelöffel Majoran
1/2 Teelöffel Jamaikapfeffer/Nelkenpfeffer
1/4 Teelöffel Nelken- oder Muskatpulver
Bindfaden zum Zusammenbinden

Anstelle von Nelkenpfeffer, Nelken oder Muskatnuß lassen sich auch andere Gewürze verwenden. Schmalz kann durch Butter ersetzt werden.

Die Kalbschnitzel zwischen Pergamentpapier legen und mit dem Fleischklopfer ganz dünn klopfen, mit Salz und zerstoßenem Fenchel bestreuen. Das Fett schaumig rühren und Petersilie, Majoran, Nelkenpfeffer und Nelken oder Muskatnuß dazufügen. Die Masse bis an den Rand der Kalbschnitzel streichen. Enden gegen die Mitte umschlagen und das Ganze fest zusammenrollen. Jede Rolle mit Bindfaden umwickeln und auf den Bratspieß stecken. Über starkem Feuer 10–15 Minuten braten, bis sie leicht gebräunt sind. Nach halber Garzeit die Rollen mit ihrem Saft bestreichen. Vor dem Anrichten den Bindfaden entfernen.

Riso con brodo di carne

Dies ist der Vorläufer des berühmten *risotto milanese*, des in Kraftbrühe gekochten, mit Safran gefärbten und mit Käse gewürzten Reis. Dieses Rezept läßt den Käse weg und fügt stattdessen Eier hinzu; die Eier haben eine ähnliche bindende Wirkung, ohne ausgesprochenen Geschmack. Das Rezept ist vermutlich arabischen Ursprungs, denn die Ararber brachten den Reis nach Europa. Schon Taillevent erwähnt den Reis, und um 1475 wurde er in der Poebene angepflanzt, wo er noch heute eine wichtige Rolle spielt.

Für zehn Portionen: Zuerst reinige und wasche den Reis gründlich und koche ihn in einer guten Brühe vom Kapaun oder einem großen Huhn, und er muß recht lange kochen. Und wenn er gekocht ist, füge gute Gewürze hinzu, und nimm drei Eigelbe und etwas von dem gekochten Reis und mische dies gründlich, dann den restlichen Reis beigeben, und alles gründlich mischen. Und es sollte mit Safran gelb gefärbt werden. Aber viele Leute mögen keine Eier mit Reis. Folge in diesem Falle dem Geschmack deines Herrn.

RISOTTO

Für 4 Personen

250 g rundkörniger Reis
6 dl Hühnerbrühe
1/2 Teelöffel Zimt
1/2 Teelöffel Ingwerpulver
1 Prise Safran, in 2 Teelöffeln kochendem Wasser aufgelöst
3 Eigelbe
Salz (nach Belieben)

Der rundköpfige Reis wird in Italien für Risotto verwendet, da er mehr Flüssigkeit aufnimmt und ergiebiger ist. Martinos bevorzugte Gewürze waren Ingwer und Zimt. Unter "gute Gewürze" verstand er daher in seinem Rezept wahrscheinlich diese beiden.

Die Brühe zum Kochen bringen, den Reis hinzufügen, zudecken und zwanzig Minuten schwach kochen lassen, bis alle Flüssigkeit aufgesogen ist. Den Reis 10 Minuten stehen lassen, damit sich die Körner etwas zusammenziehen, dann Zimt, Ingwer und Safran mit dem Wasser hineinrühren. 2 Teelöffel Reis mit den Eigelben vermischen und in den Reis zurückgeben, der dadurch leicht eingedickt wird. Abschmecken.

Ravioli in tempo di carne

Der Name Ravioli stammt wahrscheinlich von *rabiole,* was im ligurischen Dialekt Reste bedeutet. Die Füllung kann fast aus beliebigem Fleisch oder Gemüse hergestellt werden und wurde ursprünglich schwimmend gebacken. Martino scheint der erste Koch gewesen zu sein, der sie wie die uns gekannten Ravioli in Teig wickelt, und er machte sich nicht die Mühe, ein Rezept für den Teig anzugeben,

Einer der ersten Bildhinweise auf pasta *(Teigwaren), wobei es sich um* gnocchi *zu handeln scheint.*

der wohl einfach aus Mehl und Wasser bestand. Ein Käse, genannt *cacio* oder *caccio a cavallo*, wird heute noch in der Toscana und in der Campagna hergestellt.

Für zehn Portionen: Nimm ½ Pfund alten cacio *und etwas frischen* cacio *und 1 Pfund fetten Schweinebauch, oder einen Kalbskopf, der bis zum Zerfallen gekocht wurde. Zerstoße diese Zutaten gut und füge gute, gründlich gehackte Kräuter, Pfeffer, Nelken und Ingwer hinzu; gib dazu zerstoßene Hühnerbrust, und es wird noch besser. Mische alle diese Dinge gut zusammen. Dann mache einen guten, dünnen Teig, und fülle ihn in üblicher Weise mit der Füllung. Diese Ravioli sollten nicht größer sein als eine halbe Kastanie und werden in einer Brühe von Kapaun oder gutem Fleisch gekocht, und sie sollte mit Safran gefärbt werden, wenn sie siedet. Lasse die Ravioli während der Zeit von zwei Vaterunsern kochen. Dann richte sie an und streue geriebenen* cacio *und süße, gemischte Gewürze darüber. Diese Ravioli können ebenso mit Fasanen-, Rebhuhn-, oder anderer Vogelbrust gemacht werden.*

RAVIOLI FÜR FLEISCHTAGE

Für 6–8 Personen

450 g frischer Schweinebauch, ohne Bein, in 2,5 cm dicke Würfel geschnitten
1 ganze Hühnerbrust ohne Knochen, in 2,5 cm dicke Würfel geschnitten
2½ l Hühnerbrühe
250 g geriebener Parmesan oder Romanokäse
125 g Bel Paese oder Mozzarella, verhackt
1 Eßlöffel Petersilie
1 Eßlöffel gemischte, gehackte Kräuter (Thymian, Basilikum, Oregano)
½ Teelöffel frisch gemahlener schwarzer Pfeffer
¼ Teelöffel Nelkenpulver
¼ Teelöffel Ingwerpulver
Salz (nach Belieben)
Pastateig (siehe unten)
1 Prise Safran, aufgelöst in 2 Teelöffeln kochendem Wasser

ZUM ANRICHTEN:

125 g geriebener Parmesan oder Romanokäse
120 g Grießzucker, gemischt mit 1 Teelöffel Zimt

In den Vereinigten Staaten wird Schweinebauch immer zu Speck geräuchert oder gepökelt, Schweineschulter ist der beste Ersatz. Daneben lassen sich auch gekochte Fleischresten verwenden. In der Frührenaissance wurde Pasta häufig mit Zimt und Zucker bestreut, was Martino wahrscheinlich mit "süßen Gewürzen" meint. Ob die Ravioli gewöhnlich abgetropft oder mit der Brühe angerichtet wurden, ist unklar, deshalb sind hier beide Möglichkeiten vorgeschlagen.

Schweinefleisch in einem Topf mit genügend Brühe bedecken, den Deckel aufsetzen und 1 Stunde eben gar kochen. Die Hühnerbrust dazugeben und 30 Minuten weiter ziehen lassen, bis alles völlig gar ist. Abtropfen lassen, die Brühe aufbewahren, und das Fleisch im Mixer pürieren oder fein hacken. Parmesan oder Romanokäse, Bel Paese oder Mozzarella, Petersilie, Pfeffer, Kräuter, Nelken und Ingwer beifügen und weiter im Mixer verarbeiten, unter Zugabe von etwas Brühe, bis die Mischung glatt ist. Die Füllung abschmecken.
Den Pastateig hälften und so dünn wie möglich zu einem Rechteck ausrollen. Den Teig mit Wasser bepinseln und kleine Häufchen Füllung (etwa einen Teelöffel) in regelmäßigen Abständen auf den Teig setzen. Den restlichen Teig zu einem Rechteck von gleicher Größe ausrollen und darüberlegen und mit einem kleinen, in Mehl getauchten Teigbällchen rund um jedes Häufchen Füllung andrücken. Mit einem gewellten Raviolischneider oder einem Messer die Ravioli in Vierecke schneiden und 2–3 Stunden trocknen lassen.

Die restliche Hühnerbrühe und den Sud vom Schweinefleisch mit dem aufgelösten Safran aufkochen. Die Ravioli darin 15–20 Minuten ziehen lassen, bis sie weich, aber immer noch *al dente* sind (d.h. den Zähnen leichten Widerstand bieten). Entweder die Brühe abschmecken und die Ravioli darin in Suppentellern anrichten, oder letztere vorher abtropfen lassen. Eine Schale mit geriebenem Parmesan oder Romanokäse und eine Schale mit Zucker und Zimt zum Bestreuen sind die rechten Zutaten.

RAVIOLITEIG

550 g Hartweizen- oder Allzweckmehl
1 Teelöffel Salz
1 Eßlöffel Olivenöl
4 verklopfte Eier
1-1,25 dl Wasser

Hartweizenmehl, das in italienischen Kolonialwarenläden erhältlich ist, eignet sich wegen seines hohen Klebergehaltes, der ein Brechen des Teigs während des Kochens verhindert, ganz besonders für Pasta. Die Verwendung von Allzweckmehl für dieses Rezept erfordert weitere 1-1½ Teelöffel Wasser.
Das Mehl mit dem Salz auf eine Marmorplatte oder ein Brett sieben, in der Mitte eine Vertiefung machen und Öl, Eier und die Hälfte des Wassers hineingeben. Öl, Eier und Wasser mit den Fingerspitzen mischen und nach und nach das ganze Mehl hineinarbeiten, wenn nötig unter Zugabe von mehr Flüssigkeit. Den Teig kneten, bis er glatt und sehr elastisch ist – er soll weich, aber nicht klebrig sein. Mit einem Tuch bedecken und 30 Minuten ruhen lassen, damit er vor dem Ausrollen seine Elastizität verliert.

Im 15. Jahrhundert gelangten die italienischen Hafenstädte durch den Gewürzhandel zu hoher Blüte. Venedig allein verfügte über eine Flotte von gut 3000 Galeeren und Seglern. Feilschen war damals schon der Brauch, wie die Abbildung zeigt.

Renaissance war man, ebenso wie in der Antike, erfinderisch in der Verwendung mannigfaltiger Gemüse und Früchte, eine Geschmacksrichtung, die nur langsam das übrige Europa erreichte. Wie in der Antike gab es einen Hang zum Schauerlichen. So lud der prachtliebende Ascanio Sforza seine Kardinalskollegen zu einem Bankett ein, bei dem aus Zucker geformte Knochen und Trinkgefäße in Form von Totenschädeln gereicht wurden. Die Küche der Renaissance, wie sie Martino belegt, war allerdings von den derben Sitten der Antike oder auch des Mittelalters weit entfernt. Martino hat wenig übrig für die altmodischen Pürees und Breie; er bevorzugt kräftigere Gerichte mit richtigen Fleischstücken oder ganzen Vögeln in Sauce – Vorläufer der französischen Ragouts. Die Gemüse werden erst ganz gekocht, dann aufgeschnitten und mit Käse bestreut, oder ausgebacken. Die alte Gewohnheit, Speisen entweder durch übermäßiges Würzen oder wahlloses Mischen zu verfälschen, verlor sich allmählich. Nie hätte Martino sich wie Apicius gebrüstet: "Dies wird niemand erkennen!" Ganz im Gegenteil versuchte er, den Geschmack der einzelnen Zutaten durch sorgfältiges Würzen und sanftes Kochen besonders hervorzuheben. Er achtete auf deren Beschaffenheit und behandelte sie entsprechend, wie zum Beispiel die dünnen, mit Kräuter bestreuten, zusammengerollten und am Spieß gebratenen Schnitzel seiner Kalbsrouladen. Martino gibt auch mehrere Suppen an, die mit Fleischbrühe zubereitet und mit Eiern, Brotkrumen oder Mandeln eingedickt werden. Suppen gewannen in der Renaissance immer mehr an Bedeutung; sie waren eher unseren Eintopfgerichten vergleichbar und erfreuten sich später besonders in Frankreich größter Beliebtheit, wo bis zur Revolution die *potages* auf dem Menüplan nie fehlten.

Viel wichtiger war für Martino jedoch die arabische Küche, die im Frühmittelalter ihre Blüte erreichte. Ein Traktat aus dem 10. Jahrhundert führt in Bagdad ein ganzes Dutzend Verfasser von Kochschriften auf. Die italienischen Hafenstädte, allen voran Venedig, waren lange schon das Tor zum Osten, durch das Kreuzritter und Gewürzhändler zogen, und in Italien erschienen erste Übersetzungen verschiedener arabischer Abhandlungen über Ernährung und Medizin. Das Bestreuen von Gerichten mit Zucker und Gewürzen ist typisch arabisch, und Martinos Saucenrezepte mit Rosinen, Pflaumen und Trauben könnten geradewegs einem arabischen Kochbuch entnommen sein. Die Verwendung von Anis, Reis, Datteln, Granatäpfeln und Bitterorangen läßt sich auf die lange Besetzung Siziliens und Spaniens durch die Araber zurückführen. Die Einführung des Zuckerrohrs auf Zypern (später auch auf Sizilien) entsprach ihrer Vorliebe für Süßigkeiten, die die Italiener von ihnen übernommen haben. Martino war einer der ersten, der in Anlehnung an die arabische Küche Zucker in großen Mengen für echte Süßspeisen (z.B. Krapfen, Mandelküchlein und gezuckerte Äpfel) verwendete, statt ihn nach mittelalterlicher Sitte wie Salz zum Würzen zu benützen.

Es war der Geist der Renaissance, der die Verbindung antiker, fremdländischer und eigenständiger Zutaten mit den Überlieferungen der einzelnen Landesteile zur italienischen Kochkunst ermöglichte. *"De honesta voluptate"* war der erste Schritt in dieser Richtung. Der Erfolg blieb nicht aus: In knapp hundert Jahren erschienen über dreißig Auflagen und zahlreiche Übersetzungen.

Martinos Rezepte finden sich auch in *"Epulario"* ("Über das Schmausen"), einem italienischen Kochbuch, das mit der Washingtoner Handschrift fast ganz übereinstimmt. Es wurde oft übersetzt, sogar ins Englische, und noch in der Mitte des 17. Jahrhunderts kam ein Neudruck heraus. Somit erstreckte sich Martinos Einfluß mittelbar über ganz Europa und über zwei Jahrhunderte. Wegen einer Schicksalslaune wurde *"Epulario"* stets einem gewissen Giovanne de Rosselli zugeschrieben, und es ist beinahe einem Zufall zu verdanken, daß Martinos Persönlichkeit und Verdienst heute wiederentdeckt wurde.

Bartolomeo Scappi

belegt 1540–1570

Titelblatt der "Opera"–Ausgabe von 1622 und Bildnis des Verfassers Bartolomeo Scappi, dargestellt als gelehrter Mann der Feder.

OPERA DI
BARTOLOMEO
SCAPPI
MASTRO DELL'ARTE DEL CVCINARE,
con laquale si può ammaestrare qual si voglia Cuoco, Scalco, Trinciante, o Mastro di Casa.
DIVISA IN SEI LIBRI.

NEL { Primo si intende il ragionamento che fa l'Autore con Giouanni suo discepolo.
Secondo si tratta di diuerse viuande di carne, si di quadrupedi come di volatili.
Terzo si parla della statura, e stagione di ogni sorte di pesci.
Quarto si mostra le liste del presentar le viuande in tauola di grasso, & magro.
Quinto si contiene l'ordine di far diuerse sorti di paste, & altri lauori.
Sesto si ragiona de'conualescenti, e molte altre sorte di viuande per gli infermi.

Con le Figure che fanno dibisogno nella Cucina.
Aggiontoui nuouamente il Trinciante, & il Mastro di Casa.

DEDICATE AL MAG. M. MATTEO BARBINI
Cuoco, e Scalco celeberrimo della Città di Venetia.

IN VENETIA, Per Alessandro de'Vecchi. MDCXXII.

In der Kochkunst darf Bartolomeo Scappi eine ähnliche Bedeutung beigemessen werden wie Michelangelo in den schönen Künsten. Sein Kochbuch "*Opera*", ein prachtvolles Druckwerk, wohlgeordnet in der Darstellung und überaus reichhaltig, legt beredtes Zeugnis für die Lebensform der Hochrenaissance ab. Erst Mitte des 18. Jahrhunderts erschien in Frankreich ein vergleichbares Werk, aber Scappis peinlich genauen Zeichnungen der für den erfahrenen Koch vorbildlich ausgestatteten Küche sind nie mehr erreicht worden. "*Opera*" wurde 1570 gedruckt, zu einer Zeit also, da man in Italien die Kunst des Wohllebens mit beispiellosem Eifer erforschte und genoß. Beim derber gearteten Adel des Nordens galten italienische Sitten, italienische Mode, Inneneinrichtungen und Kochkunst als Vorbild. Feinschmeckervereinigungen blühten. Die Mitglieder der *Compagnia del Paiolo* (Gemeinschaft vom großen Kessel), zu denen der Maler Andrea del Sarto gehörte, wetteiferten untereinander in der Veranstaltung der

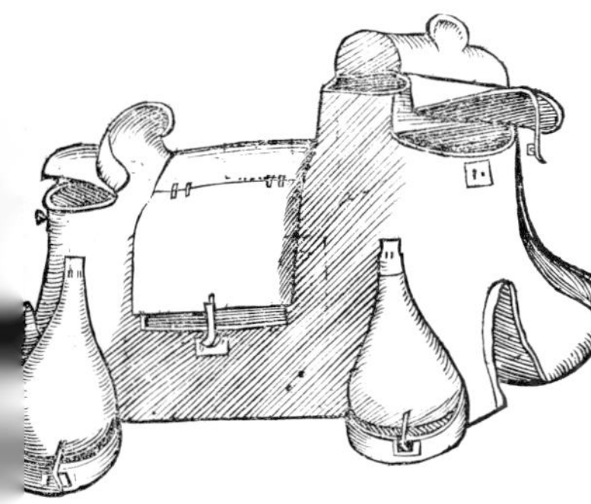

Scappis Reisesattel mit Taschen und Feldflaschen.

unterhaltendsten und köstlichsten Festmähler. Als del Sarto an der Reihe war, seine elf Genossen zu bewirten, baute er einen Tempel aus Wurstsäulen und Parmesanpfeilern, in dem ein Gesangbuch aus Lasagne mit Pfefferkörnern als Noten auf einem Lesepult aus aufgeschnittenem Kalbfleisch ruhte. In einer anderen Gesellschaft, der *Compagnia della Cazzuola* (Vereinigung zur Kasserolle), verkleideten sich die Mitglieder als Bauarbeiter und erstellten ein Gebäude aus Brotziegeln und Zuckerkonfektsteinen, die mit Lasagne verkittet waren. Leonardo da Vinci wandte sich eher praktischen Dingen zu und erfand einen durch die Hitze des Feuers angetriebenen Spieß.

Es fiel Scappi nicht schwer, den Anforderungen seiner Zeit zu genügen, denn er war offensichtlich

Gegenüber:
Paolo Veronese: "Die Hochzeit von Kana" (1593).
Die Juwelen der Damen, der reichbeladene Tisch, die fremdländischen Seidenstoffe und der kleine Negerjunge sind Ausdruck des Wohlstands und des Weltbürgertums der damaligen italienischen Gesellschaft.

ein gebildeter Mann. Nach einigen flüchtigen, in *"Opera"* eingestreuten Anspielungen, dürfte seine erste bedeutende Stellung die eines Kochs bei Kardinal Campeggio gewesen sein, denn Scappi beschreibt in allen Einzelheiten das Bankett, das der Kardinal 1536 zu Ehren des Heiligen Römischen Kaisers, Karls V., gab. Campeggio war ein kluger Rechtsanwalt und oftmals päpstlicher Gesandter bei schwierigen Verhandlungen (wie etwa bei der Scheidung Heinrichs VIII. von Katharina von Aragon) und kannte daher den Kaiser gut. Daß die Einladung auf einen Fasttag fiel, tat dem Mahl keinen Abbruch. Nicht weniger als dreizehn Gänge – mit Suppen, Fisch, Pasteten, Gemüsen und Süßspeisen in scheinbar zufälliger Zusammenstellung lösten einander in verwirrender Fülle ab, wurden jedoch gegen Ende des Mahles etwas weniger reichhaltig. Ein Hauptgang umfaßte jungen, gebratenen Tintenfisch mit Zitrone, Backpflaumenkuchen, gebratene Hummerschwänze, in Essig und Most (unvergorenem Traubensaft) gedünsteten Spinat, Kaviarpastete und in heißem Öl gekochte *broccoli alla napolitana* mit einigen Spritzern Orangensaft.

Als Kardinal Campeggio 1539 starb, ging Scappi wahrscheinlich in die Dienste des Kardinals Carpi. Dieser stammte aus einer ungeheuer reichen Familie, die einen der schönsten Paläste Roms besaß. Jedenfalls arbeitete er wieder für einen Kardinal, denn er beschreibt die Vorkehrungen zur Versorgung des Konklave im Winter 1549–1550, das Julius III. wählte. Dieses Konklave dauerte über zwei Monate. Die Verköstigung der Mitglieder war wohl recht aufreibend. Jeder Kardinal hatte seine eigenen Bediensteten, die seine Speisen zubereiteten, um sie dann in feierlichem Aufzug einem bischöflichen Ausschuß zur Prüfung vorzulegen. Einmal genehmigt, wurden die Speisen in eine drehbare Durchreiche gegeben. Damit waren die Kardinäle vorschriftsgemäß vor jedem Einfluß aus der Außenwelt geschützt. Bei dieser so sehr in die Länge gezogenen Wahl dürften die Reichhaltigkeit und der Wohlgeschmack der Gerichte, die allen Kardinälen aufgetragen wurden, ein wichtiger Bestandteil der "psychologischen Kriegsführung" gewesen sein. Das Werk *"Opera"* läßt den Schluß zu, daß das Konklave einen Höhepunkt in Scappis Laufbahn bildete. Auch später führte er offensichtlich seine Arbeit im Schoße der Kirche fort, denn in seinem Buch erwähnt er beiläufig das "glückliche Jahr 1564", in dem er Pius IV. diente. Dieser Papst, ein gebürtiger Lombarde, besaß eine Vorliebe für Puddinge und Aufläufe, schätzte aber nicht minder in Knoblauch und Petersilie gedünstete Froschschenkel, deren Rezept Scappi uns verrät. Seine letzten Jahre verbrachte Scappi wahrscheinlich im Dienste Pius' V., dessen Krönungsbankett im Jahre 1566 er schildert, und vier Jahre später bezeichnet er sich als *cuoco secreto* (Leibarzt) des Papstes.

Als Küchenmeister im Dienst von Kardinälen und Päpsten war Scappi mit der umständlichen Verköstigung der im Konklave tagenden Kirchenfürsten vertraut. Feierlich tragen die Diener heiße (cucina) *und kalte Speisen* (credenza) *sowie Getränke* (bottigliaria) *in scharlachroten und goldenen, mit dem Wappen des betreffenden Kardinals geschmückten Körben herein. Um sicher zu sein, daß keine Botschaften in das Konklave gelangen,*

untersuchen Bischöfe die Speisen eines jeden Mitglieds des Konklaves (rechts). Scappi schreibt, er könne keine Pasteten backen, da die Bischöfe sie öffnen müßten. Auch die Schatulle des Haufhofmeisters und das Geschirr werden einer Prüfung unterzogen, bevor alles in die drehbaren Durchreichen (hinten) gegeben wird. Im Vordergrund ziehen die Diener wieder ab.

Die in "*Opera*" dargelegte Kochkunst geht weit über die ersten tastenden Schritte Martinos hinaus. Scappi beginnt mit einem Gespräch, das er mit seinem Lehrling führt – eine beliebte Art, die Grundsätze der guten Küche zu erklären. In sechs recht ausführlichen Kapiteln behandelt er sodann Fleisch und Geflügel, Fisch, Gerichte für Fleisch- und Fasttage, Teigwaren und Krankenkost. Wie alle Köche der Renaissance war er an ernährungswissenschaftlichen Erkenntnissen interessiert, wobei ihn seine Erfahrungen mit betagteren Päpsten

Scappis Pfundmaß stammt von der römischen *libra*, die ungefähr 12 Unzen (370 g) entsprach. Dieses sogenannte Troygewicht wird heute noch für Gold und Edelsteine verwendet.

★★★★★★★★★★★★★★★★★★★★★

Per fare crostate, cioe pan ghiotto con rognon di vitella arrostito nello spedo

Crostate sind knusprige, kleine Bissen, oft auf geröstetem Brot oder auf Backwerk angerichtet; sie sind die Vorläufer der knusprigen französischen *croustades* aus Brot oder Teig. Als *crostini* sind sie heute noch eine beliebte italienische Vorspeise, die häufig mit Huhn, Leber oder Käse zubereitet wird (unter *crostate* versteht man heute einen süßen, ungedeckten Kuchen). Hier verwendet Scappi Kalbsnieren in einer gewürzten Sauce. Granatapfelsaft war ein fruchtiges und derbes Würzmittel, das die Italiener von den Arabern übernommen hatten. Die Pimpinelle ist ein Kraut, mit dem man Buttersauce und kühle Getränke würzt, und dessen leicht bittere Blätter auch als Salat verwendet werden.

Nimm Scheiben von messerdick geschnittenem, einen Tag altem Brot, röste sie auf dem Rost und brate Kalbsnieren mit etwas Lende am Spieß. Dann lasse sie etwas abkühlen und hacke sie fein mit Minze, Majoran, Pimpinelle, frischem Fenchel, oder – wenn du keinen hast – verwende getrockenten Fenchel, Pfeffer, Nelken, Zimt, Muskatnuß, Zucker, Eigelb, Granatapfelsaft oder klaren Essig und reichlich Salz, und streiche diese Masse auf die gerösteten Brotscheiben. Lege diese in eine Pastetenform, so daß sie nicht übereinanderliegen, decken die Form zu und feuere von oben, mit ein wenig heißer Asche darunter, bis das Brot etwas von dem Fett aufgesogen hat und die Mischung gebunden ist. Dann bringe sie heiß zu Tisch mit Granatapfelsaft, Zucker und Zimt. Und du kannst auch geschmolzene Butter oder zerlassenes Schmalz in die Form geben, um das Brot gehaltvoller zu machen. Die crostate können auch bei langsamem Feuer auf dem Rost gebraten werden.

TOAST MIT NIERENFARCE

Für 8 Personen als Vorspeise oder für 4 Personen als Hauptgericht

2 Kalbsnieren, wenn möglich im eigenen Fett
1/2 Pfund mageres Kalbfleisch am Stück
1 Teelöffel Minze
1 Teelöffel Majoran
1 Teelöffel Fenchelpulver
1/2 Teelöffel Nelkenpulver
1/2 Teelöffel Zimt
1/2 Teelöffel Muskatnußpulver
1 Teelöffel Zucker
3 Eßlöffel weißer Essig oder Granatapfelsaft
Salz und frisch gemahlener schwarzer Pfeffer
8 Eigelbe
8 dicke Scheiben Weißbrot

ZUM ANRICHTEN:

2–3 Eßlöffel Granatapfelsaft
1–2 Teelöffel Zimt
1–2 Teelöffel Zucker

Wenn keine Nieren im eigenen Fett erhältlich sind, Nieren zusammen mit dem Fleisch in dünn geschnittenes Schweinefett wickeln (Spickfett), oder in fette Speckscheiben. Um den Granatapfelsaft zu erhalten, werden die Kerne in ein Sieb geschüttet und mit der Rückseite eines Löffels ausgepreßt. Es kann stattdessen auch Zitronensaft verwendet werden, jedoch nur halb soviel.
Das ganze Fett bis auf eine dünne Schicht von den Nieren lösen, etwas davon um das magere Stück Kalbfleisch wickeln und Nieren und Fleisch am Spieß oder im heißen Ofen braun braten (205° C), je nach Größe, 30–40 Minuten, aber nicht durchbraten. Die Hitze kleiner stellen (175° C). Dann die Nieren abkühlen lassen und mit dem Fett grob hacken, den weißen Kern entfernen. Das Kalbfleisch hacken und dazugeben. Minze, Majoran, Fenchel, Nelken, Zimt, Muskatnuß, Zucker und Essig beifügen und mit reichlich Salz und Pfeffer würzen. Das Eigelb darunter mischen. Das Brot rösten und die Masse gut darauf verstreichen. Die Toastscheiben auf ein gebuttertes Backblech legen und im vorgeheizten Ofen 15 Minuten backen, bis etwas Fett von den Nieren in die Brotscheiben eingedrungen und die Mischung abgebunden ist. Den Toast mit Granatapfelsaft (oder Zitronensaft) besprengen, mit Zimt und Zucker bestreuen und sofort anrichten, wobei eine Scheibe als Vorspeise, oder zwei als Hauptgang gereicht werden. Der Toast kann im voraus zubereitet und kurz vor dem Anrichten überbacken werden.

Per friggere, accommodare in agresta le rane

Dies ist das Rezept für die Frösche, die Papst Pius IV. so sehr liebte. Sie werden entweder kurz mit Petersilie und Knoblauch, oder ohne diese Gewürze gebraten, mit Eigelb eingedickt und mit *agresto* (herbem Traubensaft) angerichtet. Frösche sind heute noch eine lombardische Spezialität – Pius IV. war ja Lombarde – und bevölkern die unter Wasser stehenden Reisfelder der Poebene.

Den Kopf mit dem großen Maul entfernen und die Füße bis zum ersten Gelenk abschneiden, in kaltem Wasser einweichen; das Wasser innerhalb von 8 Stunden wechseln, so daß die Frösche sich selbst reinigen, aufquellen und weiß werden. Dann nimm sie aus dem Wasser und brate

sie, entweder mit unter dem Körper gefalteten, oder im Gelenk abgeschnittenen Beinen, wobei der Knochen entfernt wird. Bestäube sie mit Mehl, backe sie in Öl aus und richte sie mit feinem Salz an. Decke sie vor allem nach dem Backen nicht zu, weil sie hart werden, einschrumpfen und ihre Güte einbüßen. Du kannst sie auch mit Knoblauchzehen und Petersilie backen und sie mit dem Knoblauch und der Petersilie, Pfeffer und feinem Salz als Sauce anrichten; auf diese Art und Weise pflegte sie Papst Pius IV. 1564 zu essen, als ich ihm diente. Wenn sie gerade auf diese Art mit Mehl gebacken wurden, kannst du sie in agresto*-Sauce (aus frischem* agresto *und Eigelb) warm halten.*

GEBACKENE FROSCHSCHENKEL

Für 4 Personen

12–14 Paar Froschschenkel (etwa 1 1/2 kg)
80 g Mehl mit 1/2 Teelöffel Salz und einer grossen Prise Pfeffer
1 dl Olivenöl
1–2 zerdrückte Knoblauchzehen
3 Eßlöffel gehackte Petersilie, feines Meersalz und frisch gemahlener schwarzer Pfeffer (zum Anrichten)

Froschschenkel 1–2 Stunden in kaltem Wasser zum Aufquellen und Bleichen einweichen, abtropfen und mit Papier abtrocknen. Mit gewürztem Mehl panieren. Öl in einer Bratpfanne erhitzen und die Froschschenkel bei mittlerer Hitze bräunen, bis sie gar sind, d.h. 3–4 Minuten auf jeder Seite. Nach halber Garzeit den Knoblauch hinzufügen, die Petersilie erst vor dem Anrichten. Froschschenkel so rasch wie möglich mit Salzfaß und Pfeffermühle zu Tisch bringen.

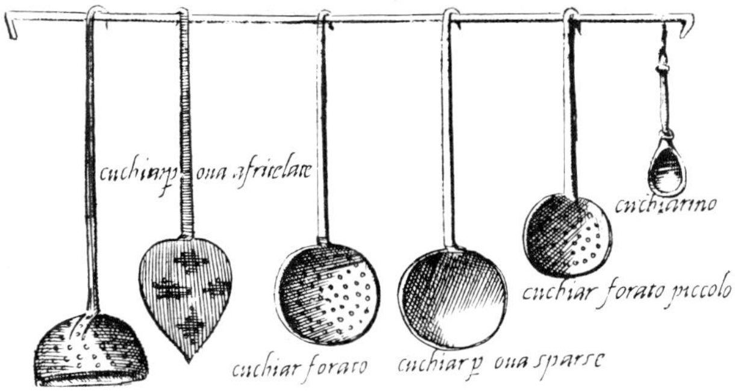

vermutlich besonders gesundheitsbewußt machten. Verschiedene klassische Techniken sind bei Scappi bereits ausgebildet; so hatte er eine Schwäche für Marinaden und war auch geschickt im Schmoren und Pochieren. Er legt beispielsweise Huhn in Weißwein, Essig und Gewürzen ein, gart es langsam in einem verschlossenen *stufatoro* und reicht die Marinade als Sauce. Dieser Schmortopf, in dem der Fleischsaft erhalten bleibt und der Geschmack durch langsames Kochen verfeinert wird, entsprach den neuen, höheren Anforderungen an eine feine Küche.

Scappi betrachtet jeden Bereich der Kochkunst sehr eingehend und befaßt sich als erster Europäer ernsthaft mit dem arabischen Backwerk. Während Martino lediglich einen Teig aus Mehl und Wasser erwähnt, erläutert Scappi verschiedene verzwickte Verfahren, die er selber in über zweihundert Rezepten anwendet. Eine mit zerlassenem Schmalz belegte Teigschicht, die sodann gefaltet und ausgerollt wird, dürfte ein Urahn des Blätterteigs sein, obwohl sie ebensoweit von der luftigen französischen Köstlichkeit wie von dem hauchdünnen arabischen Gebäck entfernt ist, das vermutlich als Vorbild diente, allerdings auf ganz andere Weise zubereitet wird. Echt italienisch sind Scappis offene, mit Erbsen, Artischockenböden oder anderen Gemüsen gefüllte Kuchen. Ein mürber Teig, zu gleichen Teilen aus Mehl und Butter bestehend, mit Rosenwasser abgeschmeckt, war wahrscheinlich der Vorläufer der heutigen *pasta frolla,* aus der ein auf der Zunge schmelzendes Backwerk gemacht wird. Scappi buk ferner Waffeln (er illustriert das Waffeleisen) und *pizze* genannte Kuchen, die der neapolitanischen Spezialität jedoch nur entfernt ähnlich sind. Scappi wäre kein Italiener, liebte er nicht Käse. Er nimmt Ricotta (Quark) für Füllungen und Süßspeisen, Weichkäse als Zwischenlage und Parmesan zum Bestreuen. Auch an Kalbfleisch und Wurstwaren, wie Mortadella und Salami, findet er Geschmack.

Scappi war sich der starken regionalen Einflüsse auf die italienische Küche wohl bewußt. Er erwähnt die in Venedig gesehenen köstlichen Austern und Garnelen; er nennt verschiedene Frucht- und Gemüseplatten *alla lombarda;* er gibt ein Rezept für *zambaglione,* einen duftigen Schaum aus Eigelb, Zucker und süßem sizilianischem Wein, dem

Aus Zuckerrohr gewonnen, das die Araber rund um das Mittelmeerbecken anbauten, war Zucker Jahrhunderte lang knapp und teuer. Zu Scappis Zeit ermöglichten allerdings die Pflanzungen auf Zypern und Sizilien eine Verbilligung der Preise, so daß Gebäck und Süßigkeiten erschwinglicher wurden. In der Zukkerfabrik (unser Bild) wird das Rohr zerkleinert und in eine Mühle gefüllt (links), aus der der Saft fließt. Im Hintergrund wird das Rohr erneut ausgepreßt, der Saft zu einem dickflüssigen Sirup eingekocht und dann in konische Formen gegossen. Noch im 19. Jahrhundert waren Zuckerhüte die übliche Handelsform.

Der Koch beint eine gebratene Ente aus, wobei er sorgfältig darauf achtet, den Saft aufzufangen. Sein Küchenjunge wertet die Knochen in einer Entenpresse weiter aus.

Scappis Küchengeräte (unten) umfaßten ein Dutzend verschiedener Messer, zweizinkige Gabeln und Spieße, dazu Töpfe zum Braten und Schmoren und Wasserbäder für langsames, sachtes Kochen (rechts).

er noch Hühnerbrühe beifügt. Viele Gerichte sind nach Rom, Bologna und Mailand benannt, alles Städte mit einer lebendigen kulinarischen Tradition. Auch fremder Einfluß macht sich recht stark bemerkbar: Rom hatte Florenz und Venedig den Rang abgelaufen und bestimmte nun seinerseits den Geschmack. Scappi besitzt ein Rezept für *succussu all moresca* (maurischen Kuskus), der in einem besonderen Dampfkochtopf zubereitet werden soll, genau wie er heute gemacht wird. Forelle reicht er *alla tedesca* (nach Deutscher Art), ebenso mit Schinken und Gewürzen mariniertes Rindfleisch. Scappi berichtet auch vom Kabeljaureichtum der englischen Gewässer, von dem ihm der Koch eines englischen Kardinals berichtet hatte. An anderer

Stelle erklärt er: "*crema* – ein französischer Begriff – wird aus Mehl, Milch und Eiern gemacht". Dies entspricht der Patisseriecreme unserer Tage. Als Koch unterstand Scappi dem *scalco* (Haushofmeister), der für die gesamte Hofhaltung verantwortlich war, doch wie er betont, verlangte dieses Amt auch gewisse Kochkenntnisse, ein Hinweis darauf, daß die Obliegenheiten der einzelnen Hofämter nicht immer scharf getrennt waren. Eine Bestätigung dafür findet sich im vielbeachteten zeitgenössischen Kochbuch "*Banchetti*" (1548). Der Verfasser, Cristoforo da Messisbugo, bekleidete die Stellung eines Haushofmeisters so musterhaft, daß er geadelt wurde. Seinem Amt entsprechend ergeht er sich in allen Einzelheiten über das Auftragen, aber auch über die Zubereitung von Speisen. Vor allem ist er Fachmann für eine neue italienische Erfindung, die *credenza.* Darunter verstand man eine Reihe von kalten Gerichten – Pasteten, Würsten, gekochtem Schellfisch, Gemüsen, Salaten und anderen *antipasti,* sowie von

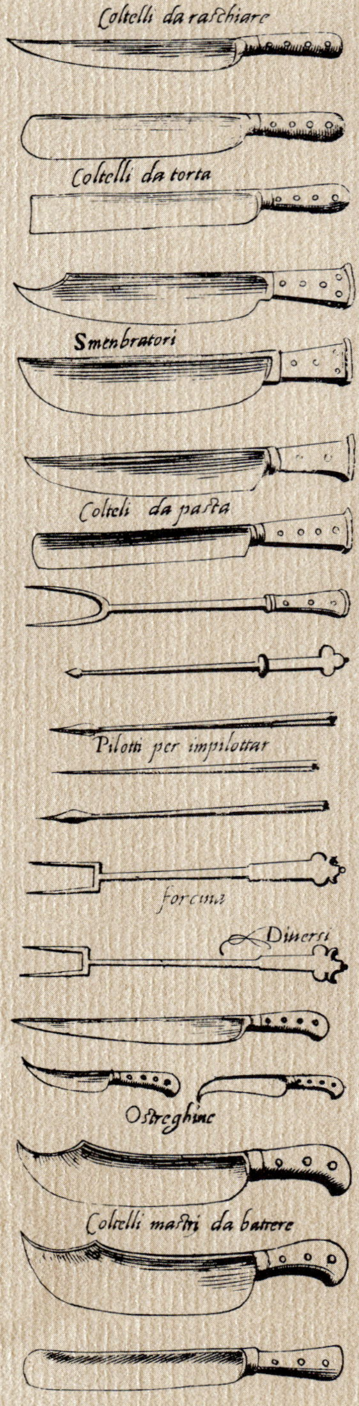

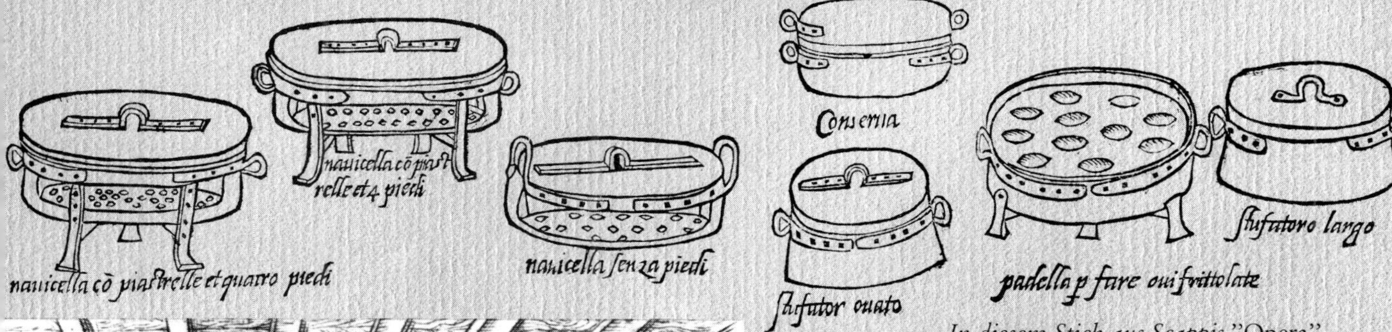

In diesem Stich aus Scappis "Opera" (links) dient eine Kaminhaube zum Auffangen des Rauches, der Kessel hängt an einer beweglichen Winde, und der Bratspieß ist durch einen Ofenschirm geschützt. Rechts eine Reihe siedender Töpfe, und darüber eine Luke, um den Marktjungen Bestellungen zuzurufen. In der hinteren Ecke sind Messer und Löffel in einen Strohballen gesteckt, während das Brot auf einem hohen Wandgestell sicher verwahrt ist. Links ein Spülbecken mit fließendem Wasser und der überaus wichtige Mörser mit Stößel.

Auf diesem Ausschnitt aus einer Küche (oben) bereiten die Köche pasta *zu. Der eine knetet den Teig, der andere faltet ihn, während der dritte ihn am Rutschen hindert. Zur Verfügung stehen zudem ein Mehlsieb, ein Raviolirad, ein Messer zum Abschneiden des Teigs, eine flache* padella *zum Braten und eine Zitronenpresse.*

Arcimboldo: Herbst. Eine naturgetreue Wiedergabe der im Italien des 16. Jahrhunderts erhältlichen Früchte und Gemüse. Neben Äpfeln, Zwiebeln und Karotten sieht man Sellerie, Granatäpfel und Dattelpflaumen sowie Neuheiten aus Amerika, nämlich verschiedene Kürbisarten, Pfefferschoten, Kartoffeln und Mais.

Früchten, süßen Kuchen und Konfekt. Bei der *credenza* war die Augenweide ebenso wichtig wie die Gaumenfreude, die sie bescherte. Zwischen Zuckerstatuetten und Gelatineformen standen feinstes venezianisches Glas und kostbare Silberplatten, die von Meistern wie Benvenuto Cellini geschmiedet worden waren. Die *credenza* ist die Vorläuferin des französischen kalten Büffets, das auf Pierre Buffet, einen königlichen Hofkoch, der anfangs des 16. Jahrhunderts in Verona arbeitete, zurückgehen soll. Allerdings besaß die kalte Küche in den nördlichen Breitengraden nie so große Anziehungskraft wie in Italien, und so bürgerte sich die Sitte ein, abwechselnd einen kalten und einen warmen Gang zu reichen.

Von der italienischen Art, den Tisch zu decken, ließ sich Montaigne anläßlich seines Rombesuchs 1580 stark beeindrucken: "Vor jene Personen, denen besondere Ehre erwiesen werden soll, die neben dem Hausherrn oder ihm gegenüber sitzen, stellen sie große silberne Platten, darauf ihr Salzgefäß von derselben Art, wie man sie vor die Großen Frankreichs stellt. Darüber liegen eine vierfach gefaltete Serviette, und auf dieser Brot, Messer, Gabel und Löffel." Gabeln sind bereits 1360 in einer Bestandesliste erwähnt, doch gibt Scappi eine der ersten Abbildungen: ein plumpes, zweizackiges Ding, aber zweifellos dienlich, den umfangreichen modischen Halskrausen auszuweichen und auch mit schlüpfrigen Teigwaren fertigzuwerden. Schützende Servietten, die – über die Rüschen um den Hals gebunden – bis über den Schoß reichten, waren ebenso unentbehrlich. Sie wurden in allerlei Formen gefaltet – Seerosen, Melonen, Lothringer Kreuz, Bischofsmitren. Als die Gabel jedoch weiter verbreitet wurde und die Tischsitten sich verfeinerten, verloren die Servietten an Bedeutung. Doch noch Ludwig XIV. wird hundert Jahre später mit riesiger Serviette, die ihm anmutig von den Schultern fällt, abgebildet.

Derart umfassende Vorkehrungen für die Tafel erforderten eine sorgfältige Überwachung, die

Das illustrierte Titelblatt zu "Il Trinciante" von Vincenzo Cervio zeigt einen dreifachen, durch einen komplizierten Mechanismus angetriebenen Drehspieß. Kleine, schnell zu bratende Vögel sind dem Feuer am nächsten, mehr Zeit erfordernde Braten weiter oben angebracht, damit sie nicht verbrennen.

Per arrostir nello spedo, e cuocere in piu modi anatre selvaggie

Die Angaben über die verschiedenen Wildentenarten und ihre Zubereitung lassen Scappis umfangreiches Wissen erkennen. *Brodo lardiero* ist eine süß-saure Sauce aus gerösteten Brotkrumen, Rotwein, herben Aromaten, Gewürzen wie Zimt und Nelken und verschiedenen Früchten.

Ich bin der Ansicht, daß es verschiedene Arten von Wildenten gibt – große, kleine – solche mit bunten Federn und Beinen, aber die besten haben rote Beine und Schnäbel und leben auf dem offenen Land, während jene mit schwarzen Schnäbeln und Beinen in den Bergtälern Nahrung suchen und nicht so gut sind; für alle aber gilt die gleiche Jagdzeit, von Oktober bis Ende Februar, und diese Vögel sind während der kältesten Monate am besten. Alle bevorzugen feuchten, sumpfigen Boden und können wie Kraniche am Spieß gebraten, in brodo lardiero, *oder auf diese folgende Art gekocht werden: Rupfe und senge die Enten, entferne den Hals und die Füße, und lege sie mit Rotwein und ein wenig Essig bedeckt, mit gehacktem Schinken, Pfeffer, Zimt, Nelken, Muskatnuß, Ingwer, Salbeiblättern und Rosinen in einen Topf, und decke diesen zu, so daß der Dampf nicht entweicht, und lasse alles während ungefähr 1½ Stunden kochen, je nach Alter und Größe der Ente; ist sie gar, richte sie mit dieser Sauce an, und du kannst ganze, große Zwiebeln mit der Ente kochen und Pflaumen und gedörrte, wilde Kirschen.*

WILDENTE MIT PIKANTER SAUCE

Für 4 Personen

2 Wildenten mit dem Klein, aber ohne Leber
Etwa 250 g gekochter magerer Schinken, fein gehackt
7,5 dl Rotwein (1 Flasche)
1,25 dl Weinessig
½ Teelöffel frisch gemahlener schwarzer Pfeffer
½ Teelöffel Zimt
¼ Teelöffel Nelkenpulver
¼ Teelöffel Muskatnußpulver
¼ Teelöffel Ingwerpulver
2 Eßlöffel Zucker
1 Eßlöffel Salbei
125 g Rosinen
4 mittelgroße Zwiebeln, halbiert, oder 175 g entsteinte Pflaumen (nach Belieben)

Das Rezept ist ausgezeichnet mit jungen Tauben, wobei man eine pro Person rechnet. Bei der Zugabe von Pflaumen reichen 80 g Rosinen.

Die Enten mit dem Klein in einen Kochtopf geben, den gehackten Schinken, Wein, Essig, Pfeffer, Zimt, Nelken, Muskat, Ingwer, Zucker, Salbei, Rosinen und Zwiebeln oder Pflaumen dazufügen.

Topf zudecken, zum Kochen bringen und auf dem Herd sacht kochen, oder im Ofen bei mittlerer Hitze während ¾–1½ Stunden garen (die Garzeit hängt von Alter und Größe der Enten ab). Die Enten auf einer Platte anrichten, Zwiebeln oder Pflaumen rundherum legen und warm halten. Das Klein entfernen, wenn nötig die Sauce einkochen und separat dazureichen.

Per fare tortiglione ripieno

Scappis zahlreiche Rezepte für Tortiglioni zeigen, wie stark er sich für Backwaren interessierte. Dieses hier erinnert an einen Hefekranz. Seine Anweisungen sind eher schwer zu befolgen, doch handelt es sich hier offenbar um dünn ausgerollten Hefeteig mit einer gehaltvollen Füllung.

Knete 2 Pfund Mehl, 6 Eigelbe, 2 Unzen Rosenwasser, 1 Unze in lauwarmem Wasser aufgelöste Hefe und 4 Unzen frische Butter oder Schmalz, das nicht stark riecht, und ziemlich viel Salz eine halbe Stunde, bis der Teig gut verarbeitet ist. Rolle ihn dünn aus, bestreiche ihn mit geschmolzener Butter, die nicht zu heiß sein soll, oder mit Schmalz und schneide mit dem Teigrädchen die Ränder ab, die immer dicker als der übrige Teig sind. Bestreue den Teig mit 4 Unzen Zucker und 1 Unze Zimt. Dann nimm 1 Pfund in Wein gekochte Rosinen und 1 Pfund in Wein gekochte und fein gehackte Datteln und 1 Pfund ebenfalls in Wein gekochte Korinthen. Mische sie mit Zucker, Zimt, Nelken und Muskat, und verteile die Masse aus dem Teig zusammen mit Butterstücken und rolle diesen der Länge nach auf wie Crêpes, passe auf, daß der Teig nicht reißt! Dieser Tortiglione soll nicht mehr als dreifach gerollt (damit er sich besser backen läßt) und nicht zuviel angefaßt werden; er wird dann mit zerlassener, nicht zu heißer Butter bestrichen und von einem Ende her leicht aufgerollt, wie eine Schnecke oder ein Labyrinth. Dann halte ein Kuchenblech bereit und ein Blatt desselben Teigs, bestreiche es mit Butter und lege dieses vorsichtig über den Tortiglione, ohne es anzudrücken, backe das Ganze im Ofen bei mittlerer Hitze, und bestreiche es von Zeit zu Zeit mit Butter. Wenn der Tortiglione gebakken ist, bestreue ihn mit Zucker, beträufle ihn mit Rosenwasser und bringe ihn heiß zu Tisch. Das für den Tortiglione verwendete Kuchenblech sollte offen und mit niedrigen Seitenwänden versehen sein.

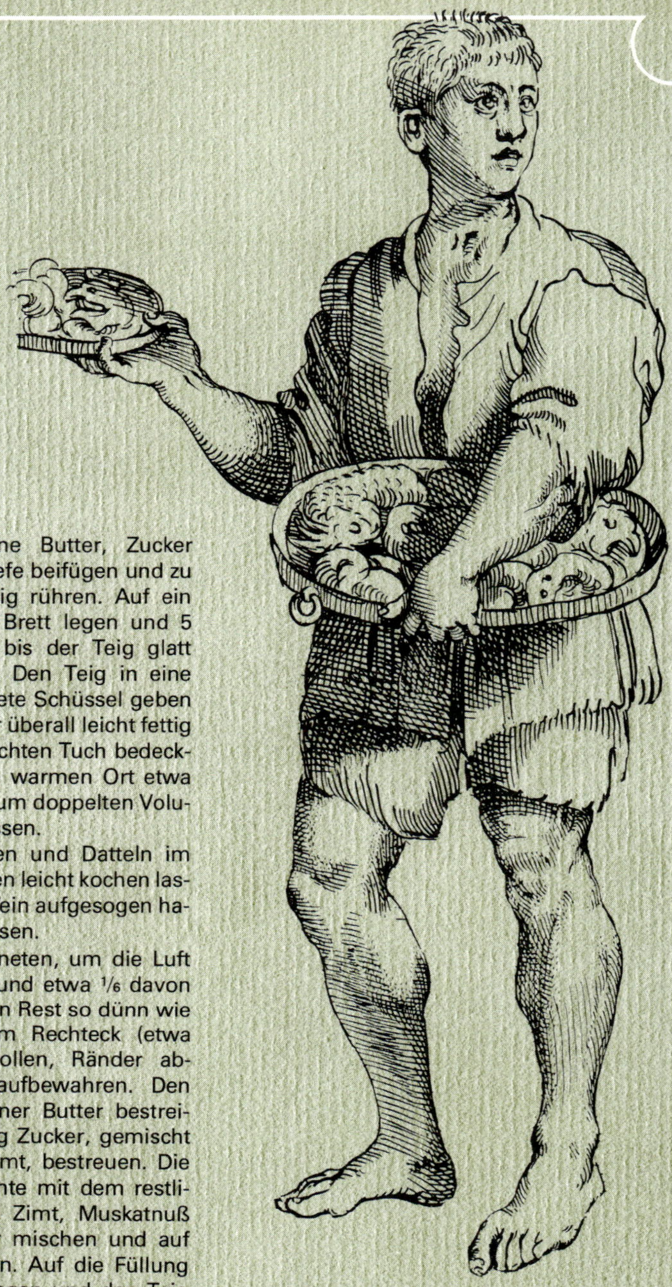

HEFEKUCHEN, GEFÜLLT MIT ROSINEN UND DATTELN

Für 8 Personen

FÜR DEN TEIG:

1 Paket Trockenhefe oder 15 g Preßhefe
1,25 dl lauwarmes Wasser
440 g Mehl
½ Teelöffel Salz
3 Eigelbe
2 Eßlöffel Rosenwasser
60 g Zucker
60 g Butter oder Schmalz, gemahlen

FÜR DIE FÜLLUNG:

200 g Rosinen
200 g Korinthen
250 g (1 Paket) entsteinte Datteln, gehackt
2,5 dl süßer Weißwein
80 g zerlassene Butter oder Schmalz (zum Bepinseln)
120 g Zucker
1 Eßlöffel Zimt
1 Teelöffel Muskatnußpulver
1 Teelöffel Nelkenpulver
60 g Butter, in Stückchen

ZUM FERTIGMACHEN:

1 Ei, mit ½ Teelöffel Salz verklopft, für die Glasur (nach Belieben)
1 Eßlöffel Rosenwasser
Puderzucker (zum Bestreuen)
1 Kuchenblech (22 cm), Pinsel

Rosenwasser, eine echt arabische Zutat zu Backwaren, ist in Apotheken und einigen Lebensmittelgeschäften erhältlich. Dem Teig ist Zucker zugesetzt, damit die Hefe besser treibt.

FÜR DEN TEIG: Die Hefe in das Wasser bröckeln oder streuen und auflösen lassen. Mehl mit Salz in eine Schüssel sieben und in der Mitte eine Vertiefung eindrücken. Eigelb, Rosenwasser, zerlassene Butter, Zucker und aufgelöste Hefe beifügen und zu einem glatten Teig rühren. Auf ein leicht bemehltes Brett legen und 5 Minuten kneten, bis der Teig glatt und elastisch ist. Den Teig in eine warme, ausgefettete Schüssel geben und drehen, bis er überall leicht fettig ist, mit einem feuchten Tuch bedecken und an einem warmen Ort etwa 1½ Stunden bis zum doppelten Volumen aufgehen lassen.
Rosinen, Korinthen und Datteln im Wein 8–10 Minuten leicht kochen lassen, bis sie den Wein aufgesogen haben; abkühlen lassen.
Den Teig leicht kneten, um die Luft herauszutreiben, und etwa ⅙ davon beiseite legen. Den Rest so dünn wie möglich zu einem Rechteck (etwa 30×45 cm) ausrollen, Ränder abschneiden und aufbewahren. Den Teig mit zerlassener Butter bestreichen und mit 60 g Zucker, gemischt mit ½ Eßlöffel Zimt, bestreuen. Die abgekühlten Früchte mit dem restlichen Zucker und Zimt, Muskatnuß und Nelkenpulver mischen und auf dem Teig verteilen. Auf die Füllung Butterstückchen legen und den Teig der Länge nach dreifach rollen.
Die Oberseite mit zerlassener Butter bepinseln, und das Ganze leicht zu einer Spirale rollen, wobei der Teig nicht reißen darf.
Den Teigrest zu einem sehr dünnen, runden Blatt von etwa 30 cm Durchmesser ausrollen. Das Kuchenblech mit Butter ausstreichen, die Teigspirale darauflegen, das runde Teigblatt darüberlegen und an den Seiten herunterziehen, so daß die Spirale völlig bedeckt ist. Alle Teigrestchen zu Blütenblättern, Blättern und einem Stiel ausrollen und formen und zum Dekorieren verwenden. Die Oberseite mit geschmolzener Butter bestreichen, das Blech an einem warmen Ort etwa 40 Minuten, bis zum doppelten Volumen gehen lassen. Den Ofen auf Mittelhitze stellen (190° C). Den Kuchen nach Belieben mit Eiglasur bestreichen.
Eine halbe Stunde backen, dann die Hitze auf 160° C zurücknehmen und noch ½–1 Stunde braun backen, hin und wieder mit zerlassener Butter bepinseln. Wenn der Kuchen zu braun wird, mit Folie bedecken. Sobald er aus dem Ofen kommt, wird er mit Rosenwasser beträufelt, mit Puderzucker bestreut und sofort zu Tisch gebracht.

Solch feingearbeitete, silberne Gabeln galten als Statussymbol der Renaissance.

Das berühmte, von Benevenuto Cellini für Franz I. von Frankreich geschaffene Salzfaß vermittelt einen Eindruck von dem im 16. Jahrhundert mit Glas, Porzellan, Emailgeschirr und Edelmetallen getriebenen Prunk der Tafel. Die beiden Figuren stellen das Meer und die Luft als Quellen von Salz und Pfeffer dar.

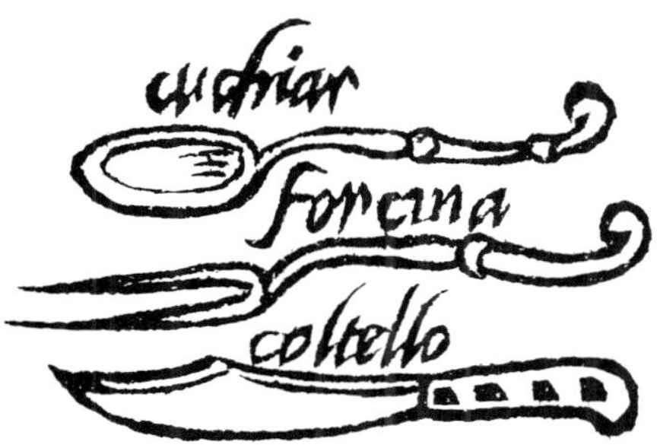

Scappis Messer, Löffel und Gabel (oben) sind einfach und praktisch im Gegensatz zu den kostspieligen Silbergabeln, welche die Reichen benützten (rechts).

dem *trinciante* (Vorschneider) oblag. Er war dem Mundkoch im Rang gleichgestellt, und seine Pflichten gehen aus *"Il Trinciante"* (1581) von Vincente Cervio hervor. Neben dem Ausbeinen von Vögeln und Zerlegen großer Fleischstücke war es die Aufgabe des Vorschneiders, seinen Herrn persönlich zu bedienen und vor Giftmischerei zu schützen – im 16. Jahrhundert eher eine Formsache als eine Notwendigkeit. Päpste und Kardinäle nahmen auf Reisen immer ihren Mundkoch mit. Cervio beschreibt denn auch, wie eigens eine Küche einzurichten ist, wenn ein Würdenträger Aufenthalt nimmt. Sicherlich waren Vorschneider und Haushofmeister des öftern uneins, denn Messisbugo zufolge, hatte letzterer die Gäste in der ihnen gebührenden Form zu begrüßen. Er sorgte auch dafür, daß das Gesinde die Arbeit ordentlich verrichtete, und überwachte die Fahrten auf dem Wege zur Sommerresidenz, ohne die Angelruten, Spielkarten und Würfel zu vergessen. Domenico Romoli, ebenfalls Haushofmeister, warnt 1560 vor den Gefahren, das gemeine Volk als Zuschauer zum Bankett zuzulassen, wie es der Brauch war. Sie betränken sich, behinderten das Auftragen der Speisen und verschlängen gierig die Überreste; es sei viel besser, Zutritt erst dann zu gewähren, wenn der Tanz beginne und Speisen, kostbares Tafelgedeck, wertvolles Silber und Glas abgeräumt seien, meinte Domenico Romoli.

Aus einer ähnlichen nüchternen Überlegung heraus nahm Pius V. – ein zimperlicher Papst, der sogar die Aktbilder Michelangelos verschleiern ließ – bei seiner Krönung 1566 Abstand von der Sitte, Geld unter die römische Menge zu werfen, und sagte im folgenden Jahr das übliche Jubiläumsbankett ganz ab. Die Welle der Auflehnung gegen den mittelalterlichen Brauch der öffentlichen Festlichkeiten breitete sich schließlich über ganz Europa aus. Der Landesherr wurde von der Pflicht entbunden, unter den neugierigen Blicken seiner Untertanen zu speisen. In England erfuhr die königliche (und adlige) Tafel durch die Absonderung kaum eine Änderung. In Frankreich dagegen entstanden daraus einerseits die *haute cuisine* (feine Küche) für Hof und Adel, andererseits die *cuisine bourgeoise* (bürgerliche Küche), die je nach Gegend unterschiedlich war, weil sie auf den örtlichen Zutaten aufbaute.

Der Küchenjunge quirlt eine Sauce glatt, genau wie es heutige Lehrlinge tun.

NUDELN

Für 6 Personen

500 g Allzweckmehl/Weißmehl
3 verklopfte Eier
1 dl lauwarmes Wasser
3 l Fleisch- oder Hühnerbrühe, oder
2 1/2 l Milch und 160 g Butter

ZUM ANRICHTEN:

125 g geriebener Parmesan- oder Romanokäse
120 g Grießzucker, mit einem Eßlöffel Zimt

Scappis Pastateig ist nicht abgeschmeckt; wir würden wahrscheinlich 3/4 Teelöffel Salz zufügen.

Das Mehl (mit Salz) auf ein Brett oder eine Marmorplatte sieben, in der Mitte eine Vertiefung eindrücken, die Eier und das Wasser langsam hineingeben. Das Mehl von außen mit den Fingern einarbeiten. Wenn nötig, mehr Wasser beigeben, bis die Masse glatt, weich, aber nicht klebrig ist. Den Teig 5 Minuten gut kneten, bis er sehr glatt und elastisch ist, zudecken und 1 Stunde stehen lassen, damit er etwas Elastizität verliert.

Den Teig so dünn wie möglich auf einem bemehlten Brett ausrollen, die Kanten beschneiden und etwa 15 Minuten ruhen lassen, bis er leicht trokken, aber noch geschmeidig ist. Die Oberseite mit Mehl bestreuen, den Teig lose zusammenrollen und quer in 1 cm breite Streifen schneiden. Man kann die Nudeln auch mit einer Pastamaschine ausrollen und schneiden. Die Streifen werden auf Pergament oder Papier mindestens 3 Stunden getrocknet.

Die Kraftbrühe oder Milch und Butter zum Sieden bringen, die Nudeln hineingeben und 10–12 Minuten kochen; sie sollen wohl weich, aber noch fest *(al dente)* sein. Abtropfen, mit heißem Wasser abspülen und in einer Pfanne mit etwas Butter wieder erhitzen. Mit geriebenem Käse, Zukker und Zimt zum Bestreuen zu Tisch bringen.

Per far minestra di tagliatelli

Scappi bereitete den Pastateig mit den gleichen Zutaten und auf dieselbe Art zu, wie man es auch heute tut. Nach dem Ausrollen wird der Teig um den Teigroller gewickelt, so daß er sich leicht in schmale Streifen (für Nudeln) oder in breitere Streifen (für Lasagne) schneiden läßt. Wie Martino reicht Scappi seine Pasta mit Zukker, Zimt und Käse zum Bestreuen, verrät aber nicht, ob die Pasta abgetropft oder in der Kochbrühe angerichtet wird. Ebensowenig erwähnt er das Abtropfen von Fleisch und Gemüsen; er muß wohl angenommen haben, daß der Koch Bescheid wisse.

Knete 2 Pfund feines Weißmehl, 6 Eier und etwas lauwarmes Wasser während einer Viertelstunde gut auf einem Tisch, rolle dann dünn aus, laß den Teig eine Zeitlang trocknen und schneide die ungeraden Kanten ab. Wenn der Teig trocken ist, aber nicht so trocken, daß er bröckelt, siebe etwas Mehl darüber, damit er nicht klebt, und wickle ihn leicht um den Teigroller, dann schneide den aufgerollten Teig mit einem breiten, scharfen Messer. Und wenn die tagliatelli *geschnitten sind, breite sie aus, und lasse sie eine Weile trocknen; wenn sie trocken sind, koche sie in fetter Brühe oder in Milch und Butter, und wenn sie gekocht sind, reiche sie heiß mit Käse, Zucker und Zimt. Willst du Lasagne haben, dann schneide die Pasta auf dem Teigroller quer in zwei Stücke und diese dann in Vierecke, und koche sie in Hasen- oder Kranichbrühe oder irgend einer Fleischbrühe, und reiche sie heiß mit Käse, Zukker und Zimt.*

Das italienische Klima begünstigt das Essen im Freien. Auf diesem Gemälde Ende des 16. Jahrhunderts werden den Gästen, die in einer blattreichen Laube sitzen, von der credenza *Früchte und süßes Gebäck gereicht. Die Köche der Renaissance buken kunstvolle, flache Küchlein, die Scappi eingehend beschreibt.*

Scappis Werk mit seinen über tausend Rezepten und genauen Darstellungen der für einen Meisterkoch unentbehrlichen Geräte (viele sind heute noch in Gebrauch) hinterläßt den Eindruck, daß um 1570 die Italiener ein für allemal die Führung in der europäischen Küche übernommen hätten. Innerhalb von nur fünfzig Jahren wurde jedoch Paris wegweisend. Der Kern- und Angelpunkt der französischen Kultur bot einen günstigeren Rahmen für die weitere Entfaltung der Kochkunst als die aufsässigen Städte Italiens. Als der verbindende Geist der Renaissance verblaßte, waren nicht mehr einzelne Städte, sondern die verschiedenen Landesteile die eigentlichen Träger der Küchentradition. Scappis breitangelegte Sicht der Kochkunst entsprach nicht mehr dem Zeitgeist, und um die Mitte des 17. Jahrhunderts erschien sein Werk nicht weiter im Druck. Nichtsdestoweniger stellt "*Opera*" mit seiner Fülle von Wissen den Höhepunkt unter den italienischen Kochbüchern dar. Seine Anlage, Genauigkeit und Ausführlichkeit weist auf einen noch bedeutenderen Einfluß hin, nämlich auf den der wissenschaftlichen Methodik, welche das 17. Jahrhundert zu einer Blütezeit des europäischen Geisteslebens machte, vielleicht noch bedeutender und ursprünglicher als die Zeit des im wesentlichen konservativen Humanismus der Renaissance selber.

La Varenne

etwa 1615–1678

François Pierre de la Varenne ist der Begründer der klassischen französischen Küche. Sein 1651 erschienenes Werk *"Le Cuisinier françois"* erntete ebenso viel Lob wie Kritik, seine Bedeutung jedoch war unbestritten. Es war tatsächlich seit Taillevents *"Le Viandier"* (300 Jahre zuvor) das erste französische Kochbuch, das wirklich Neues bot. Es erlebte in 75 Jahren 30 Auflagen und war "wohl ein Jahrhundert lang der kostbare Besitz der meisten französischen Haushaltungen, die etwas auf sich hielten", wie André Simon sagt. Der Grund seines Erfolges läßt sich leicht erklären: In *"Le Cuisinier françois"* verzeichnet La Varenne als erster die unter italienischem Einfluß erzielten großartigen Fortschritte der französischen Küche.
Die Kunde von der kulinarischen Revolution der Renaissance erreichte Frankreich gegen Ende des 15. Jahrhunderts, als König Karl VIII. erstmals Parmesankäse und Makkaroni eingeführt haben soll. 1505 erschien Platinas Werk *"De honesta voluptate"* in einer ersten französischen Ausgabe in Lyon, wo eine blühende italienische Gemeinde lebte. Italien war politisch ebenso bedeutend wie in den Künsten, und es lag daher nahe, daß Franz I.

Katharina de Medici (1519–1589), Gemahlin von Heinrich II. von Frankreich und Mutter von Franz II., Karl IX. und Heinrich III., war eine starke Persönlichkeit, aber mit einer ausgesprochenen Schwäche für gutes Essen.

als Braut für seinen Sohn, den späteren König Heinrich II., die Italienerin Katharina de Medici aussuchte. Katharina brachte ein wahrlich königliches Gefolge von Höflingen und Köchen mit und entfaltete während über fünfzig Jahren in Frankreich den prachtliebenden Stil der Medici. Ihre große Eßlust war sprichwörtlich, und einmal überaß sie sich derart an Ragout aus Hahnenkämmen, Nieren und Artischockenherzen, ihrem Leibgericht, daß sie fast platzte. Auch ihrem Sohn, Karl IX., wurde seine Vorliebe für *salemigondis*, einen italienischen Eintopf, fast zum Verhängnis.

Titelblatt zu "Le Cuisinier françois"

Gegenüber:
Im Jahr 1687, einige Jahre nach La Varennes Tod, gab die Stadt Paris Ludwig XIV. ein großes Bankett. Wie bei den königlichen Gastmählern in Versailles saßen nur einige wenige Ehrengäste mit ihm am Tisch. Dieser ist recht einfach gedeckt; die übergroßen Servietten der Damen und des Königs deuten an, daß meist mit den Fingern gegessen wurde, obwohl es bereits Gabeln gab.

Eine wohlhabende Bürgersfrau des 17. Jahrhunderts auf dem Markt, wo Pfirsiche, Aprikosen, Trauben, Pflaumen, Himbeeren, Äpfel, Melonen und verschiedene Gemüse angeboten werden. Dem italienischen Beispiel folgend, machten die Franzosen damals große Anstrengungen, Auswahl und Qualität ihrer landwirtschaftlichen Erzeugnisse zu verbessern.

Zu La Varennes Zeit – er wurde etwa 1615 geboren – beherrschten wiederum italienische Meister die französische Hofküche. Sie waren 1600 im Gefolge der Maria de Medici, als diese Heinrich IV. ehelichte, nach Frankreich gekommen. Montaigne zeichnet das Bild dieser neuen Künstlerklasse in seinem Bericht über ein Zusammentreffen mit dem Chefkoch des Kardinals Caraffa: "Mit magistraler Würde hielt er mir einen Vortrag über diese Wissenschaft der Speisen, zuerst generell über die Zusammensetzung der Saucen, und beschrieb dann in allen Einzelheiten die Natür der Ingredienzen und deren Wirkungen; er erklärte die Verschiedenheiten der Salate, je nach Jahreszeit: welche gewärmt und welche kalt serviert, wie sie garniert und geschmückt werden sollten, damit sie das Auge erfreuten. Daraufhin legte er die Folge der einzelnen Gänge mit klugen, trefflichen Überlegungen dar, in einer gehobenen, wohltönenden Sprache, wie sie im allgemeinen für einen Regierungsbericht eines Kaiserreiches gebräuchlich ist."

Damit hatte Montaigne unbewußt den Kern der neuen Küche getroffen. Eben diese Beachtung jeder Einzelheit, die Ausgeglichenheit und Harmonie waren es, die die Künste der Renaissance auszeichneten. Was nun die Kochkunst betraf, war kein Platz mehr für die überladenen Bankette des Mittelalters, mit Fleisch und Federvieh als prächtige Schaugerichte dargeboten und mit leichtfertigem Gebrauch kostbarster Gewürze. *"Le Cuisinier françois"* gehört einer anderen Welt an. Verschwunden sind die exotischen Vögel, Pürees von vielfältigem Geschmack. Das Fleisch ist erkenntlich zerlegt und wird wie heute verwendet; die besten Stücke werden gebraten, die anderen langsam im Saft gegart, damit die zähen Fasern weich werden. Fleisch und Geflügel werden über kleinem Feuer zu delikat gewürzten Ragouts gekocht, und La Varenne erkennt, wie wichtig es ist, die Flüssigkeit einzukochen, um den vollen Geschmack zu gewinnen. Sein allererstes Rezept gilt der so wichtigen Bouillon, auf französisch oft *fonds* genannt. Er kennt verschiedene interessante, mit Pilzen, Mandeln oder Trüffeln verfeinerte Bindemittel, und er ist der erste französische Koch, der der Bouillon *roux,* die klassische blonde Mehlschwitze, beigibt, um *velouté,* die weiße Grundsauce, zu bereiten. Eine erstaunliche Anzahl unserer heutigen Speisen ist schon in *"Le Cuisinier françois"* erwähnt, wie *bœuf à la mode, œufs à la neige,* Omeletten, Beignets und sogar der amerikanische Kürbiskuchen. Seine besondere Aufmerksamkeit gilt der Zubereitung von Gemüsen, für Bratenjus gebraucht er ein kleines Kräuterbündel, und als erster verwendet er Eiweiß zum Klären von Gelees.

La Varenne zeigt den Franzosen auch neue Möglichkeiten, Schwanz, Füße, Zunge und andere Fleischstücke zu verwerten, die in Italien schon lange beliebt waren. Seefische, vor allem aber Hummer und Austern, gewinnen neben Süßwasserfischen immer mehr an Bedeutung, was zeigt, daß die Verbindungen nach Paris, 180 km vom Meer entfernt, besser geworden waren. Dieser Fortschritt konnte jedoch 1671 das größte Drama in der Geschichte der Kochkunst, den Selbstmord

Obschon ein glänzender Koch, fiel es La Varenne anscheinend schwer, seine Ideen schriftlich darzulegen. Seine Rezepte enthalten nur wenige Mengenangaben, und seine Anweisungen sind wesentlich ungenauer als die seiner italienischen Vorgänger. Gewürz wird sparsam gebraucht, und das Fehlen von Salz ist viel auffälliger als bei den früheren, stark gewürzten Speisen. Den folgenden Rezepten sind deshalb Salz und Pfeffer noch beizufügen.

★★★★★★★★★★★★★★★★★★★★★

Potage de poulets aux pois verts

Frische grüne Erbsen stellten in Frankreich zu seiner Zeit eine Neuheit dar. La Varenne entwickelte aber schon die klassische Kombination von grünen Erbsen und Lattich, wie man sie heute noch als *petits pois à la française* kennt. Seine Suppen waren schon eher kräftige Eintopfgerichte.

Wenn die Hühner gesäubert und zusammengebunden sind, lege sie in eine Kasserolle mit guter Brühe und schäume sie gut ab; gib die Erbsen in einen Kochtopf mit Butter oder Schmalz und koche sie leicht mit Salatblättern, die zuvor blanchiert, d.h. in kaltes Wasser gelegt wurden. Laß das Brot auch leicht kochen, garniere es mit dem Huhn, den Erbsen und Salat und serviere.

HUHN IM TOPF MIT GRÜNEN ERBSEN

Für 4 Personen

1 Brathuhn, etwa 1,5 kg, bridiert
7,5 dl gut gewürzter Geflügelfond
1 großer Lattich, in 5-cm-Streifen geschnitten
2 Eßlöffel Butter

350–450 g frische grüne Erbsen
1 dl Wasser
1 Teelöffel Zucker
Salz und Pfeffer
2 Eßlöffel (150 g) frische Weißbrotkrume

Das Huhn, die Brust nach oben, in einer tiefen Kasserolle mit einem halben Liter Geflügelbrühe langsam zum Kochen bringen. (Das weiße Fleisch wird im Dampf, die dunklen Stücke im Fond gar). Gut abschäumen und zugedeckt ¾–1 Stunde über kleiner Flamme dünsten. Das Huhn herausnehmen und warmstellen.
Den Fond auf 2,5 dl einkochen. Den Lattich in kaltem Wasser gut waschen und abtropfen. In einer Kasserolle die Butter erhitzen und die Erbsen darin 1–2 Minuten dämpfen, nicht braun werden lassen; Wasser mit Zucker, Salz und Pfeffer zugießen und den Lattich drauflegen, zugedeckt 15 Minuten, unter gelegentlichem Rühren, langsam kochen lassen, bis die Erbsen weich sind.
Die restlichen 2,5 dl Geflügelfond aufkochen, die Brotkrumen hineingeben und eindicken lassen; zuletzt den reduzierten Fonds dazugeben, nochmals aufkochen und abschmecken. Das Huhn auf den Erbsen anrichten und die Sauce darübergeben.

Pasté d'anguilles

Diese Aalpastete ist dem russischen Koulibiac aus lagenweise Lachs, hartgekochten Eiern, gehackten Pilzen und Reis, in Teig eingeschlossen, sehr ähnlich. Heutige Chefs gäben dazu geschmolzene Butter (La Varenne tat sie in die Pastete) oder Hollandaise, der La Varennes Sauce aus Eigelb und Verjus sehr nahe kommt.

Häute die Aale, schneide sie in Scheiben und würze. Mach die Pastete und fülle sie mit den Aalen, hartgekochten Eigelben, Champignons, Trüffeln, Artischockenböden (so vorhanden) und guter frischer Butter. Reiche die Pastete offen, ohne Deckel, mit einer weißen Sauce aus mit Verjus verdünnten Eigelben. Sollte sie auseinanderfallen, halte sie mit gebuttertem Papier und Schnur zusammen. Wenn sie gebacken ist, entferne das Papier.

AALPASTETE IM TEIG

Für 6 Personen

FÜR DEN TEIG:

375 g Mehl
½ Teelöffel Salz
160 g Butter (nicht aus dem Kühlschrank)
80 g Schmalz oder Backfett
1 dl kaltes Wasser

FÜR DIE FÜLLUNG:

750 g frischer Aal, gehäutet
6 hartgekochte Eigelbe, zerkrümelt
250 g kleine Champignons (eventuell 1 kleine Büchse Trüffel, abgetropft und in dünne Scheiben geschnitten)
4 Artischockenböden, gekocht
160 g Butter
Salz und Pfeffer
1 zerklopftes Ei, mit ½ Teelöffel Salz vermischt, zum Bestreichen

FÜR DIE SAUCE:

3 Eigelbe
1 dl Verjus
1 dl Wasser

Anstelle des Aales kann man Lachs verwenden. Verjus wird aus dem durchgesiebten Saft saurer Trauben oder einer anderen unreifen Frucht hergestellt; Zitronensaft ist der beste Ersatz. La Varenne spricht von einer 'weißen' Sauce. Möglicherweise schlug er auf kleinem Feuer das Eigelb mit dem Verjus zu einer hellen, mousse-ähnlichen Sauce, wie unten angegeben. Zu Fischpasteten wie dieser hier reichte La Varenne eine "Garnitur aus dem Garten, wie Champignons, Trüffel, Spargel, hartgekochte Eigelbe, Artischockenböden, Kapern, Krautstiele, Pistazien". Aber es darf auch ein kleiner Strauß Brunnenkresse sein.

DER PASTETENTEIG: Mehl und Salz auf ein Brett sieben, in der Mitte eine Vertiefung machen, Butter und Schmalz, in Stücke geschnitten, dazugeben und mit den Fingern gut durcharbeiten, bis der Teig 'sandig' wird. Das Wasser hinzugießen und alles zu einer festen, jedoch weichen Masse verarbeiten. Einen Kloß formen, zudecken und kalt stellen.

DIE FÜLLUNG: Den Aal in Filets schneiden, die Gräten entfernen. Die Artischockenböden in je drei Teile schneiden. Den Ofen auf 200° C vorheizen. Den Teig auf einem mit Mehl bestreuten Brett rechteckig ausrollen (etwa 25×35 cm). Die halbe Portion Aal in der Mitte auslegen, so daß ringsum ein breiter Rand bleibt. Mit Salz und Pfeffer bestreuen. Die mit der Gabel leicht zerdrückten Eigelbe, die Champignonsköpfchen, Trüffel, Artischockenböden und restlichen Aalfilets in möglichst vielen Lagen draufgeben, je mit Salz, Pfeffer und Butterflöckchen (die oberste Lage ausgenommen) bestreuen.
Den überstehenden Teigrand mit dem verklopften Ei bepinseln, die langen Seiten des Rechtecks hochklappen, in der Mitte schließen. Die Enden ebenfalls hochklappen, die Nähte gut andrücken. Das so erhaltene Paket mit der Nahtseite nach unten auf ein Backblech rollen. Die Oberseite mit dem Ei bepinseln. Den restlichen Teig ausrollen und in lange schmale Streifen schneiden, damit die Oberseite dekorieren und die Unterkante verstärken. Nochmals mit Ei bepinseln. Aus doppelter und gebutterter Folie eine etwa 5 cm breite Manschette um die Pastete binden. Auf der Oberseite zwei kleine Einschnitte anbringen, in die je eine gerollte Folie wie ein Schornstein hineingesteckt wird, damit der Dampf entweichen kann. Die Pastete im heißen Ofen etwa 15 Minuten backen, bis die Seiten fest sind. Dann die Manschette entfernen und die Seiten nochmals mit Ei bestreichen. Die Pastete weitere 10 Minuten goldbraun backen, dann die Hitze auf 170° C zurückstellen und die mit einer Folie abgedeckte Pastete 1–1½ Stunden fertigbacken.

DIE SAUCE: In einer Kasserolle mit dickem Boden oder im Wasserbad Eigelb, Verjus und Wasser unter ständigem Schlagen mit dem Schneebesen 5–7 Minuten langsam erhitzen, bis die Sauce eindickt (ähnlich wie eine Hollandaise). Nicht zu rasch heiß werden oder kochen lassen, sonst gerinnt die Sauce.

DAS ANRICHTEN: La Varenne schneidet die Oberseite wie einen Deckel ringsum ab. Heute würde man die Pastete eher in Scheiben schneiden, um die einzelnen Lagen sichtbar zu machen. Ist sie warm, die Sauce separat reichen.

Lapereaux en ragoût

Wildgeflügel und junge Tiere, wie hier die Wildhasen, kamen im 17. Jahrhundert oft auf den Tisch der Reichen. Die Armen kamen kaum zu diesem Genuß; das Jagdrecht stand allein dem Grundherrn zu, und in bestimmten Zeiten wurde das Wildern mit dem Tode bestraft. Varenne würzt dieses Gericht mit einem *bouquet garni* (Kräutersträußchen) – eine der ersten schriftlichen Erwähnungen dieses Namens.

Wildhase kann auf dieselbe Art wie Huhn frikassiert werden, oder in einer Bratpfanne, in der Butter mit etwas Mehl vermischt ist, geschmort; dann mit gutem Fond leicht kochen und mit Kapern, Orangen- oder Zitronensaft, mit einem bouquet garni *oder Schalotten würzen und anrichten.*

HASEN-RAGOUT

Für 4 Personen

30 g Mehl
Salz und Pfeffer
60 g Butter
1½ kg Wildhasen (3 Stücke)
4 dl Fleischbrühe
2 Eßlöffel Kapern
Saft von 1 Orange oder 1 Zitrone
bouquet garni (Kräuterbündel),
oder 4 Schalotten, gehackt

Statt Wildhasen kann Huhn verwendet werden.
Die Fleischstücke im Mehl wenden. In einer großen Bratpfanne oder flachen Kasserolle Butter schmelzen und das Fleisch bei mittlerer Hitze auf allen Seiten bräunen. Fleischbrühe, Kapern, Orangen- oder Zitronensaft, Kräuterbündel oder Schalotten dazugeben und zum Kochen bringen. Zugedeckt auf dem Herd leicht kochen, oder im Ofen bei mittlerer Hitze (175° C) ¾–1 Stunde kochen, bis das Fleisch zart ist. Die Sauce abschmekken, das Kräuterbündel entfernen.

Das Auftragen von Salaten und Salatsauce. Aus einem Schulbuch des 17. Jahrhunderts.

Nicholas de Bonnefons: "Le Jardinier françois" (1651). Frauen beim Früchteschälen (links), Einmachen und Abschäumen (vorn). Im Hintergrund rollt eine Köchin Fruchtkäse (Quittenkäse). An der Wand hängen Formen und ein Preßsack für Gelee.

Vatels, Küchenmeister beim Prinzen Condé, nicht verhindern. Madame de Sévigné beschreibt, wie Vatel höchst erregt zu Bett ging, nachdem bei einem Diner für den König zu wenig Braten auf die Tische gekommen waren. Entschlossen, am nächsten Tag jede Panne zu vermeiden, stand er sehr früh auf, um die Vorbereitungen persönlich zu überwachen. Dabei mußte er feststellen, daß nur zwei Karren mit Fisch statt der zwölf, die er bestellt hatte, angeliefert worden waren. Der fehlende Fisch traf eine Viertelstunde später ein, doch Vatel sollte dies nicht mehr erfahren. Voller Verzweiflung hatte er sich in sein Schwert gestürzt, unfähig, diese Schande zu überleben. Der Hof war von der Nachricht erschüttert: "Die Leute sagten, seine Ehre hätte ihm so viel bedeutet; sein Mut wurde ebenso gelobt wie mißbilligt."

Am Hof Ludwigs XIV. galt es als Ehrensache, sich für die Kochkunst zu interessieren, und *"Le Cuisinier françois"* verlockte manchen Adligen dazu, den Kochlöffel in die Hand zu nehmen. Die Herzogin von Burgund erfand eine süß-saure Sauce aus Essig und Zucker, die sie zu Fleisch reichte, und der träge Herzog von Nevers raffte sich immerhin dazu auf, seine eigenen Einkäufe zu besorgen. Die Königin, Maria Theresia von Spanien, bemühte sich, die Speisen ihres Heimatlandes einzuführen, aber die Franzosen nahmen diese nicht besonders freundlich auf, und nur Schokoladegetränke und *olla podrida* – ein Eintopfgericht mit Rindfleisch, Wild, Huhn und Gemüsen, das im eigenen Saft aufgetischt wird – überlebten ihre Regenzzeit.

Madame de Maintenon, der Maitresse des Königs, werden die *côtelettes à la Maintenon* zugeschrieben, die, nach Entfernung jeglichen Fettes, in Papier eingewickelt, gebacken und in den Tagen serviert wurden, wenn die königliche Verdauung in einem empfindlichen Zustand war.

Das war nicht oft der Fall. Ludwig XIV. war ein gefräßiger Esser, mehr ein Schlemmer als ein wirklicher Feinschmecker. Er liebte es, wenn seine Speisen in ihrer Sauce schwammen, verlangte die doppelte Menge der sonst üblichen Gewürze und verspeiste, wie Lieselotte von der Pfalz berichtet, bei einer gewöhnlichen Mahlzeit "vier Teller mit verschiedener Suppe, einen ganzen Fasan, ein Rebhuhn, einen großen Teller mit Salat, Hammelfleisch im eigenen Saft, mit Knoblauch gewürzt, zwei große Scheiben Schinken, einen Teller voll Backwaren, Obst, eingemachte Früchte und hartgesottene Eier." Suppe wurde zu jener Zeit alles genannt, was in einem einzigen Topf gekocht wurde und spielt bei La Varenne eine bedeutende Rolle. Einige Suppen sind ganz ähnlich wie ein Eintopf mit Fleisch und Gemüse, beispielsweise das klassische Rebhuhn mit Kohl oder die Ente mit weißen Rüben, und werden mit der eingedickten Brühe als Sauce gereicht. Andere sind regelrechte Gemüsepürees.

Im 17. Jahrhundert wurde der französische Speisezettel durch neue Früchte und Gemüse entscheidend bereichert, und zwar nicht nur aufgrund von

Auf dieser naturgetreuen Darstellung einer französischen Tafel des 17. Jahrhunderts sieht man, wie das zähe Fleisch gespickt wurde, um es weicher und schmackhafter zu machen. Neben dem Spanferkel eine der damals so beliebten Pasteten.

Importen aus dem Fernen Osten und amerikanischen Kolonien, sondern weil zuvor verschmähte Nutzpflanzen in größerem Maße angebaut wurden. Um die Jahrhundertwende hatte Heinrich IV. bei den Tuilerien die erste Orangerie angelegt, und 50 Jahre später konnte La Varenne die Verfügbarkeit von Orangen und Zitronen als gewährleistet betrachten, ganz abgesehen von Pflaumen, Aprikosen, Pfirsichen und Gartenerdbeeren. Bei den Gemüsen verloren Lauch und Zwiebel ihre Vorrangstellung an Gurken, Kohl, Karotten und Blumenkohl. Spinat hatte sich schon durchgesetzt und war unter Katharina de Medici in Mode gekommen – daher die Bezeichnung *florentine (Florentiner Art)* für ein mit Spinat garniertes Gericht. Die Auswahl an grünen Salaten war auch reichhaltiger geworden; damals kamen Endivien auf, ebenso der Gartenlattich, dessen Samen angeblich von Rabelais 1537 aus Rom gesandt worden waren, worauf der französische Name *romaine* zurückzuführen ist. Die echte Artischocke, welcher aphrodisische Eigenschaften nachgerühmt wurden, war überaus beliebt.

Aus der Neuen Welt kamen die Kartoffel und die Tomate; die Kartoffel war allerdings vor der Mitte des 18. Jahrhunderts noch nicht stark verbreitet, und die Tomate wurde noch lange für giftig gehalten. Der Topinambur (Erdbirne) fand raschere Aufnahme, und La Varenne empfahl, ihn kurz anzubraten und dann mit Zwiebeln und etwas Muskatnuß zu dünsten.

Man kann sich leicht vorstellen, welchen Anreiz diese neuen Gemüsesorten für einen erfindungsreichen Koch bedeuteten. La Varenne kreiert denn auch sogleich Spargel- oder Blumenkohlsuppe, Frikassee von Gurken und Artischocken *à la poivrade*. Er begeistert sich für grüne Erbsen, eine Neuheit aus Italien, gibt sie in Suppen und reicht sie mit Huhn. Sie sollten eine wahre Manie bei Hofe werden, und Madame de Sévigné bemerkte 1696: "Diese Vorliebe für Erbsen nimmt kein Ende... Einige Damen soupieren mit dem König, soupieren zudem sehr gut, nur um heimzukehren und vor dem Schlafengehen Erbsen zu essen, ohne sich im geringsten um ihre Verdauung zu kümmern."

Als *"Le Cuisinier françois"* erschien, war La Varenne knapp 35 Jahre alt. Zu jenem Zeitpunkt diente er bereits seit zehn Jahren als Küchenchef beim

Im 17. Jahrhundert wurden in Weiterentwicklung der mittelalterlichen Tranchierkunst auch allerlei Früchte kunstvoll zugerichtet.

Marquis d'Uxelles. Ihm widmete er seine berühmteste Schöpfung, das Champignonragout *à la Uxelles*, mit Kräutern und Schalotten, wie sie heute noch gerne für Fisch und Gemüse verwendet werden. Sonst wissen wir wenig von La Varenne selber. Sein Name ist ein Pseudonym, das er aus irgendeinem Grunde von einem ziemlich schlecht beleumdeten Koch einer früheren Generation übernommen hatte. La Varenne starb 1678 ziemlich unbekannt.

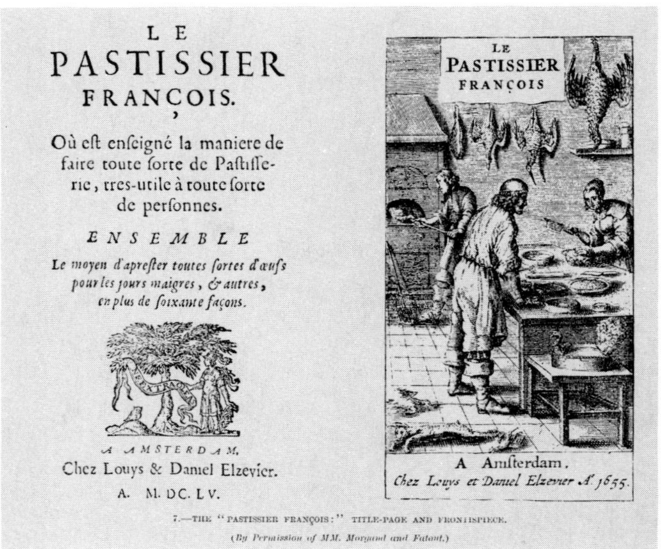

LE
PASTISSIER
FRANÇOIS.

Où eſt enſeigné la maniere de faire toute ſorte de Paſtiſſerie, tres-utile à toute ſorte de perſonnes.

ENSEMBLE

Le moyen d'apreſter toutes ſortes d'œufs pour les jours maigres, & autres, en plus de ſoixante façons.

A AMSTERDAM,
Chez Louys & Daniel Elzevier.
A. M. DC. LV.

LE
PASTISSIER
FRANÇOIS

A Amſterdam.
Chez Louys et Daniel Elzevier A.° 1655.

7.—THE "PASTISSIER FRANÇOIS:" TITLE-PAGE AND FRONTISPIECE.
(By Permission of MM. Morgand and Fatout.)

La Varenne wird auch die Urheberschaft von *"Le Pastissier françois"*, dem ersten umfassenden französischen Werk über die Kuchenbäckerei und einem der bemerkenswertesten Kochbücher, zugeschrieben. Diese Schrift ist zweifellos durch italienische Arbeiten beeinflußt, welche die Backwaren sehr eingehend beschrieben, wie etwa Scappis *"Opera"*. Die in *"Le Patissier françois"* angegebenen Rezepte für Kuchenteig, Blätterteig, Makronen und Waffeln sind heute noch gültig; der Verfasser spricht auch zum ersten Mal von den kleinen Backöfen, den *petits fours*, die dem bekannten Kleingebäck seinen Namen gegeben haben.
Der Umstand, daß La Varenne in keiner der frühen Ausgaben von *"Le Pastissier françois"* namentlich genannt ist, läßt immerhin Zweifel offen, ob er das Buch wirklich geschrieben hat.

Die französische Kochkunst sollte sich in der Folge so rasch entwickeln, daß La Varenne noch zu Lebzeiten als altmodisch bekrittelt wurde. So tadelte ihn 1674 ein nicht näher bekannter Sieur Roland für "solch ungeheueren Überfluß an Speisen, solch' Mengen von Ragouts und Hotschpotsch, solch' sonderbare Fleischzusammenstellungen...".
Zweifellos weist *"Le Cuisinier françois"* noch mittelalterliche Züge auf. La Varenne neigt dazu, altertümliche Gewürze wie Muskat und Ambra, dem aphrodisische Eigenschaften beigemessen wurden, zu verwenden, und er bereitet einige recht mittelalterliche Pasteten und Haschees zu, die für den modernen Geschmack allzuviele Zutaten enthalten. Einige seiner Beigaben sind wirklich äußerst aufwendig, wie *béatilles* aus gedünsteten Hahnenkämmen, Flügelspitzen und Hühnerleber in einer mit Eigelb eingedickten Sauce. Französische Kritiker halten La Varenne auch seine rückständige Gewohnheit vor, pikante Speisen mit Zucker zu würzen. Seine Absicht war es wahrscheinlich, bei zartem Fleisch wie Huhn den gleichen süß-sauren Effekt zu erzielen, den wir bei gewissen Speisen noch heute schätzen. Aus der französischen Küche sind solche Kombinationen fast gänzlich verschwunden, aber in Deutschland und Skandinavien erfreuen sie sich weiterhin großer Beliebtheit.
"Le Cuisinier françois" steht zwischen Mittelalter und Neuzeit, enthält Elemente beider Zeitabschnitte und wirkte befruchtend auf die Entwicklung der klassischen französischen Küche, der *haute cuisine*.
Frankreich stand am Anfang einer großen Epoche, die Erinnerung an die bitteren Religionskriege des vergangenen Jahrhunderts verblaßte, und die Regierungszeit Ludwigs XIV., des Sonnenkönigs, entfaltete sich in ihrer ganzen Pracht. La Varenne war der Wegbereiter dieser neuen Ära; im Rampenlicht neben ihm stand nur noch ein Koch: François Massialot, der 1691 *"Le Cuisinier royal et bourgeois"* verfaßte. Fünfzig Jahre später waren beide Bücher von einer Flut neuer Schriften verdrängt. La Varenne war überholt und bald vergessen. Ihm aber gebührt der Ruhm, als erster Ordnung in die französische Kochkunst gebracht zu haben, welche während dreier Jahrhunderte, praktisch ohne einschlägiges Schrifttum, völlig wild gewuchert hatte. Ohne sein Werk hätte die französische Küche vielleicht nie ihre volle Blüte erreicht.

Gegenüber, Mitte links:
Titelblatt zu "Le Pastissier françois", Zweitausgabe 1655 bei Louys und Daniel Elzevier. Der pâtissier war für die süßen Backwaren, aber auch für pikante Pasteten verantwortlich; daher das Wild, das an der Wand hängt. Im Vordergrund eine fertige Pfauenpastete, mit Kopf und Schwanzfedern geschmückt.

Die zwei folgenden Rezepte sind typische *entremets*, kleine Zwischengerichte zwischen den einzelnen Gängen, wie etwa gebackenes Gemüse (Gemüsekroketten), Trüffelragout oder Käsegratin. Die *entremets* sind auf die mittelalterliche Sitte zurückzuführen, jeweils das Ende eines Ganges mit einer leichten Speise zu betonen; sie wurden wahrscheinlich von La Varenne persönlich weiter entwikkelt.

Champignons farcis

Reizker, Morcheln, Trüffel und andere Pilze waren im 17. Jahrhundert sehr beliebt. Ludwig XIII. mochte sie so gern, daß er noch auf dem Sterbebett Morcheln verlangte, um sie auf den Sommer hin zum Trocknen aufzureihen. *Barde* ist eine dünne Scheibe fetten Specks.

Wähle die größten Pilze für die Füllung aus verschiedenen Fleischsorten oder guten Kräutern, binde sie mit Eigelb, dann fülle die Pilze und würze und setze sie auf eine Barde, *oder auf ein Stückchen Butter. Dünste sie und reiche sie mit Zitronensaft.*

GEFÜLLTE PILZE

250 g Kalbfleisch oder Hühnerbrust
2 Eßlöffel Schnittlauch, gehackt
Salz und Pfeffer
2 Eigelbe
500 g Hütchen großer Pilze
45 g Butter
Etwas Zitronensaft

Kann als Vorspeise oder als Beigabe zum Hauptgericht gereicht werden. Den Ofen auf mittlerer Hitze (175° C) vorheizen. Kalbfleisch oder Huhn zweimal fein durchdrehen. Schnittlauch mit genügend Salz und Pfeffer dazugeben und das Ganze mit den Eigelben binden. Die Pilzhütchen mit der Mischung gut füllen, in eine gebutterte, feuerfeste Form in den vorgeheizten Ofen schieben, unter öfterem Begießen 25–30 Minuten weich kochen; die Füllung darf bräunlich sein. Mit Zitronensaft beträufeln und heiß zu Tisch bringen.

Asperges à la sauce blanche

Die weiße Sauce aus Butter und Eigelb, ganz ohne Mehl, zeigt, wie sehr die Saucenkunst zu La Varennes Zeit noch in den Kinderschuhen steckte. Dies ist eine frühe Art der Hollandaise, die damals noch keinen Namen hatte.

Nimm Spargelsprosse, schäle sie, schneide sie dann gleich lang, koche sie im Salzwasser und nimm sie aus dem Wasser, wenn sie erst leicht gekocht sind. So ist es am besten. Lasse sie abtropfen, mache dann eine Sauce von frischer Butter, einem Eigelb, Salz, Muskatnuß und ein paar Tropfen Essig; wenn alles gut gerührt und die Sauce sahnig ist, reiche sie.

SPARGEL MIT SAHNESAUCE

500–750 g frischer Spargel
Salz

FÜR DIE SAUCE:

1 Eigelb
1 ½ Teelöffel weißer Weinessig
1 Prise Salz
1 Prise Muskatnuß
60 g Butter

Den Spargel auf gleiche Länge schneiden. In kaltem Wasser spühlen und gegen die Spitze zu schälen. Den Spargel zu Bündeln zusammenbinden, mit den Spitzen nach oben 3–6 cm tief in kochendes, gesalzenes Wasser in einem hohen Kochtopf stellen. Zugedeckt 8–10 Minuten kochen, bis die Spitzen weich sind. Spargel sorgfältig aus dem Topf heben, auf Papiertüchern abtropfen, die Schnüre entfernen, warmstellen.

DIE SAUCE: In ein Wasserbad oder eine Pfanne mit dickem Boden Eigelb, Salz, Muskatnuß und ein nußgroßes Stück Butter geben, unter leichtem Schlagen langsam erwärmen. Die restliche Butter stückchenweise mit dem Schneebesen einrühren, bis die Sauce sahnig ist. Nicht zu heiß werden lassen, sonst gerinnt sie. Abschmecken, separat zum Spargel reichen.

Noix pour jouër, faire de l'huile, ou manger, ainſi que les POIDS VERT, ou POIDS MANGE-TOUT.

Capiuntur Homo piſces.
On prend des Poiſſons à l'Hameçon.

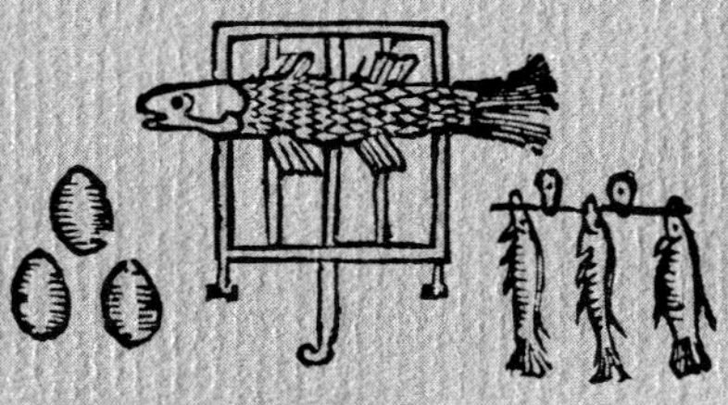

Oeufs frais,
POISSON Roti & HARANGS Salés, ſont pour le Carême & autres jours de l'année, ſoit maigres ou gras, & ſelon l'apétit ou le bon marché.

"Nüsse sind zum Spielen, zum Herstellen von Öl und zum Essen, und so auch grüne Erbsen." Aus einem Kinderlesebuch des 17. Jahrhunderts.

To make another soft Cake of Tart without Cheese, which Cake the Flemmings do call Bread dipped in Eggs

(Um einen anderen weichen Kuchen ohne Quark zu machen, den die Flamen 'In Ei getunktes Brot' nennen)

Das folgende Rezept stammt aus *"The Perfect Cook"*, einer Übersetzung von *"Le Pastissier françois"*, die als eine der allerersten englischen Bearbeitungen eines französischen Kochbuches 1656 in London erschien. Im Gegensatz zu *"Le Cuisinier françois"* sind die Angaben sehr genau, wie sie erst bei Carême 150 Jahre später anzutreffen sind.

Bring auf ein Brett oder auf den Tisch zwei Pinten (1 Pinte ≈ 0,5 l) feines Mehl, schlage zwei Eier hinein, gib ½ Pfund frische Butter dazu, die zuvor über dem Feuer geschmolzen wurde, dazu ¼ Pinte Milch und einen Löffel gute Bierhefe, die etwas dick ist – besser mehr als weniger – und Salz nach Geschmack. Mische und verarbeite alles gut mit den Händen, bis eine durchgeknetete Masse entsteht, gib während des Knetens immer wieder etwas Mehl dazu.
Der so gemehlte Teig wird fest sein; forme ihn zu einem Laib, lege denselben auf ein Blatt Papier, und decke ihn mit einem heißen Tuch zu.
Setze nun den Teig in die Nähe des Feuers, aber nicht zu nahe, sonst wird die dem Feuer zugekehrte Seite hart.
Laß nun den Teig am gleichmäßig warmen Ort stehen, bis er genügend aufgegangen ist, was mindestens fünf Viertelstunden dauern wird; wenn er genügend aufgegangen ist, was daraus ersichtlich ist, daß er von selber bricht, forme ihn zu einem Kuchen, garniere ihn und gib ihn in den Ofen zum Backen.
Der Backofen muß fast so heiß sein, wie wenn du ein normales großes Hausbrot backen wolltest.
Dieser Kuchen braucht fast dreiviertel Stunden Backzeit, oder zum mindesten eine gute halbe Stunde. Wenn er aus dem Ofen genommen wird, bestreue ihn mit etwas Zucker und beträufle ihn, nach Belieben, mit Rosenwasser, bevor er zu Tisch gebracht wird.

REICHES EIERBROT

Ergibt 1 großes rundes Brot

250 g Butter, in Stückchen
3 dl Milch
2 Päckchen Trockenhefe oder 30 g Frischhefe
700–800 g Mehl
1 ½ Teelöffel Salz
2 Eier, verklopft (für den Teig)
1 Ei, verklopft mit ½ Teelöffel Salz, zum Bestreichen

Butter in der Milch erwärmen und zum Schmelzen bringen, lauwarm auskühlen. Die Hefe zerkrümeln und hineingeben, 5 Minuten stehenlasses, damit sie sich auflöst. In eine Schüssel oder auf ein Teigbrett das Mehl sieben. Eine Vertiefung machen, und die verklopften Eier und die Hefemischung hineingeben. Mit der Hand langsam das Mehl mit der Flüssigkeit vermengen, evtl. noch etwas Mehl zugeben, damit der Teig nicht zu feucht ist. Er sollte weich, aber nicht klebrig sein. Auf dem bestäubten Brett gut durchkneten, bis der Teig glatt und elastisch ist. Einen Kloß formen, diesen auf ein bestäubtes Brett legen und nochmals mit Mehl bestäuben. Mit einem warmen Tuch zudecken und 1–1½ Stunden an einen warmen Ort stellen, bis die Oberfläche bricht.
Nun die Luft aus dem Teig kneten, zu einem runden Laib formen und auf ein Backblech geben. Zudecken und nochmals etwa 1 Stunde bis zum doppelten Volumen aufgehen lassen. Den Backofen auf 200° C vorwärmen. Wenn der Teig genug aufgegangen ist, mit dem Ei bepinseln und im heißen Ofen etwa 30 Minuten backen, dann die Hitze auf 175° C zurücknehmen und weitere 55 Minuten backen, bis der Laib braun ist und hohl tönt, wenn man auf seine Unterseite klopft. Zum Auskühlen auf ein Gitter legen. Nach Belieben auf den noch warmen Laib Zucker geben und etwas Rosenwasser träufeln.

Gegenüber:
Dieses französische Festmahl von 1707 mit der hufeisenförmigen Tafel und den riesigen Schaustücken beweist, wie lebendig die mittelalterlichen Eßgewohnheiten noch waren.

Combite que dio tres noches seguidas en Paris el ex.^mo Señor Duque de Alva en celebracion del nacimiento del Seren.^mo Señor Principe de Asturias año 1707

Robert May

1588–etwa 1665

Robert Mays Bildnis und das Titelblatt zu seinem Buch "The Accomplisht Cook" *zeugen von der Kluft zwischen dem damaligen England und seinen fortschrittlicheren europäischen Nachbarn.*

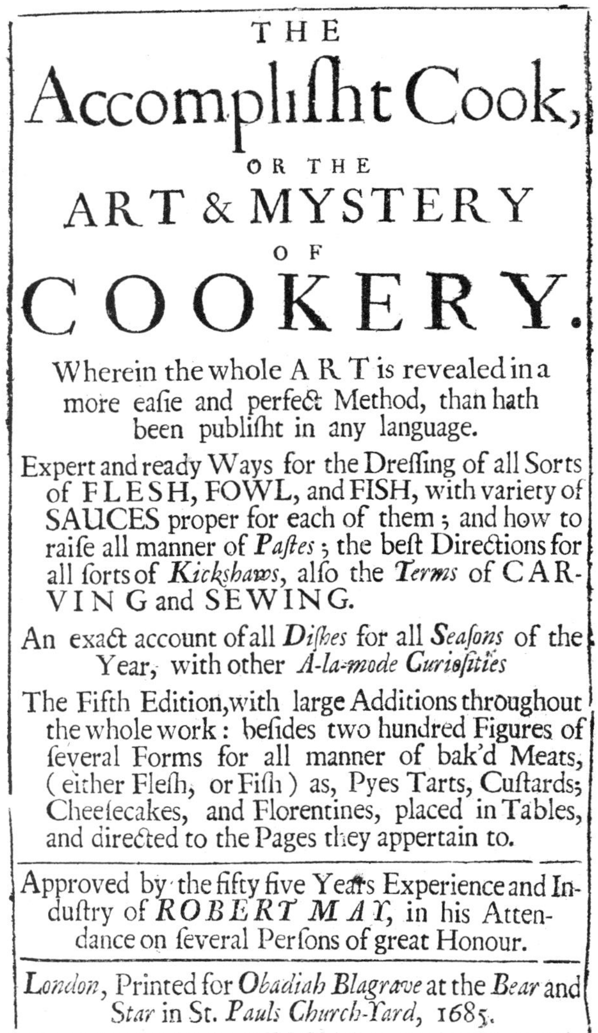

THE
Accomplisht Cook,
OR THE
ART & MYSTERY
OF
COOKERY.

Wherein the whole ART is revealed in a more easie and perfect Method, than hath been publisht in any language.

Expert and ready Ways for the Dressing of all Sorts of FLESH, FOWL, and FISH, with variety of SAUCES proper for each of them; and how to raise all manner of *Pastes*; the best Directions for all sorts of *Kickshaws*, also the *Terms* of CARVING and SEWING.

An exact account of all *Dishes* for all *Seasons* of the Year, with other *A-la-mode Curiosities*

The Fifth Edition, with large Additions throughout the whole work: besides two hundred Figures of several Forms for all manner of bak'd Meats, (either Flesh, or Fish) as, Pyes Tarts, Custards; Cheesecakes, and Florentines, placed in Tables, and directed to the Pages they appertain to.

Approved by the fifty five Years Experience and Industry of *ROBERT MAY*, in his Attendance on several Persons of great Honour.

London, Printed for *Obadiah Blagrave* at the *Bear* and *Star* in St. *Pauls Church-Yard*, 1685.

Der Übergang von der französischen zur englischen Küche bedeutet um 1600 in mancher Hinsicht einen Rückschritt von hundert Jahren. Die Verfeinerungen der Renaissanceküche, die sich in Frankreich nordwärts ausbreiteten, gelangten nur langsam über den Ärmelkanal, und der Einfluß von Scappi und den anderen italienischen Meistern war so fern, daß man ihn kaum noch wahrnahm. Die Erinnerung an die großen mittelalterlichen Bankette jedoch, mit ihrer wahllosen Zurschaustellung von Fleisch, Fisch und Geflügel, war noch sehr lebendig.

Die stolze Unabhängigkeit der englischen Tafel wurde jedoch durch die politischen Unruhen unter Karl I. und durch den Bürgerkrieg in den Grundfesten erschüttert. Während Jahren reisten Flüchtlinge in beiden Richtungen über den Ärmelkanal, und der spätere König Karl II. lebte selbst volle zehn Jahre in Frankreich. Nachdem das Interregnum mit der Rückkehr des Königs 1660 beendet war, begannen die englischen Köche neue Wege einzuschlagen und wandten ihr Interesse den seltsamen Gerichten zu, die sich anderswo so großer Beliebtheit erfreuten.

Echt britische Traditionsgebundenheit und ein vorsichtig zurückhaltendes Interesse für die neue Küche des europäischen Festlandes sind bezeichnende Merkmale für das Werk *"The Accomplisht Cook"* von Robert May, das 1660 erstmals erschien. May beginnt sein Buch mit vier Seiten über den spanischen Schmortopf *olla podrida*, den Engländern als *olio* bekannt. Es folgen die Anleitungen für *stoffado* (Schmorbraten) und *quelque shose* (wunderliche französische Gerichte, welche die Engländer spöttisch *kickshaws* nannten); einige der echt englischen Arten, das Fleisch zuzubereiten, nennt er munter einfach *'à la mode'*.

Zu Mays Zeit war der Braten ein Begriff geworden, und große Fleischstücke wie Hammelkeule, Schweinslenden, Rindsrücken und ganze Lämmer brachten Abwechslung in die Folge der kleinen Bratenstücke der mittelalterlichen Tafel. Als Beigabe schlägt May eine Reihe von 'Saucen' vor, die auch auf einem englischen Speisezettel unserer Tage stehen könnten. "Senf", so schreibt er, "gehört zu Schweinssülze, Rind, Speck und Hammel: *verjuyce* (herb-saurer Fruchtsaft) ist gut zu gekochtem Huhn und Kapaun." Er empfiehlt auch Schwan mit

Gegenüber:
Am 18. November 1623 waren König Jakob I. von England und sein Sohn Karl (links) die Gastgeber des spanischen Botschafters. Das Diner fand in kleinem Rahmen statt, ganz im Gegensatz zu den großen Festtafeln des Mittelalters. Quadratische Tische waren zur Zeit der Stuart gebräuchlich.

Die im Mittelalter entwickelte Tranchierkunst stand immer noch in hohen Ehren. Besonderen Lehrbüchern waren die genauen Anleitungen und die entsprechenden Zeichnungen zu entnehmen, wie hier für verschiedene Lammbraten, Geflügel und Rindszunge.

chaldrons, einer Essenz aus Innereien, wahrscheinlich eine Art Fleischsülze, und "Rippenfleisch mit Knoblauch, Senf, Pfeffer, Verjuyce und Ingwer." Große Bratenstücke verlangten besondere Kenntnisse im Tranchieren, einer Kunst, die in einem Buch des frühen 16. Jahrhunderts graphisch dargestellt wird und mit der Robert May sich länger beschäftigt. "Brich das Reh auf", empfiehlt er, "laß die Sülze durchsickern, nimm die Gans aus, hänge den Schwan hoch", usw. Der Text gibt sich mit mehr als drei Dutzend verschiedenen Vogel-

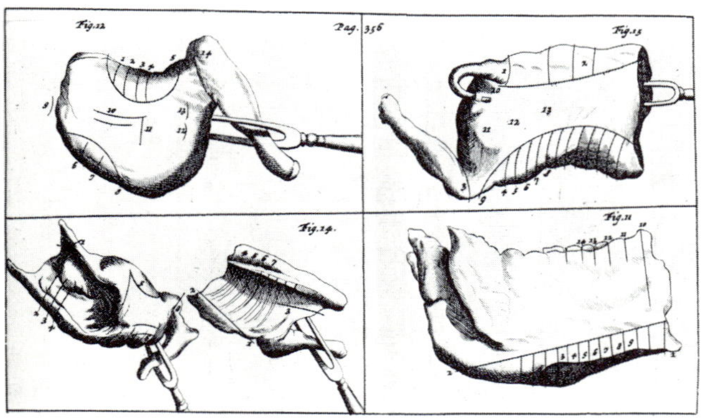

arten und Fischen ab. Diese Anleitungen kamen von alters her, waren aber durchaus nicht überflüssig in einer Zeit, wo das Fleisch zerlegt wurde, bevor es auf den Tisch kam, denn noch aß man nur mit den Fingern und einem Löffel. Die Gabel war 1608 durch Thomas Coryat von Italien nach England gebracht worden, doch blieb sie vorerst ein Kuriosum und verhalf dem, der sie eingeführt hatte, zum Übernamen *Furcifer* – in der damaligen Sprache gleichbedeutend mit Gabelträger, aber auch Bösewicht, der an den Galgen gehört. Erst um 1650 wurde der Gebrauch der Gabel weiter verbreitet, und ein wirklicher Schurke machte ein kleines Vermögen mit dem Verkauf von Messern und Gabeln als Souvenirs, die angeblich aus einer Bronzestatue des kurz zuvor enthaupteten Königs Karl I. gearbeitet waren.

Durch französischen und italienischen Einfluß wurden die Engländer auch mit neuen Gemüsen bekannt. *"The Accoplisht Cook"* enthält Rezepte für Spinatkuchen, Spargel in Butter und Salzgurken. Mit ihrer Vorliebe für Kartoffeln und Salate waren die Engländer den Franzosen einen

Robert May beschäftigt sich in seinen Rezepten wie sein Zeitgenosse La Varenne wenig mit genauen Mengenangaben, erwähnt aber immer sorgfältig die Gewürze und, wo nötig, das Salz.

****

To Stew Crabs

Da keine englische Ortschaft mehr als 100 km von der Küste entfernt liegt, haben die Engländer immer eine Menge Schalentiere gegessen.

Zum Kochen nimm das Fleisch aus der Schale und gib es in ein irdenes Töpfchen mit etwas Rotwein, Weinessig, fein gehacktem Thymian, Pfeffer, geriebenem Brot, Salz, das Gelb von zwei bis drei hart gekochten Eiern, durchgedrückt, oder sehr fein gehackt, etwas süße Butter, Kapern und etwas Muskatblüte; dämpfe dies sorgfältig, reibe die Schalen mit ein oder zwei Knoblauchzehen aus, dann lege die Schalen auf eine Platte, die Scheren und Glieder rund herum und richte das Fleisch in den Schalen an.

PIKANTES KRABBENFLEISCH

Für 4 Personen als Hauptgericht, für 8 Personen als Vorspeise

160 g Butter
500 g Krabbenfleisch
2 1/2 dl Rotwein
1 1/2 Eßlöffel Weinessig
1 Teelöffel Thymian
100 g frische Weißbrotkrume
2 Eigelbe von harten Eiern, durch ein Sieb gedrückt
1 Eßlöffel Kapern
1/4 Teelöffel Muskatpulver
Salz und Pfeffer
1 Knoblauchzehe, aufgeschnitten

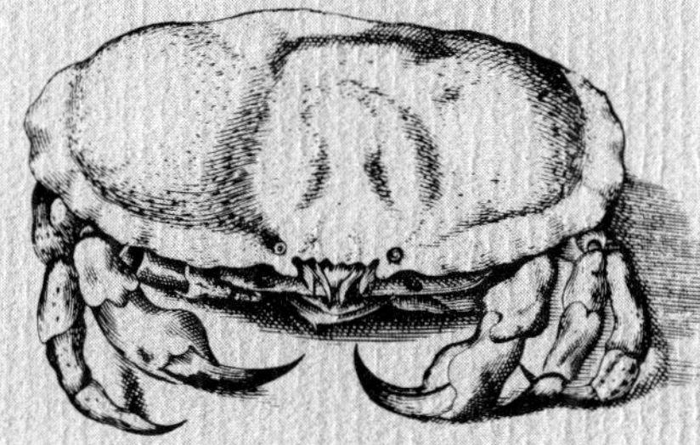

ZUM GARNIEREN:

2 Eßlöffel Butter
250 g Krabbenscheren
4 große oder kleine Krabbenschalen
(oder Tellerchen)

Die 160 g Butter in einer Pfanne zergehen lassen, das Krabbenfleisch, den Wein, Essig, Thymian, Brotkrumen, Eigelbe, Kapern, Muskatpulver, Salz und Pfeffer dazugeben. Acht Minuten unter gelegentlichem Rühren sorgfältig eindicken. Die Krabbenschalen oder kleinen Tellerchen mit der aufgeschnittenen Knoblauchzehe ausreiben.

GARNITUR: Butter schmelzen, Krabbenscheren mit etwas Salz und Pfeffer dreingeben und leicht erhitzen. Wenn das Krabbenfleisch gekocht ist, abschmecken, wenn nötig würzen, auf die Krabbenschalen oder Tellerchen geben und die Krabbenscheren und Glieder darüberlegen.

To Bake Turkey for to be eaten cold

(Truthahn im Ofen gebacken, kalt zu reichen)

Truthühner, im 16. Jahrhundert aus Amerika eingeführt, waren in England bald alltäglich. Pasteten, wie diese hier mit einem ganzen ausgebeinten und gefüllten Vogel, wurden noch vor hundert Jahren an Weihnachten aufgetischt; weniger aufwendige Pasteten mit Kalbfleisch, Schinken oder Schweinefleisch sind eine englische Erfindung. Robert May war sich bewußt, daß kalte Speisen mehr Würze benötigen als warme. Das in diesem Rezept erwähnte Fett war wahrscheinlich Speck. Die Zuckerwurzel gleicht dem Pastinak.

Nimm ein Truthähnchen, entbeine es, und fette es ein mit großen Stücken Schmalz, ein Pfund und ein halbes wird reichen, dann würze es mit einer Unze Pfeffer, einer Unze Muskatnuß, zwei Unzen Salz; lege etwas Butter auf den Pastetenboden, dann gib den Vogel darauf, spicke ihn mit sechs bis acht ganzen Nelken, dann gib die Gewürze darüber mit reichlich Butter, decke zu, bestreiche das ganze mit Eiern, backe es und wenn es gebakken ist, fülle geschmolzene Butter nach.
So backst du es, zum warm essen nur mit der halben Würze, aber mit Sauce und Orangensaft befeuchtet.
Backe diese Pastete in feinem Teig. Zur Abwechslung kannst du folgende Füllung machen: zerhacke etwas Rindsnierenfett und Kalbfleisch sehr fein, auch etwas süße Kräuter, geriebene Muskatnuß, Pfeffer, Salz, zwei bis drei rohe Eigelbe, ein paar gekochte Zuckerwurzeln, Artischockenstücke, Trauben oder Stachelbeeren, usw.

TRUTHAHNPASTETE

Für 12 Personen

500 g Blätterteig, großes Päckchen
1 Truthahn (4,5–5 kg), ausgebeint, die Knochen aufbewahren (siehe unten)
1 Teelöffel gemahlener weißer Pfeffer
1 Teelöffel geriebene Muskatnuß (Pulver)
1 ½ Teelöffel Salz
60 g Butter
3–4 ganze Nelken
1 Ei, mit ½ Teelöffel Salz zerklopft, zum Bestreichen

FÜR DIE FÜLLUNG:

250 g Rindsnierenfett, im Fleischwolf gehackt (gemahlen)
250 g fein gehacktes Kalbfleisch
1 Eßlöffel gehackte Petersilie
1 Eßlöffel gemischte, gehackte Kräuter (Schnittlauch, Thymian, Majoran, Oregano)
1 Teelöffel Muskatpulver
Salz und Pfeffer
3 Eigelbe
250 g gekochter Pastinak, in nußgroße Stücke geschnitten, oder vier gekochte Artischockenböden in Achteln
250 g kernlose, grüne Trauben

WENN WARM GEREICHT:

Truthahn, Knochen und Innereien
1 Eßlöffel Orangensaft

WENN KALT GEREICHT:

60 g geschmolzene Butter

Eine tiefe, ovale oder runde Pastetenform (35 cm) oder tiefe Backform

Eine Anleitung, wie man einen Truthahn entbeint und Blätterteig selber macht, steht in jedem klassischen Kochbuch. Schmalz ist bei den meisten Metzgern erhältlich, am besten ist Nierenfett.

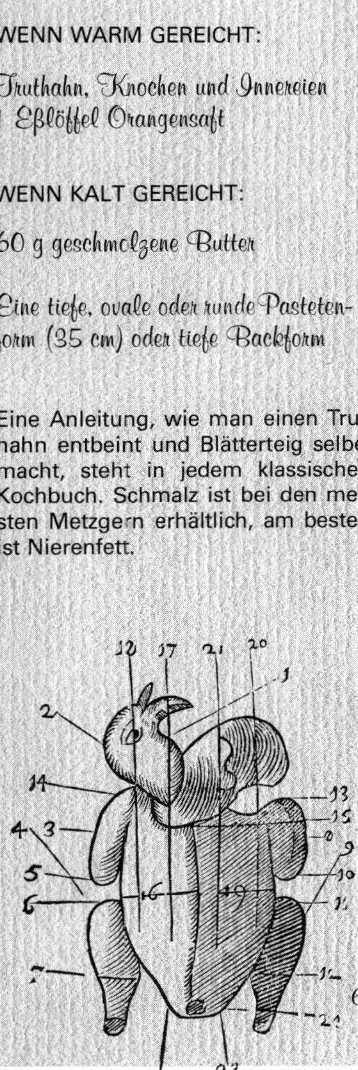

DIE FÜLLUNG: Man mische Schmalz, Kalbfleisch, Kräuter, Muskat, Salz und Pfeffer. Wenn die Pastete kalt gegessen wird, würze man kräftiger. Eigelbe einrühren. Den ausgebeinten Truthahn offen ausbreiten, mit weißem Pfeffer, Muskat und Salz bestreuen, die Kalbfleischfüllung darauflegen, ebenso die Pastinakstückchen oder Artischockenstücke und Trauben. Die Hautränder des Truthahns werden zur Mitte übereinander geschlagen, so daß er in eine runde oder ovale Pastetenform paßt. Die Form mit den 60 g Butter einfetten, den vorbereiteten Truthahn hineinlegen, mit Nelken spicken. Den Backofen auf 220° C einstellen.
Den Teig 2½ cm größer als die Form ausrollen, als Deckel darüber und etwas über den Rand hinaus legen, falls er sich zusammenziehen sollte. Ein kleines Loch in die Deckelmitte schneiden, damit der Dampf entweichen kann. Von einer Alufolie ein 2 cm langes Röhrchen drehen und als Schornstein ins Deckelloch stecken. Die Pastete mit dem Eigelb bestreichen. Den Deckel mit Blättern und Blümchen aus den Teigresten dekorieren und diese ebenfalls mit Ei bestreichen.
Die Pastete im vorgeheizten Ofen während 20–25 Minuten backen, bis der Teig aufgegangen und goldbraun ist. Eine Schüssel darunterstellen, um den auslaufenden Saft aufzufangen. Die Pastete bis unter den Rand mit Folie bedecken. Die Hitze auf 175° C zurücknehmen und die Pastete etwa 2 Stunden backen.

WENN WARM GEREICHT: Truthahnklein und Knochen mit Wasser zudekken und mit wenig Salz während 1–1½ Stunden leicht kochen. Brühe absieben und auf etwa 1 dl einkochen lassen. Den Orangensaft dazugeben. Wenn die Pastete fertig ist, die Orangensauce nochmals stark erhitzen und durch das Röhrchen in die Pastete gießen.

WENN KALT GEREICHT: Man lasse die Pastete auskühlen und gieße die geschmolzene Butter noch lauwarm durch das Röhrchen und lasse sie ganz auskühlen.

To Roast a Shoulder of Mutton with Onions and Parsley, and Baste it with Oranges

(Wie man eine Lammschulter mit Zwiebeln und Petersilie röstet und mit Orangen übergießt)

England war schon seit dem 2. Jahrhundert für seine Wolle berühmt. Im Mittelalter wurde Schaffleisch zu einem Hauptgericht. Orangen waren zu Mays Zeit schon sehr beliebt.

Fülle das Lamm mit Petersilie und Zwiebeln, oder süßen Kräutern, Muskatnuß und Salz, und während es brät, übergieße es mit Orangensaft, behalte die Sauce und schöpfe das Fett ab. Koche die Sauce mit ein bis zwei Orangenstücken und einer Sardelle auf, schöpfe das Fett ab, etc.

GEFÜLLTE LAMMSCHULTER MIT ORANGEN

Für 4–6 Personen

2–2½ kg Lammschulter, Schulterblatt entfernt, damit es eine Tasche gibt
30 g Butter
3,5 dl Orangensaft
2,5 dl kochendes Wasser
1–2 Orangenstücke
2 Sardellenfilets, fein gehackt

FÜR DIE FÜLLUNG:

60 g Butter
5 mittelgroße Zwiebeln, in Scheiben geschnitten
1 mittelgroßes Petersilienbüschel, ohne Stiele, gehackt
¼ Teelöffel Muskatpulver
Salz
Eine Packnadel und Bindfaden
Ofen auf mittlere Hitze (190°C) vorwärmen

DIE FÜLLUNG: In einer Kasserolle die 60 g Butter schmelzen, Zwiebeln dazugeben, ein Stück Folie darauflegen. Zudecken und öfters leicht umrühren, bis die Zwiebeln nach 15–20 Minuten weich, aber nicht braun sind. Die Folie wegnehmen, auskühlen lassen und Petersilie, Muskat und Salz nach Geschmack einrühren. Die Füllung nun in die Tasche der Lammschulter einfüllen und zunähen. Die 30 g Butter über das Fleisch streichen, in eine Bratpfanne legen und mit etwas Orangensaft beträufeln. Im vorgeheizten Ofen braten; 20 Minuten je Pfund, weitere 20 Minuten, wenn das Fleisch leicht rosa werden soll; sonst entsprechend länger. Das Fleisch während dem Braten oft mit Orangensaft übergießen, 1 dl Saft zurückbehalten.
Das Fleisch auf eine Platte geben, den Bindfaden entfernen. Alles Fett abgießen, das kochende Wasser, den restlichen Orangensaft, Orangenstükke und Sardellen beigeben und die Sauce zum Kochen bringen, umrühren, um den Pfannenfond aufzulösen, die Orangenstücke und Sardellen zerdrücken. 5 Minuten ziehen lassen und abschmecken. Durchsieben und separat zum Lamm reichen.

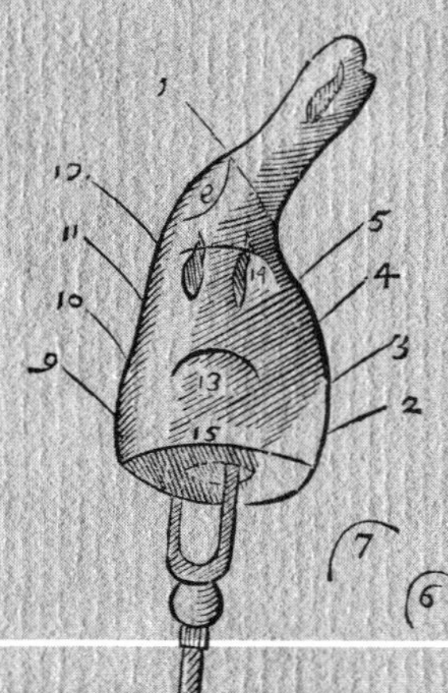

Das Angebot einer Taverne im 17. Jahrhundert erschöpfte sich in verschiedenen Fleischsorten vom Spieß und reichlich Bier.

Schritt voraus. La Varenne hat kaum ein Salatrezept, Robert May aber widmet Salaten jeder Art einen ganzen Abschnitt.

John Evelyn zufolge, der 1699 unter dem Titel "*Acetaria*" ein Buch über Salate schrieb, sind "Salate eine Kombination von eßbaren Pflanzen und Wurzeln verschiedenster Arten, welche entweder roh oder grün, blanchiert oder gezuckert, oder in Salz gelegt genossen werden können".

Diese Neuerungen brachen aber keineswegs die Vormachtstellung der Pasteten an der englischen Tafel. Die Köche wetteiferten miteinander um die Größe der gebackenen Pasteten. Eine Pastete, die in der Pfarrküche der Kathedrale in Durham hergestellt wurde, enthielt beispielsweise hundert Truthähne! Über Pasteten wurden auch gerne Scherze gemacht. "*Antiquitates Culinariae*" (1791), eines der ältesten kulinarischen Geschichtsbücher, berichtet, wie in früheren Zeiten Zwerge in riesigen Pasteten versteckt wurden, diese "vorübergehende Inkrustierung zum grausigen Ergötzen ihrer Herren erduldend". Bei anderen Gelegenheiten sprangen Narren während eines Bankettes in die Eierstichpasteten, "zum unbeschreiblichen Ergötzen derer, die weit genug von den Possenreißern entfernt saßen, um nicht durch ihre wilden Luftsprünge bespritzt zu werden."

Robert May selbst ist berühmt für eine wahrlich monströse 'Trophäe', der er zu Anfang seines Buches viel Platz einräumt. Ein Kriegsschiff aus Karton wird auf einem Wägelchen in den Speisesaal gezogen und vor einem Schloß aus Teig und Karton augestellt, dessen Wehrtürme, Fallgatter und Kanonen aus Karton gefertigt, aber mit richtigem Pulver gefüllt sind. Zwischen ihnen steht ein riesiger, mit Wein gefüllter Hirsch aus Kuchenteig, rechts und links von ihm zwei große Pasteten, deren eine lebende Amseln enthält, und die andere lebende Frösche (sie wurden durch ein Loch in der Kruste in die fertige Pastete eingesetzt). Eine Dame beginnt die Lustbarkeiten, indem sie einen Pfeil aus

In jedem großen Haus, das viele Gäste bewirtete, mußte in der Küche allerhand geleistet werden. Abgesehen vom Braten und Backen wurden Essenzen (z.B. Rosenwasser) gebrannt, Früchte für den Winter eingemacht und Marmeladen gekocht. Die Überschrift deutet an, daß der Autor um die "geheimsten Dinge" im Haushalt der Königin wußte.

Gurken, Gartenlattich, große rote Artischocken, rote und schwarze französische Bohnen sind einige der neuen Gemüse der Renaissance, die von Robert May verwendet wurden.

2 Cucumis Anguinus. Adders Cucumber.

1 Lactuca sativa. Garden Lettuce.

dem Hirsch zieht. Heraus läuft sein "Blut", und während nun die Kanonen von Schiff und Schloß losböllern, bewerfen sich die Damen mit Eiern, die mit Parfüm gefüllt sind, um "den Gestank des Pulvers zu versüßen." Wenn dann der Spaß nachzulassen beginnt, wird der Deckel einer Pastete abgehoben, und "heraus springen ein paar Frösche, welche die Damen hüpfen und schreien machen." Als nächstes kommen die Amseln, deren Flügelschlag die Kerzen auslöscht, so daß "mit den fliegenden Vögeln und den hüpfenden Fröschen, die einen oben, die anderen unten, die ganze Gesellschaft viel Freude und Vergnügen hat."

Solche Belustigungen waren zu der Zeit, da May geboren wurde, am Hofe der Königin Elizabeth durchaus üblich. Robert May überlebte in der Folge vier Könige und auch die Zwischenherrschaft des Parlamentes – eine der stürmischsten Zeiten in der Geschichte Englands. Am Ende seiner Laufbahn, in den 1660er Jahren, schaute May denn auch wehmütig zurück auf die Jahre des Friedens und Wohlstandes unter Königin Elizabeth. Die "Gastfreundschaft", jammerte er, "einst das Vorrecht des Adels und das Kennzeichen aller alten Familien, hat ihren Sinn durch die unglücklichen und grausamen Unruhen unserer Zeiten gänzlich verloren."

Nichtsdestoweniger zeigt Mays Karriere, daß England wohlhabender war denn je. Seinen eigenen Ausführungen zufolge begann seine Lehre in Paris, wo er fünf Jahre verbrachte. Es folgte seine Ausbildungszeit in London und Anstellungen in dreizehn verschiedenen Haushaltungen. Seine Arbeitgeber waren der Landadel oder unbedeutende Mitglieder des Hochadels, was hundert Jahre früher unmöglich gewesen wäre; bevor der Handel die Kaufleute reich gemacht hatte, konnte sich nur das Königshaus oder die Kirche einen Koch von Mays Ausbildung leisten. Das ihm unterstellte Gesinde war denn auch bescheidener. Während ein Meisterkoch zu Taillevents Zeiten noch Hunderte überwachte, stand Robert May nur einer Mannschaft von zwanzig bis fünfundzwanzig Köchen vor. Die meisten arbeiteten in der Küche selbst. Nach einem Bericht über einen gräflichen Haushalt von 1617 bestand das Küchenpersonal aus sieben Hilfsköchen (Mays Vater, selbst Koch, hatte deren vier), drei Kuchenbäckern, drei Küchenbur-

1 *Cinara maxima Anglica.*
The great red Artichoke.

3 *Smilax hortensis rubra.*
Red Kidney Beane.

2 *Phaseolus niger.*
Blacke Kidney Beane.

Nächste Doppelseite:
Das Krönungsmahl für Jakob II. in Westminster Hall 1685, zwanzig Jahre nach Mays Tod. Das Tischgedeck hat sich kaum verändert. Die enge geometrische Anordnung von Schüsseln und Platten ließ keinen Platz für Gläser, die von den Dienern herumgereicht wurden.

Wein, Weib und Gesang hoben das Vergnügen guten Essens. Man bemerke die Pastete mit echten Vogelfedern. Für Robert May sind Pasteten, ob offen oder im Teig (wie mittelalterliches Gebäck), überaus wichtig, und er gibt an die hundert Rezepte an. Der Teig diente oft als Teller und wurde nicht gegessen. Unten werden einige seiner Dekorationsvorschläge gezeigt.

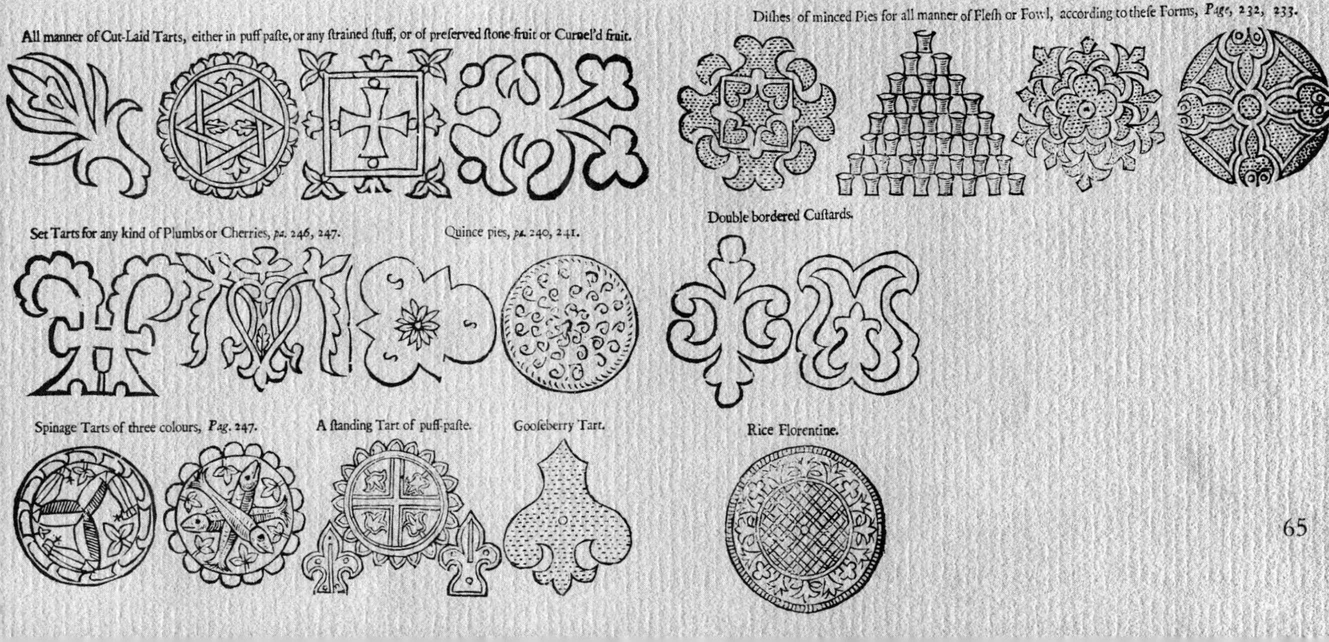

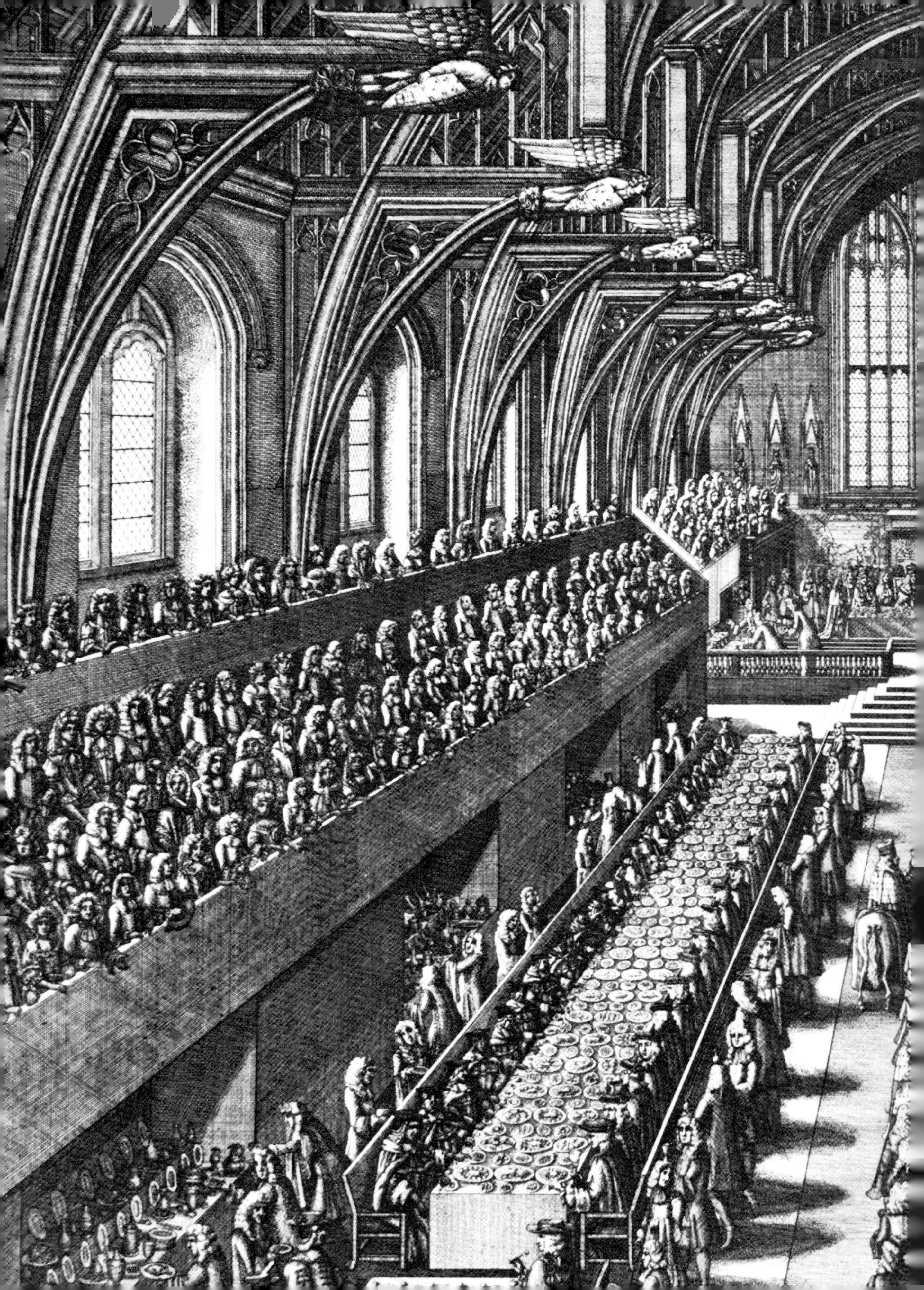

S. Moore fecit

"Zur Vorbereitung eines Festmahls decken die Kellner den Tisch mit einem Teppich und einem Tischtuch, legen dann die Tranchiermesser, Löffel, Messer, kleine Gabeln, Servietten, Brot und Salzgefäß hin." Anweisungen aus der Zeit der Stuart.

schen, einem Einkäufer, einem Lieferanten, einem Aushilfsmetzger und drei Laufburschen. Der Rest des Gesindes war dem Keller, der Brotkammer, der Butterkammer, dem Getränkekeller und der Spülküche zugeteilt. Dies beweist, daß die Organisation des mittelalterlichen Haushalts mehr oder weniger erhalten geblieben war.

Auch die mittelalterlichen Rezepte waren nicht gänzlich verschwunden. Vereinzelt findet man in Mays Buch Gerichte, die einer früheren Zeit angehören: *furmety, blamanger* und *umble pies,* sowie auch mit Zimt gewürzte Spatzen und Trappgans, welche mit der süß-sauren *Cameline*-Sauce serviert wurden, die schon bei Taillevent Verwendung gefunden hatte. Das ist kein Zufall, denn dreihundert Jahre zuvor war es eigentlich kaum möglich, die englische Küche von der französischen zu unterscheiden. Als vergleichbares Gegenstück zu Taillevents *"Le Viandier"* gab es nur das Werk *"Forme of Cury"*, das von den Köchen des englischen Königs Richard II. um 1380 zusammengestellt worden war. Hier findet man dieselbe Betonung auf den Gewürzen, wobei Zucker wie Salz verwendet wird. Da ist auch derselbe Hang zum Pürieren der Speisen erkennbar, und sogar die Sprache der beiden Bücher hat einige Ähnlichkeit.

Hundert Jahre später jedoch schlugen die Franzosen eine neue Richtung ein, nachdem der Adel eifrig Apicius, Taillevent und Platina studiert und deren Ideen übernommen hatte. In England dagegen war Kochen als Kunst noch unbekannt und *"Forme of Cury"* vergessen, bis ein Antiquar im 18. Jahrhundert das Buch als Kuriosität rettete. Eigentlich bis zu Robert Mays Zeiten waren englische Rezeptsammlungen nur Teil allgemeiner Werke über Haus- und Landwirtschaft. Das berühmteste war *"The English Housewife"* (1615) von Gervase Markham, dessen Kapitel über das Kochen fröhlich und unzusammenhängend rät, wie man verdorbenes Wildbret wieder genießbar macht, Quittenmarmelade herstellt und Pasteten backt. Kochen war, wie die Medizin, etwas Geheimnisvolles, und noch zu Mays Lebzeiten kam Buch um Buch heraus, das gewissermaßen die Geheimnisse des Küchenschranks erschloß. Kochen ging über die Quacksalberei, und die Kräuterkunde kam in der Hausbrennerei zur Anwendung. Hier wurde *eau-de-vie* (Schnaps) gebrannt (damals noch ausschließlich für medizinische Zwecke) und aus getrockneten Kräutern Arznei gebraut. Die Technik des Destillierens, seit dem 13. Jahrhundert bekannt, brachten erst zu Mays Zeit französische Bauern aus der Region Cognac auf einen höheren Stand. In *"The Accomplisht Cook"* wendet sich May eher an sparsame Haushaltungen des Mittelstands und versichert ihnen: "Ich habe meine Arbeiten für die Allgemeinheit so dargestellt, daß jene, die die Kosten teurer Gerichte nicht bezahlen können, sehen, daß ich auch auf geringere Geldmittel Rücksicht genommen habe." Diese starke Betonung des wirtschaftlichen Aspektes findet man noch zwei weitere Jahrhunderte nicht in französischen Kochbüchern, und beileibe nicht alle Engländer waren mit ihr einverstanden. Anthony Wood, ein zeitgenössischer Historiker, beklagte sich darüber, daß er im Hause seines Bruders eine "kalte Küche, kalte Unterhaltung, kalten Empfang und ein kaltes, derbes Weib" vorgefunden habe.

In den Werken von Robert May und La Varenne ist der Unterschied zwischen englischer und französischer Küche schon deutlich erkennbar. Die Franzosen gaben den Freuden der Tafel zweifellos den Vorrang, während die Engländer die Annehmlichkeiten des Heims vorzogen. Die Franzosen waren immer hinter neuen Ideen her, bei den Engländern beschränkte sich der Wissensdurst auf das Herumstochern in Ragouts. Die fremdländische Art des Essens, die May so interessierte, brachte keinen wesentlichen Wandel für die englische Küche. Pepys's Dinner von 1659 – mit "einer Platte Markknochen, einer Schafskeule, einer Kalbslende, einer Geflügelplatte, drei Hühnchen und einem Dutzend Lerchen auf einem Teller, einer großen Torte, einer Rindszunge, einem Teller mit Sardellen, einer Platte mit Krevetten und Käse" – hätte zweihundert Jahre später ebenso wohl aus der Küche von Mrs. Beeton stammen können.

To make a grand Sallet of divers compounds

(Um einen großartigen Salat aus verschiedenen Zutaten zu bereiten)

Die in diesem alten Rezept erwähnte Zunge ist eine Rinds- oder Kalbszunge, und Meerfenchel ist eine aromatische, salzige Pflanze, die als Essigwürze verwendet wird. Was Kruzifix-Erbsen sind, ist ungewiß.

Nimm einen kalten gebratenen Kapaun und schneide ihn in dünne, viereckige, kleine Streifen (oder irgend einen andern Braten, wie Huhn, Lamm, Kalbs- oder Rindszunge). Mische mit etwas gehacktem Estragon und einer Zwiebel, schneide Lattich so klein wie den Kapaun, mische alles zusammen und gebe es in die Mitte einer sauber gescheuerten Platte. Dann lege in getrennten Häufchen Kapern, Oliven, Meerfenchel, Geißkleeknospen, Essigpilze, in Essig eingelegte Austern, Zitrone, Orange, Rosinen, Mandeln, frische, reife Feigen, 'Virginia'-Kartoffeln, Kapern, Kruzifix-Erbsen und solches mehr, was sich findet, auf die Platte um das Fleisch herum. Garniere den Rand der Platte mit Vierteln von Orangen, oder Zitronen; vermische Öl und Essig und gieße sie über das Ganze.
An Fischtagen zerschneide einen erkalteten gerösteten, gebratenen oder gekochten, entgräteten Fisch wie oben erwähnt.

GEMISCHTER SALAT ALS VORSPEISE

Für 4–5 Personen

400 g Kapaun, Huhn, Lamm, Kalbs- oder Rindszunge, gekocht, in Würfel geschnitten
1 Teelöffel Estragonpulver
1 Zwiebel, fein gehackt
1 Lattich oder Kopfsalat, grob gehackt
1 Orange oder Zitrone, zur Dekoration

ZUM GARNIEREN:

3–4 Eßlöffel Kapern, abgetropft
100 g grüne Oliven
100 g schwarze Oliven
1 kleiner Strauch Brunnenkresse, ohne Stiele
100 g Bohnenkeimlinge
100 g Essigpilze
100 g Essigaustern
2 geschälte Zitronen, zerlegt
100 g Rosinen
50 g blanchierte, geröstete Mandeln
3–4 frische reife Feigen, in Scheiben geschnitten, oder 3–4 getrocknete Feigen, gehackt
1 große gekochte Kartoffel, in Würfel geschnitten

FÜR DIE SALATSAUCE:

3 Eßlöffel Wein- oder Obstessig
1/2 Teelöffel Salz
1/2 Teelöffel Pfeffer
1,25 dl Oliven- oder anderes Salatöl

Die Garnitur zu diesem Salat ist dem Originalrezept so ähnlich wie möglich gestaltet, andere Zutaten wie z.B. kleine Tomaten, hartgekochte Eier, Artischockenböden und Salzgurken, eignen sich jedoch ebenso.
Den gekochten Kapaun oder anderes Fleisch mit Estragon und der gehackten Zwiebel gut mit dem Salat vermischen und alles in die Mitte einer großen Platte oder einer großen Salatschüssel geben. Die Garnitur darum herum in sauberen kleinen, einzelnen Häufchen, möglichst in kontrastierenden Farben, legen.

FÜR DIE SALATSAUCE: Essig mit Salz und Pfeffer verrühren, bis das Salz aufgelöst ist. Öl zu einer gleichmäßigen Sauce dazurühren, dann abschmecken. Die Salatsauce mit einem Löffel sorgfältig über die garnierte Platte geben.

FÜR DIE DEKORATION: Zähne in die Orangen- oder Zitronenschale schneiden. Die Frucht der Länge nach halbieren und jede Hälfte radial nach außen schneiden, so daß die Zähne sichtbar sind; damit den Rand der Platte dekorieren.

Minced Pies of Beef

Ursprünglich wurde Haschee von Fleisch, mit gedörrten Früchten und Gewürzen vermischt, als Wintervorrat zubereitet. Heute wird das Fleisch meist weggelassen und was bleibt, ist die bekannte süße Kombination von getrockneten Früchten: Robert Mays Mischung hat jedoch viel mehr Gehalt und Geschmack.

Nimm vom Schwanzfederstück, säubere und häute das Fleisch und schneide es in kleine Stücke, dann nimm anderthalb mal so viel Rindsfett wie Rind, hacke beides zusammen und würze mit Pfeffer, Nelken, Muskatblüte, Muskatnuß und Salz; dann nimm halb so viel Früchte wie Fleisch, drei Pfund Rosinen, vier Pfund Korinthen, zwei Pfund Zwetschgen, usw., oder einfach ohne Früchte, aber mit denselben Gewürzen.

HACKFLEISCH

(Pastetenfüllung)

1 kg gekochtes, mageres Rindfleisch, gehackt
1 3/4 kg Rindsnierenfett, durchgetrieben
1 Teelöffel gemahlener schwarzer Pfeffer
1 Eßlöffel Nelkenpulver
1 Teelöffel Muskatblütenpulver
1 Teelöffel Muskatpulver
1 Eßlöffel Salz
400 g Rosinen
600 g Korinthen
250 g Zwetschgen, entsteint, grob gehackt

Der Geschmack des Hackfleisches kommt erst richtig zur Geltung, wenn die Masse in einem irdenen Topf, zugedeckt, etwa einen Monat oder länger an einem kühlen Ort gestanden hat; er muß nicht luftdicht verschlossen sein. Heutzutage würden die meisten Köche 250–500 g Zucker dazugeben und die Masse mit 2,5 bis 5 dl Sherry oder Weißwein feucht machen. Das Rezept ergibt etwa 3 kg Hackfleischmischung.
Das Fleisch mit dem Fett und den Gewürzen gut vermengen. Früchte, Zukker, Sherry und Weißwein nach Geschmack beigeben. In einem Steintopf oder einer Schüssel (kein Aluminium verwenden) zugedeckt aufbewahren.

Quelque Shose

Wie der Name andeutet, war 'quelque shose' eine kleine Platte, wobei dieses spezielle Rezept einem Eierkuchen (Omelette) mit Korinthen gleicht. Ein *manchet* war Brot aus feinstem Weißmehl. Gröbere Brotlaibe wurden *cheats* oder *cockets* genannt, und *trete,* der gröbste von allen, war fast schwarz und meist aus Roggenmehl. *Tansie,* von dem das Rezept spricht, war etwas zwischen einem Eierkuchen und einem Eierstich, mit Rainfarn *(tansy)* gewürzt. Bis zum 19. Jahrhundert wurde der Zucker blockweise (Zuckerhut) verkauft und mußte zuerst abgeschabt werden.

Nimm zehn Eier und schlage sie in einer Schüssel mit geriebenem manchet *(Brot), mit 5 dl Sahne, ein paar zerstoßenen Nelken, Muskatblüte, aufgekochten Korinthen, etwas Rosenwasser, Salz und Zucker, rühre alles zusammen und backe es entweder in der Form eines* tansie *oder löffelweise in der Bratpfanne, reiche es auf einer Platte mit dem Saft von Orangen und geriebenem Zucker.*

GEWÜRZTE EIERKUCHEN (Omelette)

Das Rezept ergibt etwa zehn Eierkuchen von 6 cm Durchmesser, oder einen großen, für 6 Personen.

200 g Rosinen oder Korinthen
200 g frische Weißbrotkrume
1/4 Teelöffel Nelkenpulver
1/2 Teelöffel Muskatblüten, zerstoßen
1 Prise Salz
60 g Zucker
3 dl Sahne
5 verklopfte Eier
2 Teelöffel Rosenwasser
60–90 g Butter, zum Ausbacken

ZUM ANRICHTEN:

2 Orangen, zerlegt
Grießzucker, zum Bestreuen

Rosenwasser ist in gewissen Lebensmittelgeschäften, Drogerien und Apotheken erhältlich.
Kochendes Wasser über die Rosinen oder Korinthen gießen, während 15 Minuten ziehen und abtropfen lassen. Brotkrumen in einer Schüssel mit den Nelken, Muskatblüten, Salz und Zucker mischen und die Sahne darunterziehen. Langsam die Eier einrühren und während 2 Minuten schlagen. Die Masse 15 Minuten stehen lassen, dann das Rosenwasser und die abgetropften Rosinen einrühren. In einer Bratpfanne etwa 30 g Butter erhitzen und den Teig aus einem Krug in kleinen Mengen ausgießen.
Bei mittlerer Hitze beidseitig goldbraun backen, jeweils warm stellen, bis der Rest der Masse gebacken ist, wenn nötig mehr Butter zugeben.
Oder: 4 Eßlöffel Butter in einer Bratpfanne erhitzen. Die ganze Masse hineingeben und unten braun bakken, die Pfanne dann in den Ofen mit Oberhitze stellen, backen, bis die Oberseite ebenfalls fest und braun ist. Auf eine vorgewärmte Platte geben. Wie einen Kuchen aufschneiden und mit den Orangenstücken garnieren, mit Zucker bestreuen.

Im 16. Jahrhundert waren in einem großen Haus Küche und Eßzimmer bereits getrennt, doch blieb die Küche Schauplatz geschäftigen Treibens. Ausschnitt aus einem Gemälde von David Teniers, einem Zeitgenossen von Robert May.

To make a Posset simple

(Heiße Molke mit Schuß)

Solch nahrhafte Getränke gehörten früher zur Bestandesliste eines jeden Kochs. *Sack* ist die alte Bezeichnung für Sherry.

Koche die Milch in einer sauber ausgeriebenen Kasserolle, und wenn sie kocht, nimm sie vom Feuer; erwärme in einem Topf oder einer Schüssel etwas sack, *Rotwein, Bier, oder Orangensaft, gieße es in den Drink, aber laß die Milch nicht zu heiß sein, damit sie nicht gerinnt. Gib Zucker bei.*

HEISSER MILCHDRINK MIT SCHUSS

Pro Person:

2 dl Milch
3 Eßlöffel Sherry, roter Bordeaux, Bier oder Orangensaft
2 Teelöffel Zucker

Das Getränk kann einzeln in Gläsern oder in einer Punschbowle serviert werden.
Die Milch aufkochen, Sherry, Rotwein, Bier oder Orangensaft in einem andern Gefäß erhitzen, aber auch nicht zum Kochen bringen. Schwere Gläser, einen Krug oder die Punschbowle mit heißem Wasser vorwärmen.
Die Milch einfüllen und unter ständigem Rühren langsam den heißen Sherry, Wein, Bier oder Orangensaft dazugießen.
Die Milch darf eindicken, aber nicht gerinnen. Zucker beigeben und sofort heiß servieren.

Menon

belegt 1740–1755

Menons "La Cuisinière bourgeoise" *gab der französischen Küche eine völlig neue Richtung, war das Buch doch nicht mehr für den Adel, sondern für den gehobenen Bürgerstand bestimmt.*

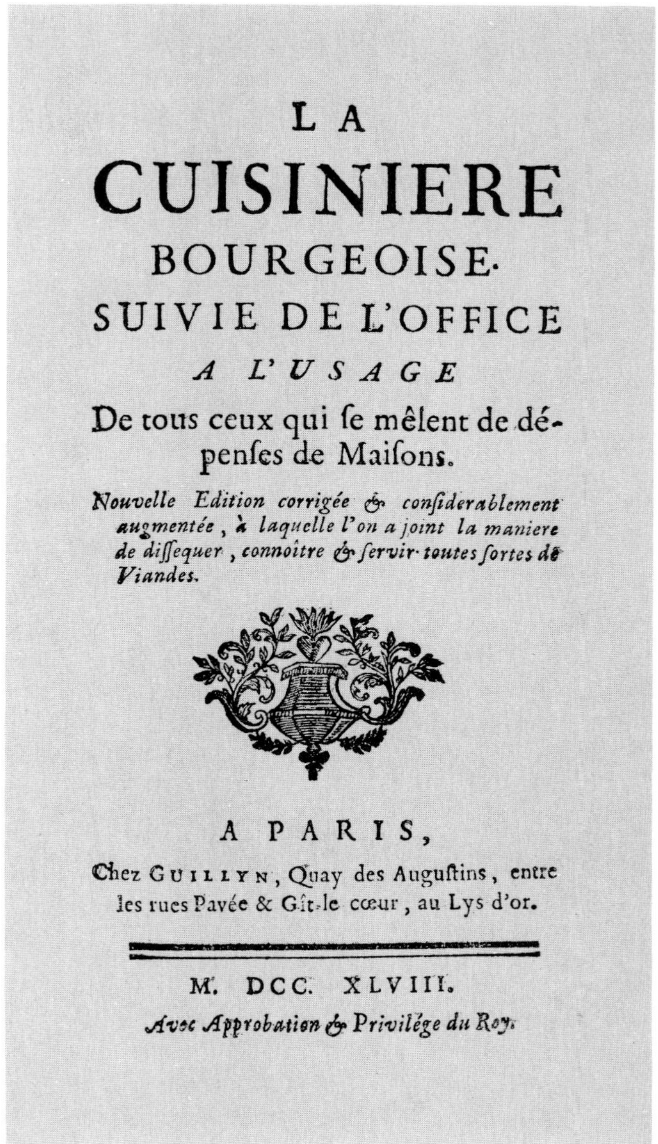
LA
CUISINIERE
BOURGEOISE.
SUIVIE DE L'OFFICE
A L'USAGE
De tous ceux qui ſe mêlent de dépenſes de Maiſons.

Nouvelle Edition corrigée & conſidérablement augmentée, à laquelle l'on a joint la maniere de diſſequer, connoître & ſervir toutes ſortes de Viandes.

A PARIS,
Chez GUILLYN, Quay des Auguſtins, entre les rues Pavée & Gît-le cœur, au Lys d'or.

M. DCC. XLVIII.
Avec Approbation & Privilége du Roy.

Das Zeitalter Ludwigs XV. war für Frankreich ein kultureller Höhepunkt. Die Küche machte dabei keine Ausnahme, und ihre hohe Meisterschaft galt fortan als eine spezifisch französische, eine nationale Kunst. Zwischen 1735 und 1755 schrieben mehr hervorragende Köche ebensoviele hervorragende Kochbücher denn je zuvor oder nachher; und sie erfreuten sich größten Ansehens. Der erfolgreichste Vertreter dieser Gilde war Menon, zu dessen umfangreichem Lebenswerk das letzte große Handbuch für die höfische Küche und das erste Kochbuch für den Bürgerstand gehören.

Von La Varenne trennen Menon fast 100 Jahre, während denen sich die französische Kochkunst geradezu stürmisch entwickelte. Damals noch stark in den Traditionen der italienischen Renaissance und des mittelalterlichen Frankreichs verankert, hatte sie mittlerweile diesem Erbe den Rücken gekehrt; es war nunmehr die schöpferische Kraft der französischen Meister, die im Dienst einer kultivierten Aristokratie standen, der Frankreich seine

Ludwig XV., der Urenkel des Sonnenkönigs, regierte von 1715 bis 1774.

unbestrittene gastronomische Überlegenheit verdankte. Teils als Wissenschaft, teils als Kunst, stieg das Kochen zum modischen Gesprächsthema der geistreichen Pariser Salons auf. Die großen, üppigen Bankette fielen in Ungnade, denn sie betäubten nur den Geist; zur Übung von Witz und Galanterie wurde das Souper bevorzugt. Die Umstellung erfolgte weniger in der immer noch reichlichen Zahl der Gerichte als in der Anzahl der Gäste; es fanden sich jetzt nicht mehr als zwanzig Geladene

Gegenüber:
Jean Michel Moreau, genannt "Le Jeune" (1741–1841): "Nach dem Souper". *Die Verfeinerung der Sitten zeigt sich im Tafelporzellan, den Glaskelchen, der Kleidung, dem ganzen intimen Rahmen.*

1

2

Gegenüber:
Unter Ludwig XV. wurde in der Ausschmückung der Tafel eine Pracht entfaltet, die sich nur mit der italienischen Renaissance vergleichen läßt. Gemälde von Alexandre Desportes.

zu Tisch. Als Ludwig XIV. nach 72jähriger Regierungszeit 1715 starb, bedeutete dies auch das Ende der alten Hofzeremonielle. Ludwig XV. mißbilligte die Gewohnheit seines Urgroßvaters, das Publikum bei den königlichen Mahlzeiten zuschauen zu lassen. Er zog es vor, mit der Königin oder einer seiner Maitressen privat zu speisen. Um ja nicht gestört zu werden, ließ er einen Tisch bauen, der durch den Fußboden zur Küche hinunter gelassen und dort von unsichtbarer Hand für den nächsten Gang neu gedeckt wurde.
Die holden Gastgeberinnen des Königs wetteiferten natürlich um das königliche Lob ihrer Tafel. Madame du Barry gab ihren Namen einer Blumenkohlsuppe, Madame de Pompadour – von bürgerlicher Herkunft – war für ihre einfachen ländlichen Gerichte berühmt, die sich von den einer mehr aristokratischen Phantasie entsprossenen Kreationen wohltuend abhoben. Der König besaß eine eigene kleine Küche, wo er sich zur Entspannung gerne kulinarisch betätigte; sein Mentor war der Prinz von Dombes, der insgeheim ein reizendes kleines Rezeptbüchlein mit dem Titel *"Le Cuisinier gascon"* geschrieben hatte. Von Marschall Richelieu (dem Großneffen des Kardinals) wird gesagt, er habe Frankreich die Mayonnaise beschert, deren Namen auf seine siegreiche Belagerung von Port Mahon (Menorca) zurückgehe. Andererseits heißt es, die Bezeichnung sei vom altfranzösischen Wort *moyeu* (Eigelb) abgeleitet. Bertrand, der Koch des Prinzen von Soubise, war der Erfinder des bekannten Zwiebelpürees *soubise,* einer in der französischen Küche noch heute wichtigen Grundsubstanz. Dienstherr und Koch waren ein merkwürdiges Paar. Vom Prinzen munkelte man, er mache seine *omelettes* mit Fasanen- und Schnepfeneiern, eine Extravaganz, die wohl kaum durch das Ergebnis gerechtfertigt wurde; Bertrand dagegen verärgerte seinen Herrn sehr, weil er einmal für die Zubereitung einer einzigen Sauce fünfzig Schinken bestellte. "Wenn Sire möchten, werde ich alle fünfzig Schinken in eine Phiole stecken, die nicht größer als mein Daumen ist", prahlte er.

3

4

5

1 Madame du Barry
2 Madame de Pompadour
3 Der Grossneffe des Herzogs von Richelieu
4 Der Prinz von Dombes
5 Der Prinz von Soubise
6 Königin Marie–Antoinette. Sie mußte letztlich die Extravaganzen des französischen Adels und die völlige Entfremdung des Hofes vom gewöhnlichen Volk mit ihrem Leben bezahlen.

6

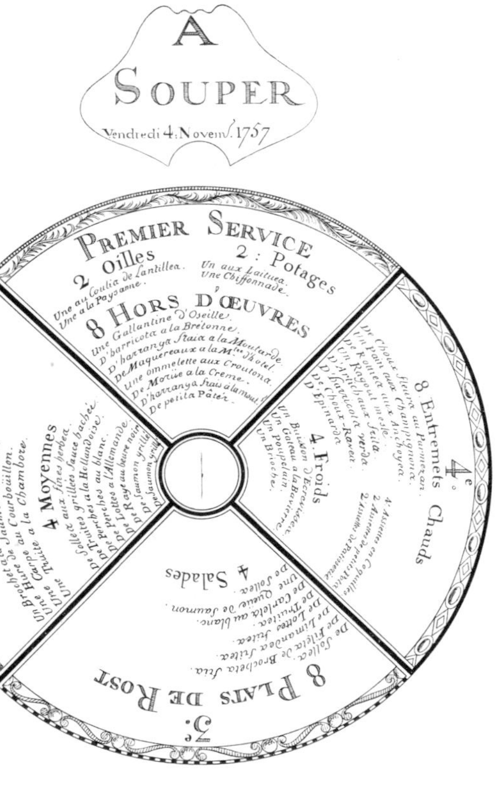

Das Souper, das Ludwig XV. und Madame de Pompadour am Freitag, dem 4. November 1757 einnahmen, wurde in vier Gängen serviert, wobei jeweils mindestens ein Dutzend Gerichte gleichzeitig geometrisch auf dem Tisch angeordnet wurden.

Wenn auch der Adel die Huldigungen für sich in Anspruch nahm, so waren doch sicherlich die meisten kulinarischen Schöpfungen das Werk der Küchenchefs, nach denen es eine große Nachfrage gab. "Es geht nicht mehr lange, bis Köche den Titel eines 'Künstlers im Kochen' annehmen," schrieb Mercier 1780 in *"Le Tableau de Paris"*, seinem überaus farbigen Bericht über das Leben von Paris. "Sie werden verhätschelt und verwöhnt, ihre Launen beschwichtigt, und ihnen zuliebe das ganze Dienstpersonal zu opfern, ist keineswegs ungewöhnlich. Einem Haus den Koch wegzulocken, ist ein schrecklicher, unverzeihlicher Streich." Madame du Barry erlaubte sich dagegen den Spaß, eine Köchin einzustellen. Man erzählt sich, daß nach einem äußerst gelungenen Souper Ludwig XV. den Koch zu sprechen wünschte. Als ihm darauf eine Frau vorgestellt wurde, war der König so beeindruckt, daß er ihr den Orden des Heiligen Geistes (bekannter unter dem Namen *Cordon Bleu* nach dem blauen Ordensband) verlieh; es war dies einer der höchsten Orden Frankreichs. Diese Anekdote mag wahr sein oder nicht, jedenfalls gilt bis auf den heutigen Tag der Begriff *Cordon Bleu* nur als Auszeichnung für eine Frau.

Menon war zweifellos einer der gesuchtesten Meisterköche, und doch ist von ihm persönlich nichts bekannt, nicht einmal sein Vorname. Er hielt als letzter La Varennes Erbe hoch, und hatte sich, als sein Buch *"Le nouveau traité de la cuisine"* 1739 erschien, schon Rang und Ansehen erworben, die er wohl auszunutzen verstand. Dies geschah allerdings nicht unbemerkt. Marin, einer seiner Rivalen, dessen *"Dons de Comus"* im selben Jahr herauskam, bemerkte in einer späteren Ausgabe hämisch, "mehr als ein Leser hat gemerkt..., welche Früchte das emsige Studium von *"Dons de Comus"* getragen hat." Damit spielte er zweifellos an auf *"La nouvelle cuisine"*, Menons Ergänzungsband zum *Traité* von 1742, worin sich dieser unverfroren den von Marin als erstem in seinem Werk geforderten einfacheren Kochstil zu eigen machte. Marins Buch beginnt mit einer kleinlichen Abhandlung über die alte Schule, die *cuisine ancienne*, deren "seltsame Verworrenheit und Spitzfindigkeit" er bemängelt; dem gegenüber soll die neue Schule, die *cuisine moderne*, "weniger Mühe, weniger Mischungen, jedoch ebenso große Vielfalt" bieten; sie sei "eine einfachere, sauberere und sinnreichere Art von Chemie." Vom heutigen Standpunkt des "Kochens in zehn Minuten" aus kann man Marin kaum eine Vereinfachung der Kochkunst zugestehen, doch eine gewisse Ordnung hat er ihr immerhin gegeben. *"Dons de Comus"* ist ein logisch aufgebauter Katalog von Rezepten und Speisenfolgen mit manch klassisch gewordenen Beilagen und Garnituren, die z.T. auf Marin selber zurückgehen, und etwa hundert Saucen, von denen nur wenige den heutigen Küchenchefs nicht geläufig sein dürften.

Doch Marins sicher sehr gekonnten Arbeit war aus irgendeinem Grund kein dauernder Erfolg beschieden. Wiederum war es ein ganz ähnliches dreibändiges Werk von Menon, *"Les Soupers de la cour"* (1755), das die Küchenszene beherrschte, bis die

La Quintinie, der Hofgärtner Ludwigs XIV., schuf die Voraussetzungen für die Züchtung der herrlichen Früchte und Gemüse, die damals auf den Markt kamen.

In den hundert Jahren seit La Varenne hatte die Rezeptkunst große Fortschritte gemacht. Menon gibt ausführliche Anweisungen und gebraucht viele Fachausdrücke.

★★★★★★★★★★★★★★★★★★★★

Petits pâtés de poisson

Die ständige Verfeinerung der französischen Küche im 18. Jahrhundert wird beim Vergleich dieses Rezeptes mit La Varennes Aalpastete (S. 49) offenbar. Ein *écu* war eine französische Geldmünze.

Das Fleisch irgendeines Fisches zerhacken, mit Brotkrumen, Sahne, Salz, Pfeffer, Muskatnuß, Schalotten, Petersilie, gehackten jungen Zwiebeln, zwei Eigelben und einem Stück süßer Butter vermischen; alles zusammen im Mörser zerstoßen. Blätterteig etwas dicker als ein écu *ausrollen und den Förmchen entsprechend in Stükke schneiden; je ein Förmchen mit Teig auslegen, mit der Masse füllen, und mit einem zweiten Stück Teig decken; mit dem Finger leicht dem Rand nachfahren und andrücken; die Pastetchen (mit Ei) bestreichen und eine halbe Stunde backen; frisch aus dem Ofen reichen.*

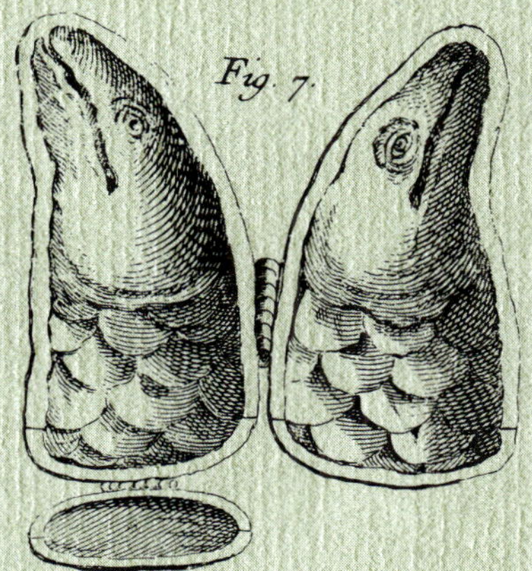

KLEINE FISCHPASTETCHEN

Für 18 Pastetchen
(8 cm-Törtchenform)

4 Eßlöffel (ca. 300 g) frische Weißbrotkrume
500 g schmackhafter See- oder Süßwasserfisch
2,5 dl Sahne
2 Teelöffel Salz
½ Teelöffel frisch gemahlener schwarzer Pfeffer
¼ Teelöffel Muskatnußpulver
2 feingehackte Schalotten
2 feingehackte junge Zwiebeln
3 Teelöffel gewiegte Petersilie
2 Eigelbe
30 g Butter, schaumig gerührt
500 g Blätterteig
1 Ei, mit etwas Salz verklopft, zum Bestreichen
18 kleine Pastetenförmchen (8 cm Durchmesser)

Die Pastetchen können als Hauptgericht größer oder zum Cocktail kleiner gebacken werden.
Das Fischfleisch (ohne Haut und Gräten) mit allen Zutaten, außer der Sahne, der Butter und den Eigelben, im Mixer pürieren oder in einem Mörser fein zerstoßen. Die Masse in eine Schüssel geben, zuerst langsam die Sahne, dann die Eigelbe und die Butter einrühren. Abschmecken! (Die Masse sollte recht pfefferig sein.) Den Ofen auf 200° C vorheizen.
Den Blätterteig etwa 5 mm dick ausrollen, je 12 runde Plätzchen von 8 und 9 cm Durchmesser ausstechen. Teigreste schön aufeinanderlegen, ausrollen und nochmals je 6 Plätzchen ausstechen. Die Förmchen mit den größeren Plätzchen auslegen, die Fischmasse einfüllen. Den Rand jeweils mit Ei bestreichen, das kleinere Plätzchen drauflegen, die Ränder leicht andrücken, Oberseite mit Ei bestreichen. Die Pastetchen 15 Minuten kalt stellen und anschließend im vorgeheizten Ofen etwa 30 Minuten backen. So rasch als möglich auftragen.

Filet de bœuf à l'italienne

Rinderfilet, frisch gebraten ohne Marinade war, eines von Menons Lieblingsgerichten, was beweist, daß die Fleischqualität um die Mitte des 18. Jahrhunderts sehr viel besser geworden war.

Spicke die Oberseite eines sauber zugerichteten Rinderfilets, mache auf der Unterseite kleine Einschnitte, dahinein gib eine Mischung von Petersilie, Schalotten, Pilzen und einer halben Knoblauchzehe, alles feingehackt, Basilikum und Lorbeerblattpulver, verknetet mit geriebenem Speck, mit Salz und Pfeffer gewürzt; wickle das Filet in ein Papier und brate es am Spieß; wenn es gar ist, bestreiche die nicht gespickte Seite mit Brotkrumen; bräune es gut an und begieße es mit italienischer Sauce.

Sauce petite italienne

Wie die meisten Saucen bei Menon, so wird auch diese mit *coulis* eingedickt – einem Püree auf der Basis einer Mehlschwitze, aufgefüllt mit einer guten Fleischbouillon. Zum Eindicken können auch Trockenerbsen oder Linsen verwendet werden. Die italienische Sauce ist eine Vorläuferin der heutigen klassischen braunen Saucen, deren Grundstock aber die spanische Sauce ist.

In eine Kasserolle lege eine Scheibe Schinken, drei oder vier Pilze, zwei oder drei Schalotten, eine halbe Knoblauchzehe, ein Viertel eines Lorbeerblattes, und einen guten Eßlöffel Öl; dünste alles bei mittlerer Hitze, fülle mit consommé, etwas coulis und ½ Glas Champagner auf, laß eine halbe Stunde leicht kochen; schöpfe das Fett ab und passiere.

RINDERFILET ITALIENISCHE ART

Für 6–8 Personen

2–2½ kg Rinderfilet
60 g Spickspeck in 5 mm dicken Streifen
40 g frische Weißbrotkrumen

FÜR DIE FÜLLUNG:

2 Eßlöffel gewiegte Petersilie
1 feingehackte junge Zwiebel
3 feingehackte große Pilze/Champignons
½ Knoblauchzehe, zerstoßen
1 Teelöffel Basilikum
½ Teelöffel zerstoßenes Lorbeerblatt
60 g fetter Speck, sehr fein gehackt
Salz und Pfeffer

Das Einwickeln des Filets in Papier sicherte das gleichmäßige Braten des Fleisches am offenen Feuer. Bei unseren heutigen Einrichtungen würde es auf diese Weise nicht braun.
Auf einem Brett alle Zutaten für die Füllung mit einem Metallspatel gut bearbeiten, bis sie eine kompakte Masse bilden.
Beim Braten im Ofen diesen auf 200° C vorheizen.
Die Unterseite des Filets spicken; die Oberseite der Länge nach einige Male etwa 2 cm tief aufschlitzen, die Füllung in die Spalten pressen, restliche Füllung verstreichen. Das Filet zu einer festen Rolle binden und, mit der gespickten Seite nach unten, auf einem Gitter in der Bratpfanne braten. Garzeit: etwa 20 Minuten je Pfund (blutig). Während des Bratens oft begießen.
Soll das Filet am Spieß gebraten werden, ist es ringsum 1,5 cm tief aufzuschlitzen, zu füllen, zu spicken und zu binden. Nicht zu hoch über dem Feuer braten. Die Garzeit hängt natürlich vom Feuer ab, beträgt durchschnittlich auch etwa 20 Minuten je Pfund. Während des Bratens oft begießen.

Ist das Fleisch fertig, wird es oben mit den Weißbrotkrumen bestreut, nochmals gut übergossen und schön angebräunt. Die italienische Sauce separat dazureichen oder über das Fleisch gießen.

ITALIENISCHE SAUCE:

1 Scheibe Bauernschinken (250 g)
125 g Pilze/Champignons, in Scheiben geschnitten
½ Knoblauchzehe, zerstoßen
1 kleines Lorbeerblatt
1½ Eßlöffel Öl
Pfeffer
5 dl Fleischbouillon
1 dl trockener Weißwein
Salz nach Geschmack

FÜR DEN COULIS:

45 g Butter
30 g Mehl
7,5 dl Fleischbouillon

Menons *coulis* ist nicht nur besonders extravagant, sondern verlangt auch Stunden zur Zubereitung. Ein annehmbarer Ersatz ist die Reduktion von guter Fleischbouillon. Die obgenannten Mengen ergeben etwa 5 dl.

COULIS: Die Fleischbouillon sachte auf die Hälfte einkochen. In einer kleinen Kasserolle die Butter zergehen lassen, das Mehl hinzugeben und goldbraun schwitzen lassen, mit der reduzierten Fleischbouillon ablöschen und 2–3 Minuten leicht kochen lassen.
Den Schinken, die Pilze und Schalotten sowie den Knoblauch und Lorbeer in eine Kasserolle mit dickem Boden geben, mit Öl und Pfeffer bestreuen. Langsam anrösten, mit den 5 dl Fleischbouillon, Wein und *coulis* auffüllen, und 50–60 Minuten sacht kochen lassen, bis die Sauce sahnig und glänzend ist. Abschmecken, entfetten und passieren.

Saumon en hatelet

Dies ist ein gutes Beispiel für die neuentwickelten *hors d'œuvres* (wörtlich: 'außerhalb der eigentlichen Arbeit', d.h. eine Nebensache), pikante kleine Gerichte, die zwischen der Suppe und dem Braten gereicht wurden.

Schneide den Lachs in daumendicke Würfel, mariniere ihn mit etwas Öl, zwei rohen Eigelben, Salz, Pfeffer, Petersilie, Schalotten, frischen Zwiebeln, alles gehackt; wende die Würfel in Brotkrumen, brate sie und serviere sie mit Remouladensauce in einer Sauciere.

Sauce à la remoulade

REMOULADENSAUCE: Die Remouladensauce ist eine der vielen klassischen Saucen, die im 18. Jahrhundert erfunden wurden. Menons Variante ist recht einfach. Remoulade wird heute allgemein mit Mayonnaise, der viel Senf beigegeben wird, hergestellt.

In eine Schüssel gib eine Schalotte, Petersilie, eine frische Zwiebel, eine Sardelle und einige Kapern, alles sehr fein gehackt, Salz und Pfeffer; schlage mit etwas Senf, Öl und Essig auf.

französische Revolution jeder Nachfrage nach solch kunstvollen Erzeugnissen ein Ende setzte. Für unseren Geschmack ist die von Menon gebotene Auswahl an Gerichten geradezu umwerfend; so umfaßt z.B. eine Speisenfolge für dreißig Personen über hundert Gerichte in fünf Gängen. Nach dem ersten und dritten Gang wurde der Tisch jeweils ganz abgeräumt und in einem geometrischen Muster neu gedeckt. Der zweite und vierte Gang war weniger reichhaltig und diente lediglich zur Ergänzung der schon aufgetragenen zwanzig bis dreißig Speisen. Die Tischdekorationen waren genauso ausgesucht und reichhaltig wie das Essen. In der Tischmitte prangten große Suppenschüsseln aus feinstem Porzellan, vielarmige Leuchter und überladene Bonbonnieren (Konfektschalen). Anstelle des einen Glases oder Bechers, Messers und Löffels gab es einen ganzen Satz von Besteck und Kristallgläsern zu jedem Gedeck. Die Teller wurden nach jedem Gang gewechselt, selbst wenn sie nicht schmutzig waren, wie ein verblüffter Beobachter bemerkte.

Die Saucen, die die französische Küche so berühmt gemacht haben, waren damals schon hoch entwickelt, und Menon reicht sie zu jeder Speise, vom *hors-d'œuvre* bis zum Nachtisch. Grundstock für die meisten pikanten Saucen war der *coulis;* hierzu wurde Fleisch und Schinken in Streifen geschnitten und in etwas Fett langsam gedünstet und leicht angebräunt; dem Saft wurde darauf Mehl zugegeben und schwitzen gelassen, mit Fleischbrühe oder Wein aufgefüllt und mit Gemüsen und Gewürzen fertiggemacht. Wichtigster Bestandteil war der Schinken; als besondere Spezialität galten die Importe aus Montánchez (Mittelspanien), die angeblich von Schweinen stammten, die mit Vipern und Eicheln gefüttert worden waren. Ein Hinweis dar-

Nächste Doppelseite:
Das Rokoko bevorzugte die intimen, nicht allzu förmlichen Soupers, die oft musikalisch umrahmt wurden, wie hier im Haus des Prinzen von Conti, des Gönners von Jean-Jacques Rousseau.

Antoine-Augustin Parmentier, seines Zeichens Arzt, brachte die Franzosen endlich dazu, Kartoffeln zu essen – und lieh der Kartoffelsuppe seinen Namen. Auf diesem Bildnis hält er neben einer Weizenähre und einem Maiskolben auch noch Kartoffelblüten in der Hand.

Zur Zeit Menons hatte sich die confiserie *zu einer eigenständigen Kunstfertigkeit entwickelt, der auch er ein besonderes Werk widmete:* "La Science du maître d'hôtel confiseur". *Hier sind auf einem Seitentisch eingemachte und kandierte Früchte aufgebaut.*

Im 18. Jahrhundert begannen die Autoren, allen voran Menon, zwischen der bürgerlichen Küche und der haute cuisine, *der feinen Küche, wie sie am Hof gepflegt wurde, zu unterscheiden. Unser Bild: eine Küche auf dem Lande.*

auf ist die heutige *sauce espagnole,* die eigentliche Nachfolgerin des ursprünglichen *coulis,* der gut gebunden, sehr konzentriert und aufwendig war. Vincent La Chapelle, ein weiterer hervorragender Vertreter der Gilde der Meisterköche und Zeitgenosse Menons, führt dazu aus: "Für zehn oder zwölf Personen darf man für den *coulis* nicht weniger als eine ganze Kalbshaxe nehmen, dazu noch die Nuß eines Schinkens, um ihn wirklich gut zu machen." Die Erfindung der weißen Sauce wurde dem Küchenchef des Marquis de Béchamel, eines bekannten Feinschmeckers und Privatsekretärs Ludwigs XIV., zugeschrieben.
Der französische Hof war auf Neuheiten geradezu versessen. Menons Erfindungsgabe brachte es denn auch fertig, ein Diner mit hundert Gerichten von ein und derselben Farbe (weiß galt als die eleganteste) oder mit nur einer Sorte Fleisch zusammenzustellen. Neueste Früchte und Gemüse kamen aus den von Ludwig XIV. in Versailles angelegten

Ein Strassenverkäufer ruft seine kleinen, heißen Pastetchen aus. Solche Erscheinungen waren alltäglich, im Gegensatz zu den eher surrealistischen Darstellungen von Nicholas de Larmassin (unten)

LACHSSPIESSCHEN

Für 4 Personen als Hauptgericht,
für 8 Personen als Vorspeise

1 kg Lachs, in 2 cm dicke Würfel geschnitten, ohne Haut und ohne Gräten
125 g getrocknete Weißbrotkrume

FÜR DIE MARINADE:

1 dl Öl
2 Eigelbe
1 Teelöffel Salz
½ Teelöffel Pfeffer
2 Eßlöffel Petersilie, gehackt
2 frische Zwiebeln, feingehackt
4–8 Spießchen

DIE MARINADE: Die Eigelbe in eine große Schüssel geben und mit dem Öl aufschlagen; Salz, Pfeffer, Petersilie und Zwiebeln zufügen.
Dann die Lachswürfel gut in der Marinade wenden, zudecken und 1–2 Stunden stehen lassen.
Die so marinierten Lachswürfel werden auf Spießchen gesteckt, paniert und beidseitig gebraten. Garzeit: etwa 4 Minuten je Seite. Mit Remouladensauce reichen.

REMOULADENSAUCE

Ergibt 3 dl Sauce

2 Schalotten, feingehackt
2 Eßlöffel gehackte Petersilie
1 frische Zwiebel, feingehackt
1 kleine Knoblauchzehe, zerdrückt
2 Sardellenfilets, gehackt
1 ½ Eßlöffel Kapern
1 Eßlöffel Senf (Dijon)
5 Eßlöffel Weinessig
2 dl Öl
Salz und Pfeffer

Schalotten, Petersilie, Zwiebeln, Knoblauch, Sardellenfilets und Kapern in eine Schüssel geben, anschließend den Senf und den Essig einrühren; langsam mit dem Öl aufschlagen, bis die Sauce Volumen hat. Mit Salz und Pfeffer abschmecken.

Ouille de différent façons

Ouille ist nichts anderes als *olla podrida*, das beliebte spanische Gericht – ein großer Eintopf mit verschiedenen Fleischsorten und Gemüsen. Eigentlich lautet die wörtliche Übersetzung *pot pourri* (der verdorbene Topf). Dieser Vorläufer des *pot-au-feu* (Fleischtopf), in Frankreich schon 1587 erwähnt, war im 17. und 18. Jahrhundert außerordentlich beliebt, wohl weil er auch in großen Mengen einfach zuzubereiten war.

In eine Kasserolle gib ein Rebhuhn, eine Hammelkeule, fünf oder sechs Pfund Rindskeule und eine Rindshaxe; brate das Fleisch unter oftmaligem Umdrehen auf dem Herd an, bis es anfängt, am Boden zu kleben; gieße mit heißer Brühe oder heißem Wasser auf und laß bei geringer Hitze sechs oder sieben Stunden kochen; nach einer Stunde Kochzeit gib verschiedene blanchierte Gemüse bei, wie z.B. Petersiliewurzeln, Karotten, Pastinak, Zwiebeln, weiße Rüben, Sellerie, Lauch und eine Mignonette – in einem Stück Zeug Pfeffer, Ingwer, Zimt, Gewürznelken, Koriander, Muskatblüte, eine Knoblauchzehe und etwas Bohnenkraut. Gib nur wenig Salz bei: die Brühe sollte leicht gefärbt, klar und würzig sein. Dieses Rezept dient für alle Arten klarer ouille*, die sich nur durch den Namen des obenauf servierten Gemüses unterscheiden; es dient ebenso für Fluß-krebs- und Reis-*ouilles *sowie andere; laß die Suppe lange mit Brotscheiben oder* croûtes *(geröstete Brotscheiben) sachte kochen; serviere in einem* ouille*-Topf und lege die Gemüse nach Wahl obendrauf.*

Habit de Paticier

Habit de Caffetier.

Habit de Vinaigrie

Habit de Jardinier.

Gegenüber:
Gegen Ende des 17. Jahrhunderts eroberten drei neue Getränke – Kaffee, Tee und Schokolade – Paris im Sturm und führten zur Gründung der Kaffeehäuser. Als erstes wurde das Café Procope 1686 eröffnet, das ein beliebter Treffpunkt der Literaten und Politiker werden sollte. Auf unserem Bild erkennt man unter den Gästen Rousseau, Diderot und Voltaire.

POT POURRI

Für 12 Personen

2–3 Eßlöffel Öl
1 Rebhuhn oder Fasan, bridiert
1,5 kg Hammelkeule (mit Knochen)
1,5 kg Rindskeule, möglichst auch mit Knochen
1,5 kg Rindshaxe, 5 cm dick geschnitten
3–4 l Rinds- oder Geflügelbrühe
1 Büschel Petersilie
500 g Karotten, geviertelt
500 g Zwiebeln, geviertelt
400 g junge weiße Rüben, halbiert
400 g Pastinak, der Länge nach halbiert
1 Stangensellerie, in 5 cm langen Stücken
4–5 mittlere Lauchstengel, der Länge nach halbiert
Salz
1 großes Toastbrot, in dreieckigen Scheiben

FÜR DIE MIGNONETTE:

2 Teelöffel schwarze Pfefferkörner
2–3 Stück gedörrte Ingwerwurzel
1 Zimtstengel
1 Teelöffel ganze Gewürznelken
1 Teelöffel Korianderkörner
2 Muskatblüten
1 Knoblauchzehe
2 Teelöffel Bohnenkraut

Menons Rezept ist insofern unklar, als er nicht sagt, ob das mitgekochte Gemüse zusammen mit dem Fleisch gereicht, oder ob noch anderes Gemüse getrennt davon zubereitet wird. Wahrscheinlich kommt es nicht auf den Tisch, denn nach 5–6 Stunden Kochzeit wäre es völlig geschmacklos. Heute gibt man die Gemüse erst dann zum Fleisch, wenn alles gleichzeitig gar werden kann. Das ist die Kunst!
Wird kochendes Wasser anstelle der Brühe verwendet, sind vorerst einige Zwiebeln und Karotten mitzukochen und vor Zugabe der anderen Gemüse herauszunehmen. Statt Rebhuhn oder Fasan kann auch ein Huhn mitgekocht werden. Sind nicht alle angegebenen Gemüse erhältlich, macht das nichts aus, aber je mehr Gemüse, desto besser.

In einem großen, tiefen Kochtopf das Öl erhitzen und das Rebhuhn oder den Fasan ringsum anbraten und herausnehmen, mit den einzelnen Fleischstücken ebenso verfahren. Die Hammel- und die Rindskeule sowie die Rindshaxe werden sodann zusammen in den Topf gegeben und mit der Brühe gedeckt.
Die Gewürze in ein Stückchen Stoff einbinden und beigeben. Zugedeckt langsam zum Kochen bringen und 2–2½ Stunden sacht kochen, immer wieder abschäumen. Abschmecken. Ist das Fleisch fast gar, werden der Fasan und das Rebhuhn, Petersilie und Karotten beigegeben; 15 bzw. 10 Minuten weiterkochen, dann die anderen Gemüse zugeben und alles etwa 20 Minuten garkochen.
Das Fleisch mit den Gemüsen auf Platten anrichten und warm stellen. Der Brühe werden nun die Brot- oder Toastscheiben beigegeben; etwa 15 Minuten einkochen lassen, bis die Suppe dick ist. Petersilie und Mignonette entfernen, abschmecken.
Menon hätte Fleisch, Gemüse und Brühe in einem großen Topf zu Tisch gebracht, aber heute reicht man meist die Suppe zuerst, dann das Fleisch mit den Gemüsen.

Beignets de fraises

Als einfache, aber köstliche Mehlspeise waren Beignets (Krapfen) seit Taillevents Zeiten immer sehr beliebt, und sind es heute noch.

In eine Schüssel gib zwei Handvoll Mehl mit etwas Öl, etwas Salz und drei Eiweißen, zu Schnee geschlagen; feuchte mit etwas Weißwein an, um den Teig zu verdünnen, doch darf er nicht zu flüssig sein; nimm große Erdbeeren, tauche sie in den Teig, backe sie aus, wende sie in Zucker und glasiere mit einem glühenden Eisen (Salamander).

ERDBEERBEIGNETS

Für 6 Personen

500 g große Erdbeeren
Backfett
Zucker

FÜR DEN TEIG:

125 g Mehl
1 Prise Salz
1 Eßlöffel Öl
3 Eiweiße
2 dl süßer Weißwein

Es lassen sich auch viele andere frische Früchte verwenden: Ananaswürfel, Pfirsichstücke, Apfelringe usw.

DER TEIG: Mehl (Salz nicht vergessen) in eine Schüssel sieben, eine kleine Vertiefung machen und das Öl hineingeben. Die Eiweiße steif schlagen und mit dem Wein dazugeben. Langsam zu einem glatten Teig verrühren.
Das Backfett auf 190° C erhitzen; den Grill einschalten. Mit einem Spießchen oder einer zweizackigen Gabel die Erdbeeren einzeln in den Teig tauchen und in das Fett fallen lassen, etwa 2 Minuten hellbraun ausbacken, auf Papier abtropfen und im Backofen (offen lassen!) warm halten, bis alle gebacken sind. Die Beignets in Zucker wenden und rasch unter dem Grill glasieren. Sogleich auftragen.

Gärtnereien. Den großen Erfolg dieses Unternehmens verdankte der König dem genialen Gärtner La Quintinie, der als Schöpfer des klassischen Gemüsegartens, des *potager* (von *potage*=Suppe), säuberliche Gemüsebeete anlegte und zum Schutz gegen den Wind den Wänden entlang Spalierobst zog. Ludwig XIV. setzte sich persönlich für die Aufzucht neuer Sorten ein, und viele von Frankreichs herrlichen Früchten stammen urprünglich aus Versailles. Ludwig XV. führte diese Tradition weiter; er bezog die neuesten Züchtungen aus Holland und England und gründete in jeder Provinz staatliche Pflanzschulen, die Stecklinge kostenlos abgaben. Was jedoch die Kartoffel betraf, die um 1750 in England schon weit verbreitet war, nützte alle Überredungskunst nichts. Die Franzosen betrachteten sie weiterhin als Schweinefutter. Erst mit der Zeit lernten auch sie das billige Nahrungsmittel schätzen. Der entscheidende Anstoß kam von einem schwärmerischen Arzt namens Parmentier, der einmal ein ganzes Diner – Suppe, Vorspeise, Hauptgang, Salat, Kuchen, Gebäck und sogar Brot – aus Kartoffeln zubereitete, um deren vielseitigen Verwendungsmöglichkeiten zu beweisen. In dankbarer Erinnerung gaben die Franzosen der Kartoffelsuppe seinen Namen.

Zurück zu Menon: So erfolgreich *"Les Soupers de la cour"* auch war, bot das Werk Marin und La Chapelle gegenüber nichts Neues. Der Grund, warum Menons Ruhm den ihren überlebte, war sein früheres Buch *"La Cuisinière bourgeoise"*, das einen dauernden Erfolg verzeichnen konnte. Darin schlug Menon einen völlig anderen Ton an, wollte er doch "die Ausgaben verringern, die Methoden vereinfachen und, was den Küchen der Reichen vorbehalten schien, dem Bürgerstand zugänglich machen." Dabei wandte er sich bezeichnenderweise unmittelbar an die Frauen; nicht von ungefähr kommen herzhafte ländliche Speisen – wie *andouilles* (Würste aus Kutteln, Speck und Schweinefleisch), Kalbsfüße *à la Sainte-Menehoulde* und Hammelkeule *à la persillade* – heute noch oft auf den französischen Familientisch.

"La Cuisinière bourgeoise" erschien 1746 und erlebte in der Folge mehr Auflagen als irgend ein anderes französisches Kochbuch zuvor. Dieses Buch setzte Maßstäbe für eine neue Gilde von Köchen, die *restaurateurs* (Gastwirte), deren Namen Bezug nimmt auf die kräftigen Suppen von "restaurierender" Wirkung, die sie den Gästen ursprünglich reichten.

Das erste Restaurant im heutigen Sinn öffnete 1765 seine Tore und hatte sogleich Erfolg. Doch erst nach der Revolution gehörten die Restaurants zum städtischen Alltag. Sie entsprachen einem echten Bedürfnis der neuen Gesellschaft. Ende des Jahrhunderts zählte man in Paris schon fünfhundert solche Restaurants. Bis anhin hatte niemand auswärts gegessen, höchstens gezwungenermaßen auf Reisen, obschon die Zünfte schon seit Jahrhunderten fertige Eßwaren über die Gasse verkauften. Die *pâtissiers* boten würzige Pasteten, Kuchen

Gâteau de Savoie

Zu Menons Zeit waren die *gâteaux* meist flache, runde Kuchen aus Mürbteig oder Blätterteig, wie der *gâteau des rois,* der in Frankreich heute noch am Dreikönigstag Tradition ist. Einige Kuchen wurden jedoch schon in tiefen Kasserollen (Formen) gebacken, deren Deckel eine Vertiefung aufwiesen, in die glühende Kohle kam, um die Hitze gleichmäßiger zu verteilen. Mit diesen einfachen Mitteln war das Backen ein 'Glücksspiel'; Menon weist nicht von ungefähr darauf hin, wie man einen verbrannten Kuchen mit einer Glasur kaschieren kann. Bezeichnenderweise wiegt er die Zutaten gegen Eier ab – ein weitverbreitetes Verfahren, auf das Benennungen wie "Drei-Eier-Kuchen" oder "Gleichschwer" zurückzuführen sind.

Lege vierzehn Eier in die eine Waagschale und fülle die andere im gleichen Gewicht mit feinem Zucker auf, entferne den Zucker und tue an dessen Stelle Mehl im Gewicht von sieben Eiern; entferne das Mehl und stell es beiseite; schlag die Eier auf, die Eigelbe in eine Schüssel, die Eiweiße in eine andere; gib den gewogenen Zucker zu den Eigelben, dazu etwas geriebene Zitronenschale und einige getrocknete, verhackte Orangenblüten, schlage alles zusammen eine halbe Stunde; gib die steifgeschlagenen Eiweiße dazu, dann langsam das ausgewogene Mehl, rühre die Masse mit dem Besen.
Nimm eine tiefe Kasserolle durchschnittlicher Größe oder eine Form, die erst mit feiner Butter ausgerieben werden sollte, reibe sie gut mit einem Tuch aus und bestreiche sie überall mit feiner Butter; tue die Mischung hinein und backe in einem mittelheißen Ofen gut anderthalb Stunden; wenn er gebacken ist, stürze den Kuchen sorgfältig auf eine Platte; ist er schön goldbraun, bring ihn zu Tisch, wie er ist; ist er zu dunkel, muß er eine weiße Glasur bekommen; aus sehr feinem Zucker, einem Eiweiß und dem Saft einer halben Zitrone, in einer irdenen Schüssel gut mit einem Holzlöffel geschlagen, bis die Glasur sehr weiß ist; verwende sie, um den ganzen Kuchen zu decken; reiche ihn erst, wenn die Glasur fest ist.

La Boulanger

SAVOYER KUCHEN

4 Eier
180 g Zucker
Die geriebene Schale einer Zitrone
1 Teelöffel Orangenblütenwasser
(für die getrockneten Orangenblüten)
60 g Mehl
100 g Kartoffelmehl

FÜR DIE GLASUR:

1 Eiweiß, leicht verklopft
Saft einer halben Zitrone
180 g Staubzucker, gesiebt
1 Springform (20 cm)

Ein ganz ähnlicher Kuchen heißt heute noch *biscuit de Savoie.* Frisch gebacken schmeckt der Kuchen am besten.

Den Backofen auf 180° C vorheizen, und die Springform leicht einfetten. In einer Schüssel die Eigelbe gut zerklopfen, langsam Zucker, Zitronenschale und Orangenblütenwasser beigeben und weiter schlagen, bis die Mischung dickflüssig und von heller Farbe ist.
Mehl und Kartoffelmehl zusammen sieben; Eiweiß steifschlagen und so leicht wie möglich, abwechselnd mit dem Mehl, unter die Mischung ziehen. Die Masse in die Springform geben und etwa 50 Minuten im vorgeheizten Ofen backen, bis sie sich von den Seiten ablöst und oben eine schöne Kruste bildet. Mit dem Messer seitlich ablösen und in der Form auskühlen lassen, erst dann auf ein Gitter legen.

DIE GLASUR: Das Eiweiß mit dem Zitronensaft in eine Schüssel geben, den Staubzucker zur Hälfte langsam einrühren und gut vermengen. Die Schüssel auf eine Pfanne mit heißem Wasser stellen und den restlichen Zucker langsam einrühren, bis die Glasur am Löffel haftet. Ist die Glasur glatt, wird sie über den Kuchen gegossen und an den Seiten verstrichen; fest werden lassen.

und Kleingebäck an, die *chaircuitiers* gekochtes Fleisch, vor allem Schweinefleisch (Vorläufer der Wurstwaren), die *oubliers* Waffeln und Oblaten und die *rôtisseurs* gebratenes Fleisch und Geflügel. Die älteste Zunft bildeten die Bäcker, *les boulangers;* ursprünglich hatten sie runde Laibe *(boules)* gebacken, doch merkten die Franzosen bald, daß sie viel mehr Kruste genießen konnten, wenn sie die Brote länger machten.

Getränke wurden in Paris nur in Tavernen ausgeschenkt, bis ein unternehmungslustiger Sizilianer mit Namen Procopio ein erstes Kaffeehaus *(café)* eröffnete. Für die Pariser fing damit eine neue, kulturgeschichtlich bedeutende Epoche an. Das heute noch als Restaurant betriebene damalige Café Procope wurde nämlich sehr bald der Treffpunkt der Literaten und Politiker; andere Cafés folgten, und jedes hatte seine ganz besondere Kundschaft. Neben Kaffee servierte Procopio als erster öffentlich Speiseeis. Nach heutigen Begriffen handelte es sich um ein armseliges, gefrorenes Fruchtsaftgebräu von etwas sandiger Beschaffenheit, war aber unwahrscheinlich beliebt. Zu Menons Zeit lagen rings um die Orangerie bei den Tuilerien Eiskeller, die den Hofbeamten zum Bezug von Eis offenstanden; ein ganzes Kapitel in ”*Les Soupers de la cour*” ist denn auch dem Halbgefrorenen und dem Eis gewidmet.

Menon schrieb für die alte *und* die neue Gesellschaft; darin liegt sein Verdienst. Mit ”*Les Soupers de la cour*”, das Zeit und Zutaten als unbegrenzt voraussetzt, steht Menon fest in der alten Welt, wo (mit Carêmes Worten) ”alles in großem Stil geschah; in der königlichen Hofhaltung, wie bei den Prinzen von Condé, Orléans und Soubise waren die Haushofmeister für die Vorzüglichkeit ihrer Küche berühmt. Die Vorsteher dieser hohen Häuser waren wirklich hervorragende Köche und Verwalter. ”*La Cuisiniere bourgeoise*” dagegen war für die neue Gesellschaft bestimmt, für eine Welt, in der die frühere schöpferische Tatkraft der großen Häuser nun die Restaurateure auszeichnete.

Diese jedoch waren gezwungen, wirtschaftlich zu arbeiten; dafür genossen sie aber eine Unabhängigkeit, die ihre Vorgänger nie gekannt hatten. Indem sich Menon auf diese neue Leserschaft einstellte, legte er den Grundstein für eine Kochbuchtradition, die heute noch lebendig ist.

L'Art de bien faire les Glaces

Das italienische Speiseeis wurde von den Franzosen mit Begeisterung aufgenommen. Auf diesem Stich sind Cherubine damit beschäftigt, die Creme zu rühren, die Formen in Eis zu stellen, das Eis zu zerkleinern und das Gefrorene in kleine Töpfchen abzufüllen.

Hannah Glasse

1708–1770

Hannah Glasse schrieb das erfolgreichste englische Kochbuch des 18. Jahrhunderts. Ihre Berühmtheit verdankte sie aber mehr dem Zufall als ihrer Kochkunst. Mrs. Glasse war ein Rätsel. Als *"The Art of Cookery Made Plain and Easy"* erstmals 1747 anonym erschien, reizte die bescheidene Anmerkung "Von einer Dame" auf dem Vorsatzblatt die öffentliche Neugier. Die dann in der vierten Ausgabe von 1751 hingekritzelte Unterschrift "H. Glasse" vergrößerte das Rätsel noch, denn niemand hatte eine Ahnung, wer das sein könnte. Die Sache wurde so spannend, daß kein Geringerer als Samuel Johnson, der große englische Literat und Kritiker, sich zur Frage der Autorschaft äußerte: "Frauen können zwar sehr gut spinnen, aber sie können kein gutes Kochbuch zustande bringen!"

Das Geheimnis um Mrs. Glasse wurde erst im 20. Jahrhundert gelüftet, als ihre Identität mit echt kriminalistischen Methoden ermittelt wurde. Der Erfolg gelang der Lokalhistorikerin Madeleine Hope Dodds mit Hilfe eines merkwürdigen zeitgenössischen Buches, *"Professed Cookery"*, deren Verfasserin Ann Cook hieß. In der dritten Ausgabe von 1760 erfolgte ein recht unerwarteter Angriff auf "eine Dame".

Was hatte Ann Cook gegen Hannah Glasse? Da *"The Art of Cookery"* zuerst erschienen war, konnte Hannah ihre Rezepte ja kaum gestohlen haben. Nein, die Wunde war viel tiefer und hing scheinbar mit Hannahs Bruder Lancelot zusammen. Die Cooks führten eine Gastwirtschaft in Hexham, in der Nähe des Allgood Familiensitzes. Die Schuld an ihren Mißgeschicken und dem endgültigen Verderben schoben sie auf Sir Lancelot, der sich einmal veranlaßt gefunden hatte, ihre Ehrlichkeit öffentlich in Frage zu stellen.

Familienpapiere haben inzwischen erwiesen, daß Hannah nur Lancelots Halbschwester aus einer Verbindung seines Vaters mit einer Frau aus der Gegend war. Der bei ihrer Geburt schon verheiratete Vater nahm das Kind in seine Familie auf. Sie selber erzählte später Lancelot, dem einzigen ehelichen Kind, ihre richtige Mutter sei eine "böse Hexe" gewesen. Hannah war offenbar sehr impulsiv. 1724, mit sechzehn Jahren, lief sie aus dem Haus ihrer Großmutter in Londen mit einem mittellosen Abenteurer, eben John Glasse, davon. Eine Flut von Familienbriefen folgte, aber Hannah

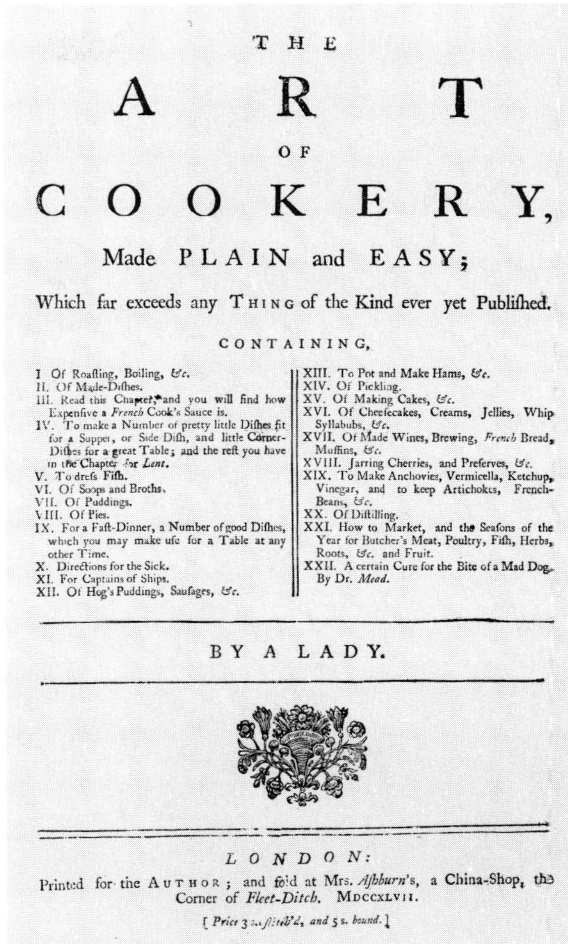

THE

ART

OF

COOKERY,

Made PLAIN and EASY;

Which far exceeds any THING of the Kind ever yet Publiſhed.

CONTAINING,

I Of Roaſting, Boiling, &c.
II. Of Made-Diſhes.
III. Read this Chapter, and you will find how Expenſive a *French* Cook's Sauce is.
IV. To make a Number of pretty little Diſhes fit for a Supper, or Side Diſh, and little Corner-Diſhes for a great Table; and the reſt you have in the Chapter for *Lent*.
V. To dreſs Fiſh.
VI. Of Soops and Broths.
VII. Of Puddings.
VIII. Of Pies.
IX. For a Faſt-Dinner, a Number of good Diſhes, which you may make uſe for a Table at any other Time.
X. Directions for the Sick.
XI. For Captains of Ships.
XII. Of Hog's Puddings, Sauſages, &c.
XIII. To Pot and Make Hams, &c.
XIV. Of Pickling.
XV. Of Making Cakes, &c.
XVI. Of Cheeſecakes, Creams, Jellies, Whip Syllabubs, &c.
XVII. Of Made Wines, Brewing, *French* Bread, Muffins, &c.
XVIII. Jarring Cherries, and Preſerves, &c.
XIX. To Make Anchovies, Vermicella, Ketchup, Vinegar, and to keep Artichokes, French-Beans, &c.
XX. Of Diſtilling.
XXI. How to Market, and the Seaſons of the Year for Butcher's Meat, Poultry, Fiſh, Herbs, Roots, &c. and Fruit.
XXII. A certain Cure for the Bite of a Mad Dog. By Dr. *Mead*.

BY A LADY.

LONDON:

Printed for the AUTHOR; and ſold at Mrs. *Aſhburn*'s, a China-Shop, the Corner of *Fleet-Ditch*. MDCCXLVII.

[*Price 3 s. ſtitch'd, and 5 s. bound.*]

Titelblatt zu "The Art of Cookery" *von Hannah Glasse, erste Ausgabe. Die einstige Liste der Subskribenten (Vorausbesteller) ermöglichte erst kürzlich, das Geheimnis um die Autorin zu lüften.*

Gegenüber:
Covent Garden 1737. Ganz in die Nähe, in die Tavistock Street, zog Hannah Glasse, als ihr Buch herauskam.

blieb fest: "Es tut mir leid, was ich getan habe, aber eigentlich nur die Art, wie ich es tat..." Die Wellen der Anschuldigungen und Vorwürfe glätteten sich, und die Familie anerkannte Hannahs Entscheidung. Sie war nun die Frau eines dreißigjährigen Witwers und Unteroffiziers, dessen prekäre Lage durch die Rente von 30 Pfund, die Hannah ein Jahr später von ihrem Vater erbte, kaum verbessert wurde. John Glasse scheint sich aber ganz gut durchgeschlagen zu haben. Während zwanzig Jahren lebte er mit Hannah recht glücklich zusammen, zum Teil in Londen, zum Teil in Broomfield (Essex), wo John nach seinem Tode auch begraben wurde. Von ihren acht Kindern überlebte Hannah die meisten; ihre Nachkommenschaft verlor sich im Dunkel der Geschichte.

In einem Brief vom November 1744 gab Hannah einen ersten Hinweis auf ein eigenes Unternehmen: sie trug sich mit dem Gedanken, ein Arzneimittel zu vertreiben. Es handelte sich um die Tinktur eines Dr. Lower, die später als *Daffy's Elixir* großen Erfolg hatte. Von diesem Vorhaben hörte man später nichts mehr, aber ein Jahr danach erwähnte sie erstmals *"The Art of Cookery"*. Im Januar 1746 meldete sie: "Mein Buch kommt sehr gut voran, alle sind damit zufrieden, es ist jetzt im Druck."

Ihr Werk erschien endlich im darauffolgenden Jahr und erreichte in fünfzig Jahren zwanzig Auflagen. Die große Beliebtheit des Buches läßt sich schwer erklären. Es bot nichts besonderes und unterschied sich kaum von einem halben Dutzend anderer Rezeptsammlungen, die etwa zur selben Zeit herauskamen. Ein alphabetisches Inhaltsverzeichnis fehlt,

Obwohl die Engländer im Ruf standen, Rindfleisch zu essen, war Fleisch damals für die meisten unerschwinglich. Eine Krone, wie sie hier der Metzger für sein Fleischstück verlangt, war viel Geld.

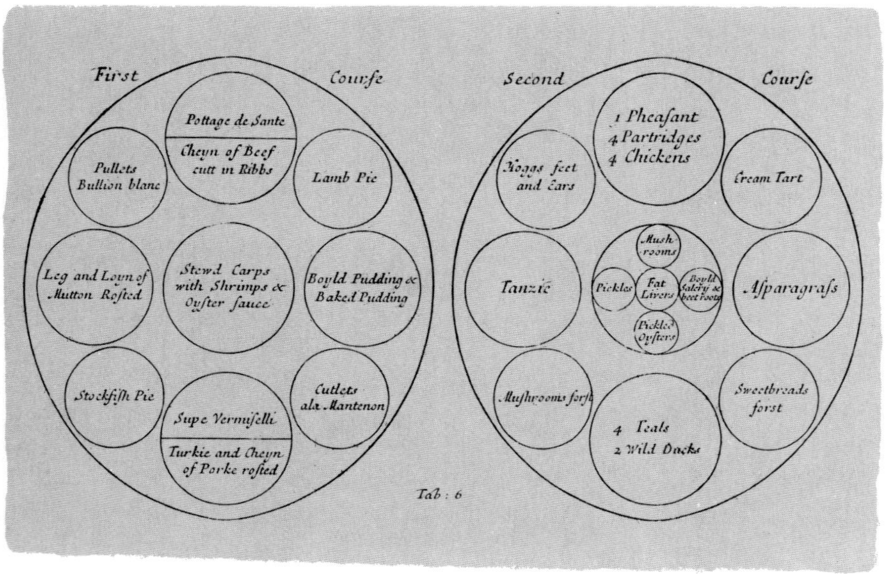

Eine große Zahl verschiedener, gleichzeitig aufgetragener Speisen bildeten einen Gang. In Frankreich konnten es vier oder auch fünf Gänge sein. Die Engländer ließen es üblicherweise bei zwei Gängen bewenden, wie auf dieser Zeichnung von Patrick Lamb, dem Autor von "Royal Cookery" *(1710), zu sehen ist.*

Hannah Glasse richtet ihre Rezepte mehr auf die praktische Anwendbarkeit aus als ihre französischen Zeitgenossen. Sie legt Wert auf genaueste Anweisungen, ohne auf deren Hintergründe einzugehen. Hie und da übernimmt sie auch schon französische Bezeichnungen, wie das ja in der Kochkunst allgemein üblich geworden ist.

****

To Pot Salmon

Es handelt sich um das Einlegen von Fisch in einen irdenen Topf, so dicht, daß alle Luft entweicht. Mit Butter abgedichtet, hält er sich monatelang, was damals, als es noch keinen Eiskasten gab, überaus wichtig war. (Dasselbe läßt sich auch mit Fleisch machen, doch muß es völlig gar sein.) Jamaikapfeffer (Nelkenpfeffer) ist eines der wenigen in der westlichen Hemisphäre heimischen Gewürze. *Salprunella* ist eine Art Salpeter.

Nimm ein Stück frischen Lachs, schuppe und reibe ihn gut ab (das Stück oder die Stückchen seien so, daß sie geschickt in den Topf passen), würze mit Jamaikapfeffer, schwarzem Pfeffer, Muskatblüte und Nelken, fein zerstoßen und mit Salz vermischt, etwas Salprunella, fein zerstoßen, und reibe damit bis zum Rückgrat ein; gib nochmals etwas Gewürze bei, übergieße mit geklärter Butter und backe alles gut. Nimm den Fisch dann sorgfältig heraus, laß ihn abtropfen und, wenn er kalt ist, würze gut, lege ihn dicht in den Topf und decke mit geklärter Butter ab, wie oben.

Auf diese Weise lassen sich Karpfen, Forelle und verschiedene andere Fische einmachen.

LACHSTOPF

Für 6 Personen

600 g Butter
1 kg Lachs (in Tranchen oder an einem Stück)
2 Teelöffel Jamaikapfeffer, gemahlen
2 Teelöffel schwarzer Pfeffer, gemahlen
1 Teelöffel Muskatblüte, gemahlen
½ Teelöffel Nelkenpulver
2½ Teelöffel Salz
1 Teelöffel Salpeter (nach Belieben)
1 Auflaufform oder 1 irdener Topf (1 Liter) oder
6 kleine feuerfeste Förmchen

Lachstopf, mit heißem Toast gereicht, ist eine ausgezeichnete Vorspeise, ob in einem großen Topf oder in einzelnen Förmchen aufgetischt. Salpeter (in Apotheken erhältlich) braucht man nur, wenn der Lachs länger als 2 Wochen aufbewahrt werden soll.

Die Butter muß geklärt werden, weil die milchige Flüssigkeit in der frischen Butter (Butterwasser) Lebensmittel rascher verderben läßt. Die Butter wird langsam geschmolzen, dann wieder abgekühlt, bis sie fest ist. Die ausgetretene milchige Flüssigkeit ist abzuschütten. Den Ofen auf 180° C vorheizen. Den Lachs waschen und mit einem Papier abtrocknen. Wird ein ganzes Stück Lachs verwendet, ist es der Länge nach in zwei Hälften zu schneiden. Jamaikapfeffer, Pfeffer, Muskatblüte, Nelken, Salz und Salpeter (sofern verwendet) vermischen und die aufgeschnittenen Flächen des Fisches damit einreiben. Den Lachs eng in eine Bratpfanne legen. Etwa ein Viertel der geklärten Butter nochmals schmelzen, darübergießen und fest verschließen. Im vorgeheizten Ofen, je nach Dicke des Fisches, 20–45 Minuten backen; er muß völlig gar sein. Danach auf einer Platte abtropfen und auskühlen lassen. Haut und Gräten entfernen, in Stücke teilen und fest in eine Auflaufform oder einen irdenen Topf packen, dabei alle Luft ausdrücken. Es können auch einzelne kleine Förmchen gefüllt werden. Die restliche Butter wird auch geschmolzen und zum Abdekken über den Fisch gegossen. Haltbarkeit: 2 Wochen im Kühlschrank. Unter Beigabe von Salpeter: 4 Wochen.

A Ragout of Oysters

Mrs. Glasse mochte wohl über französisiertes Kochen herziehen, aber nicht anders als ihre Zeitgenossen ließ sie es dabei bewenden, Frikassees, Ragouts und andere Rezepte französischen Ursprungs aus ihrem Buch zu verbannen. Sie kannte *roux*, die französische Mehlschwitze nicht, und dickte ihre Saucen viel umständlicher mit frischer Weißbrotkrume ein.

Öffne zwanzig große Austern, entferne und behalte das Wasser und tunke die Austern in den so bereiteten Teig: Nimm 2 Eier, schlage sie gut, etwas abgeriebene Zitronenschale, ein wenig gemahlene Muskatnuß, ein fein zerstoßenes Muskatblütenblatt, etwas fein gehackte Petersilie – vermische alles gut mit etwas Mehl, halte etwas Butter oder Schmalz in einer Kasserolle bereit; wenn es siedet,

tunke die Austern einzeln in den Teig und backe sie goldgelb aus. Nimm sie dann sorgfältig heraus und lege sie auf eine Platte neben das Feuer. Gieße das Fett ab und streue etwas Mehl auf den Boden der Kasserolle, reibe noch über dem Feuer ein nußgroßes Stück Butter mit dem Messer darüber, gieße dann mit 3 Löffeln Austernwasser, 1 Löffel Weißwein und etwa 1/4 Pinte Sauce auf; reibe etwas Muskatnuß darüber und rühre alles gut durch, gib die Austern hinein, schwenke die Kasserolle, und, wenn die Sauce eingedickt ist, gieße alles auf eine Platte und garniere mit Weißbrotkrume.

To make Gravy

(Um die Sauce zu machen)

Hannahs Sauce ist wohl kaum so konzentriert wie ein französischer *coulis*, doch für unsere Begriffe immer noch ein kräftiger Grundstock.

Lebst du auf dem Lande, wo Saucenfleisch nicht immer erhältlich ist, und kommt das Fleisch vom Metzger, so nimm ein Stück Rind-, ein Stück Kalb- und ein Stück Schaffleisch. Schneide sie in möglichst kleine Stücke und nimm eine große, tiefe Kasserolle mit Deckel; da hinein gib zuerst das Rind-, dann das Schaffleisch, dann ein sehr kleines Stück Speck, ein oder zwei Karottenscheibchen, etwas Muskatblüte, Nelken, ganze weiße und schwarze Pfefferkörner, eine große, in Scheiben geschnittene Zwiebel, ein Sträußchen süße Kräuter und dann das Kalbfleisch. Laß alles zugedeckt auf kleinem Feuer sechs bis sieben Minuten kochen; schwenke die Kasserolle hin und wieder. Streue etwas Mehl darüber und gieße etwas kochendes Wasser über das Fleisch, bis es mehr als bedeckt ist. Schließe mit dem Deckel gut ab und laß es kochen, bis es gut und kräftig ist, schmecke mit Salz ab und siebe. Diese Sauce paßt zu den meisten Speisen.

AUSTERNRAGOUT

Vorspeise für 4 Personen

FÜR DEN AUSBACKTEIG:

60 g Mehl
3 Eier
Geriebene Schale einer halben Zitrone
1/4 Teelöffel Muskatpulver
1/4 Teelöffel Muskatblütenpulver
1 Eßlöffel gehackte Petersilie

FÜR DAS RAGOUT:

125 g Butter (zum Ausbacken)
2 Dutzend Austern
1 Teelöffel Mehl
1/2 Eßlöffel Butter
1 Eßlöffel Weißwein
2 dl Sauce (siehe unten)
1 Prise Muskat
Salz und Pfeffer (nach Belieben)
2–3 Eßlöffel gebräunte Weißbrotkrume, zum Garnieren

Jede hausgemachte Bratensauce kann das angegebene Rezept ersetzen.

DER TEIG: Das Mehl in eine Schüssel sieben, in der Mitte eine Vertiefung machen und 2 Eier hineinschlagen und zu einem glatten Teig verrühren. Das dritte Ei mit der Zitronenschale, Muskatnuß, Muskatblüte und Petersilie hinzugeben und während einer Minute schlagen. Die Austern abtropfen lassen und das Wasser behalten. In einer Bratpfanne etwas Butter schmelzen, einige der Austern in den Teig tunken, leicht abtropfen lassen und auf beiden Seiten braun ausbacken. Aus der Pfanne nehmen und warm stellen; mit den übrigen Austern gleich verfahren, wenn nötig mehr Butter zugeben.
Das Mehl in die Pfanne streuen, bei mäßiger Hitze die Butter zugeben und schmelzen. Nun das Austernwasser mit dem Wein, der Sauce und Muskat einrühren und zum Kochen bringen. Die Austern hineinlegen und leicht erhitzen, dabei die Pfanne schwenken, bis die Austern von der Sauce allseits bedekt sind. Abschmecken, auf einer Platte anrichten, mit den Brotkrumen bestreuen und gleich auftragen.

DIE SAUCE:

250 g Rindfleisch (Siedefleisch) in Würfeln
250 g Schaffleisch (Schulter oder Brust, ausgebeint, in Würfeln)
60 g Speck
1 Karotte, aufgeschnitten
1 Muskatblütenblatt
4–5 Gewürznelken
1/2 Teelöffel schwarze Pfefferkörner
1/2 Teelöffel weiße Pfefferkörner
1 große Zwiebel, aufgeschnitten
1 Kräutersträußchen
250 g Kalbfleisch, in Würfeln
2 Eßlöffel Mehl
6 dl kochendes Wasser
Salz

In einer Kasserolle mit dickem Boden das Rind- und Schaffleisch, darauf den Speck, Karotte, Muskatblüte, Nelken, Pfefferkörner, Zwiebel, Gewürzkräuter und zuletzt das Kalbfleisch legen. Zudecken und über kleinem Feuer unter gelegentlichem Schwenken 5–7 Minuten kochen, bis der Fleischsaft austritt. Mit Mehl bestäuben, gut vermischen und das kochende Wasser darübergießen.
Zum Kochen bringen, nochmals umrühren, zugedeckt über kleinem Feuer 1–1 1/2 Stunden sacht kochen lassen, bis die Sauce sahnig ist. Mit Salz abschmecken und durchsieben.

Unten:
Dieser Hinweis auf die Schneiderei der Hannah Glasse in der 1751er Ausgabe von "The Art of Cookery" *und eine hingekritzelte Unterschrift auf dem Vorsatzblatt lieferten die ersten Hinweise auf ihre Autorschaft.*

Oben rechts:
Auch Samuel Johnson beschäftigte sich mit dem Rätsel der "Hannah Glasse". Er war ein berüchtigter Teetrinker, und als solchen stellt ihn hier auch der Karikaturist Rowlandson dar.

Nächste Doppelseite:
Thomas Rowlandson (1756–1827): "The Squire's Kitchen". *Wohlgedeckt ist auch der Tisch in der Küche des niederen Adels.*

und die Anordnung läßt ebenfalls zu wünschen übrig; nicht weniger als neun Male wird ein und dasselbe Saucenrezept in vier verschiedenen Kapiteln aufgeführt. Der Abschnitt über Fische beschränkt sich auf fünf Gerichte, während weitere sechzig Fischgerichte unter "Fasttage" zwischen Mandelpudding und Endivienragout zu finden sind. Viel schlimmer jedoch ist, daß große Teile des Buches keine Originaltexte sind. So ist beispielsweise in der ersten Auflage das Kapitel über Cremen Wort für Wort aus Eliza Smiths *"The Complete Housewife"* (1727) abgeschrieben. In späteren Ausgaben liehen sich die Autorinnen gegenseitig Material aus, und als Hannah Glasse starb, war ihr Werk etwa doppelt so dick wie ihr ursprüngliches Bändchen. Allerdings darf man sie wohl kaum allein für dieses Plagiat verantwortlich machen. Ohne die geringste Erlaubnis erweiterten auch Verleger regelmäßig erfolgreiche Kochbücher, indem sie aus neueren Arbeiten Stoff übernahmen.

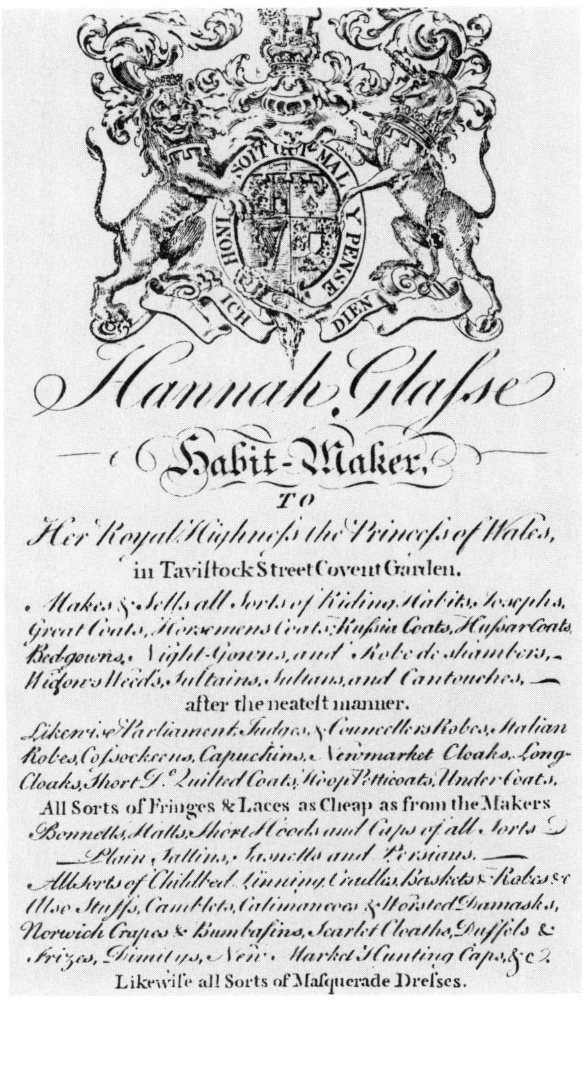

Hannah Glasse
Habit-Maker,
TO
Her Royal Highness the Princess of Wales,
in Tavistock Street Covent Garden.
Makes & Sells all Sorts of Riding Habits, Josephs, Great Coats, Horsemens Coats, Russia Coats, Hussar Coats, Bedgowns, Night-Gowns, and Robe de chambers, Widows Weeds, Sultains, Sultans, and Cantouches, after the neatest manner.
Likewise Parliament, Judges, & Councellors Robes, Italian Robes, Cossockeens, Capuchins, Newmarket Cloaks, Long Cloaks, Short Do. Quilted Coats, Hoop Petticoats, Under Coats.
All Sorts of Fringes & Laces as Cheap as from the Makers
Bonnetts, Hatts, Short Hoods and Caps of all Sorts Plain, Sattins, Sarsnetts and Persians.
All Sorts of Childbed Linning, Cradles, Baskets & Robes &c
Also Stuffs, Camblets, Calimancoes & Worsted Damasks, Norwich Crapes & Bombasins, Scarlet Cloaths, Duffels & Frizes, Dimitys, New Market Hunting Caps, &c.
Likewise all Sorts of Masquerade Dresses.

Was auch immer die Schwächen von *"The Art of Cookery"* als literarischem Erzeugnis sein mögen, hat die echt englische Küche, die Hannah etwas verworren anpreist, doch viel für sich. Besonders die pikanten Pasteten *(pies)* aus Kalbfleisch, Schinken, Huhn usw. sind vortrefflich. Es gibt davon viele Varianten, z.B. Kalbfleischpastete mit Austern, Kalbsbries (Milken), Spargelpitzen und Wein, oder süß mit Rosinen, Korinthen, Trauben, Weißwein und Süßkartoffeln (Bataten), ein Anklang an mittelalterliche Speisen. Und wo es um Eingemachtes geht, findet sich eine große Vielfalt von appetitanregenden Beigaben, *pickles* und *relishes,* die die Engländer noch heute gerne zu kaltem Fleisch reichen. Manches würde der Franzose mit Mißfallen betrachten, und über die englischen Weine aus Stachelbeeren, Holunderblüten oder gar weißen Rüben den Kopf schütteln; sie waren aus der Not geboren, in einem Land, dessen Klima dem Weinbau nicht gewogen ist.

John Glasse starb 1747, im Erscheinungsjahr des Buches seiner Frau. Er hatte nie besonders gut verdient, aber nach seinem Tod verschlimmerten sich Hannahs finanziellen Probleme. Sie eröffnete mit ihrer Tochter Margaret, die gelernte Putzma-

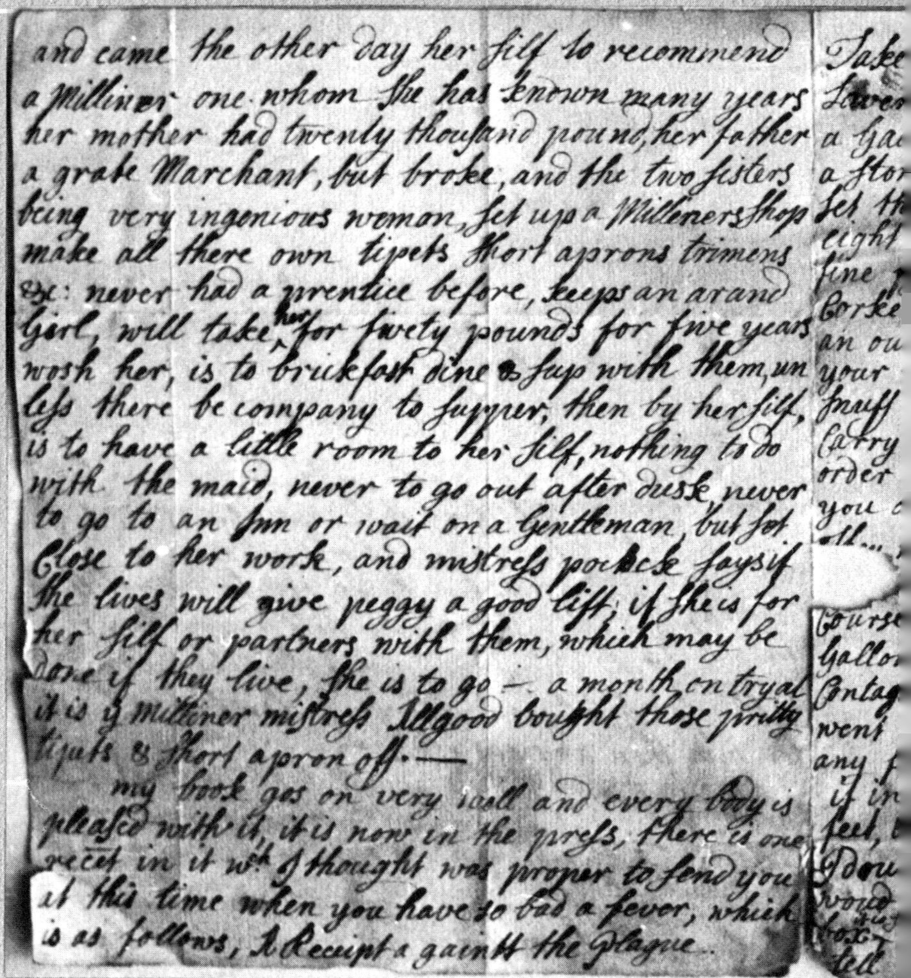

and came the other day her silf to recommend
a Milliner one whom she has known many years
her mother had twenty thousand pound, her father
a grate Marchant, but broke, and the two sisters
being very ingenious women, set up a Milleners shop
make all there own tipets short aprons trimens
&c: never had a prentice before, keeps an arand
Girl, will take no for fwety pounds for five years
wosh her, is to brickfast dine & sup with them, un
less there be company to supper, then by her silf,
is to have a little room to her silf, nothing to do
with the maid, never to go out after dusk never
to go to an Inn or wait on a Gentleman, but set
Close to her work, and mistress pockese says if
she lives will give peggy a good lift; if she is for
her silf or partners with them, which may be
done if they live, she is to go — a month on tryal
it is ye Milliner mistress Allgood bought those pritty
tipets & short apron off.—
my book gos on very well and every body is
pleased with it, it is now in the press, there is one
recet in it wch I thought was proper to send you
at this time when you have so bad a fever, which
is as follows, A Receipt against the Plague.

Auszug aus einem Brief, den Hannah 1746 an ihre Tante schrieb, und in dem sie ein Mittel gegen die Pest angibt. Vor allem bemerkt sie aber: "Mein Buch kommt sehr gut voran, alle sind damit zufrieden."

To make Whipt Syllabubs

Syllabub ist ein aus mittelalterlicher Zeit überlieferter englischer Nachtisch aus Schlagsahne mit Fruchtsaft oder Wein. Der Ursprung der Bezeichnung ist unklar: vielleicht von *sille* (Weißwein aus der Champagne) und *bub* (sprudelndes Getränk). Mrs. Glasse führt verschiedene Rezepte dafür auf. Im folgenden krönt die Sahne grün, orange oder rosa gefärbten Weißwein oder Fruchtsaft. Eine andere Variante ist recht eigenartig und umständlich, verlangt sie doch, die Kuh direkt in die Mischung zu melken. *Sack* ist der alte Name für Sherry und *Sevilla-Orangen* sind Bitterorangen, wie man sie für Marmelade verwendet.

Nimm ein Quart dicke Sahne und eine halbe Pinte Sack, *den Saft zweier Sevilla-Orangen oder -Zitronen, reibe die Schalen von zwei Zitronen darein, ein halbes Pfund zweifach raffinierten Zucker, gieße alles in einen weiten irdenen Topf und schlage es gut; zuvor aber süße etwas Rotwein oder* Sack *und fülle die Gläser so viel du willst; wenn dann der Schaum steigt, schöpfe ihn mit einem Löffel ab und gib ihn sorgfältig in die Gläser, bis sie randvoll sind. Mache dies aber nicht zu lange vor dem Auftragen, du kannst auch gesüßten Apfelwein oder irgendeinen Wein, Zitronen- oder Orangenmolke nach dem folgenden Rezept verwenden: gib Zitronen- oder Orangensaft in eine Viertel Pinte Milch, wenn der abscheidende Käse fest ist, gieße die Molke ab und süße sie nach Belieben. Zum Färben nimm Spinatsaft, Safran oder Koschenillefarbstoff.*

SYLLABUB

Für 6 Personen

FÜR DIE FARBIGE FLÜSSIGKEIT:

2,5 dl Rotwein oder Apfelwein oder 1,25 dl süßer oder gewöhnlicher Sherry oder Molke aus 3,75 dl Milch mit dem Saft von 1½ Zitronen oder 1½ Orangen und einige Tropfen Konditorfarbe
2–3 Eßlöffel Zucker (nach Belieben)

FÜR DEN SYLLABUB:

1,25 dl süßer oder gewöhnlicher Sherry
Saft und abgeriebene Schale einer Zitrone oder Orange
120 g Zucker
5 dl Schlagsahne

FÜR DIE FLÜSSIGKEIT MIT MOLKE: Zitronen- oder Orangensaft in die Milch einrühren, 30 Minuten stehen lassen, bis die Milch gerinnt; die Molke durch Beuteltuch auspressen, den Käse wegtun. Die Molke mit Konditorfarbe grün, gelb oder rot färben, süßen und in 6 Kelche füllen. Rotwein, Apfelwein oder Sherry eignen sich ebensogut, können aber auch nach Belieben gezuckert werden.

FÜR DEN SYLLABUB: In einer Schüssel den Sherrry, Zitronen- oder Orangensaft und die abgeriebene Schale mit Zucker verrühren, bis der Zucker sich auflöst. Die Sahne hineinschlagen, bis dicker Schaum hochsteigt. Mit einem Metallöffel den Schaum abschöpfen und sorgfältig auf die Flüssigkeit in den Kelchen geben. Weiter schlagen und abschäumen, bis nur noch eine dünne Flüssigkeit in der Schüssel zurückbleibt. Die Gläser sollten randvoll sein. Kalt stellen und innerhalb von 4 Stunden auftragen.

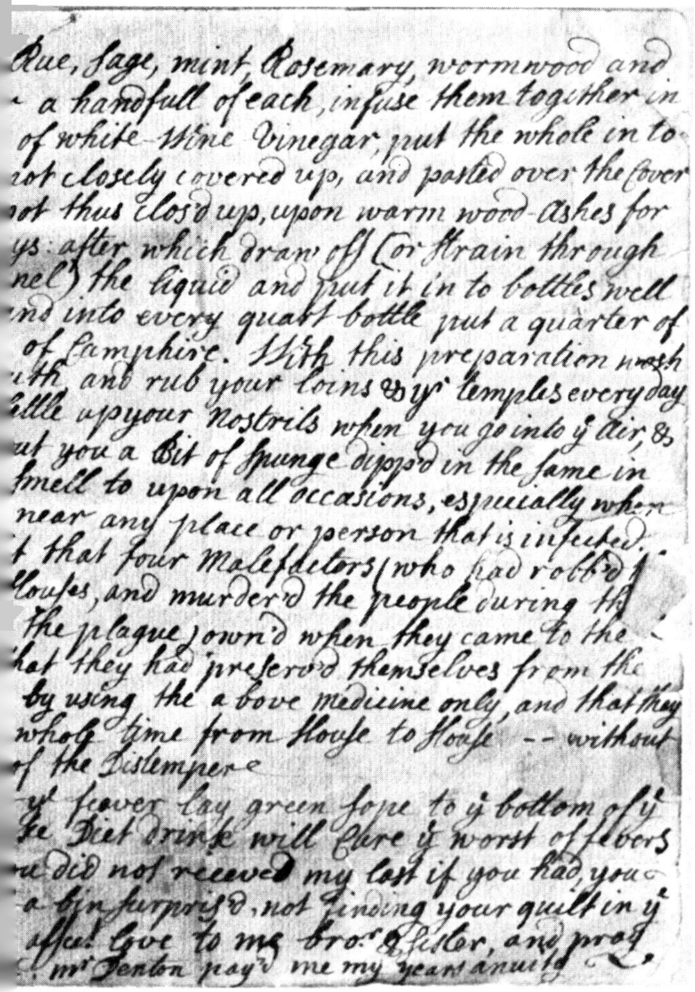
Rue, sage, mint, Rosemary, wormwood and
a handfull of each, infuse them together in
of white Wine Vinegar, put the whole in to
not closely covered up, and pasted over the Cover
not thus clos'd up, upon warm wood-Ashes for
ys: after which draw off (or strain through
nel) the liquid and put it in to bottles well
nd into every quart bottle put a quarter of
of Camphire. With this preparation wash
ith, and rub your loins & ye temples every day
ttle up your Nostrils when you go into ye Air, &
ut you a Bit of Spunge dipp'd in the same in
smell to upon all occasions, especially when
near any place or person that is infected.
t that four Malefactors (who had robb'd
Houses, and murder'd the people during th
the plague) own'd when they came to the
hat they had preserv'd themselves from the
by using the above medicine only, and that they
whole time from House to House -- without
of the Distemper
ye feaver lay green sope to ye bottom of ye
the Diet drink will Cure ye worst of febers
u did not received my last if you had, you
a bin surpris'd, not finding your quilt in ye
affect. Love to my Bror. Ester, and pray
mr Fenton pay'd me my years anuity

cherin war, eine Schneiderei und erwarb sich scheinbar eine recht vornehme Kundschaft. Bald blieb als einzige Geldquelle die von ihrem Vater ausgesetzte Rente. Der Zusammenbruch war nicht mehr aufzuhalten, und im Mai 1754 wurde Hannah bankrott erklärt; ihre Schulden beliefen sich auf 10000 Pfund, eine riesige Summe. Glücklicherweise war sie eingetragene Besitzerin eines Geschäfts, sonst wäre sie für ihre Schulden persönlich haftbar gemacht und in das berüchtigte Schuldgefängnis geworfen worden. Nach diesem Schiffbruch verlor Hannah jede Verbindung mit ihren Verwandten in Northumberland. Von ihren letzten Lebensjahren ist wenig bekannt. Als weitere Bücher erschienen *"The Servant's Directory"* (1760) sowie *"The Complete Confectioner"*, wahrscheinlich erst 1770 veröffentlicht. Als 1770 Hannah Glasses Tod kurz gemeldet wurde, brachte niemand die Nachricht mit "H. Glasse" von *"The Art of Cookery"* in Zusammenhang. So legte sich der Schleier des Geheimnisses über ihre Person.

Die Engländer waren schon seit langem für ihre Kuchen und anderen Backwaren bekannt. Nun, da aus den Westindischen Kolonien billiger Zucker in rohen Mengen ankam, nahm diese Vorliebe noch einen größeren Aufschwung. Hannah bewies eine bemerkenswerte Fertigkeit im Einkochen von Zuckersirup für die verschiedenen Verwendungsarten in der Zuckerbäckerei; eines der ersten englischen Speiseeis-Rezepte stammt ebenfalls von ihr. Das Ergebnis blieb zwar jeweils Glücksache, hieß doch die Anweisung einfach: "Sahne nehmen, sie mit dem mischen, was für Geschmack und Farbe angebracht erscheint, und die Masse dann über Eis und Salz einfrieren lassen." Damit stand Hannah Glasse weit hinter den Franzosen zurück, war doch Eis in Frankreich schon seit fast einem Jahrhundert bekannt und beliebt.

Zu beiden Seiten des Ärmelkanals war im 18. Jahrhundert das Schreiben von Kochbüchern in Mode, mit einem wesentlichen Unterschied allerdings: In England beherrschten die Frauen diese Domäne, was für die Franzosen bis zum 20. Jahrhundert

Unten:
Tee, obwohl teuer, war in England damals schon sehr beliebt. Hier mißt die Herrin des Hauses aus der sonst verschlossenen Teebüchse den Tee ab. Der Tisch ist mit feinstem Porzellan gedeckt, wie es besonders für den Teegenuß hergestellt wurde.

How to Make Chocolate Cream

Kakao-Bohnen waren im 16. Jahrhundert von Cortes aus Mexiko mitgebracht worden, und Schokolade wurde ein so beliebtes Getränk, daß heftige Auseinandersetzungen, ob der Genuß an Fasttagen als Todsünde zu werten sei, die katholische Kirche entzweiten. Als Aromastoff setzte sich die Schokolade erst viel später durch; Mrs. Glasse war eine der ersten Engländerinnen, die Schokolade dafür verwendete.

Nimm ein Quart Sahne, eine Pinte Weißwein und ein wenig Zitronensaft; süße gut, lege ein Zweiglein Rosmarin hinein, reibe etwas Schokolade dazu und mische gut; rühre alles über dem Feuer, bis es dick wird, und gieße es dann in die Tassen.

SCHOKOLADENCREME

Für 8 Personen

180 g Zucker
2,5 dl süßer Weißwein
Saft einer halben Zitrone
1 Zweig frischer Rosmarin
 oder 1 Teelöffel Rosmarinpulver
125 g halbsüße Schokolade, gerieben
8 Weinkelche oder Cremeschalen

Wir sind so an das Mischen von Gewürzen – wie etwa Zimt mit Schokolade – gewöhnt, daß die Beigabe eines Kräutchens uns merkwürdig berührt; Schokolade und Rosmarin passen jedoch erstaunlich gut zusammen. Zu diesem recht üppigen Nachtisch eignen sich einfach Butterplätzchen oder ähnliches Gebäck.

In einer Pfanne mit dickem Boden den Zucker in den Weißwein und Zitronensaft einrühren, bis er zergangen ist. Die Sahne einrühren – sie wird etwas eindicken und schäumen. Rosmarin und Schokolade beigeben und unter Rühren erhitzen, bis die Schokolade geschmolzen ist. Dann etwa 5 Minuten kochen, stets rühren, bis die Creme dick ist. Vom Herd nehmen, etwas auskühlen lassen, in die Kelche oder Schalen füllen. Kalt reichen.

To pickle Large Cucumbers in Slices

Wie jeder Gärtner weiß, werden meist alle Gurken zur selben Zeit reif. Im 18. Jahrhundert wurden sie, besonders von den Engländern, als *pickles* für den Winter eingemacht und als Beigabe zu kaltem Fleisch gereicht.

Nimm die großen Gurken, bevor sie überreif sind, schneide sie in Scheiben so dick wie eine Krone (Silbermünze) und gib sie in eine Zinnschüssel. Für jedes Dutzend Gurken schneide zwei große Zwiebeln dünn, und so weiter, mit einer Handvoll Salz zwischen jeder Lage, bis die Schüssel voll ist; decke mit einer anderen Zinnschüssel zu und laß sie vierundzwanzig Stunden stehen; gib sie darauf in ein grobes Sieb und laß sie gut abtropfen, dann tue sie in einen Topf, übergieße sie mit Weißweinessig und lasse sie vier Stunden stehen; gieße sodann den Essig in eine Kupferpfanne und koche ihn mit etwas Salz. Gib zu den Gurken etwas Muskatblüte, einige Pfefferkörner, eine aufgeschnittene, große Ingwerwurzel und gieße den kochenden Essig darüber. Decke sie fest ab, und wenn sie kalt sind, binde sie mit Papier zu. In zwei oder drei Tagen werden sie genießbar sein.

ESSIGGURKEN

Ergibt 6 l feste, nicht allzu süße Essiggurken

12 Gurken in 3 cm dicken Scheiben
2 große Zwiebeln in dünnen Scheiben
125 g Salz
1 l Weißweinessig
3 Muskatblütenblätter
1 Teelöffel schwarze Pfefferkörner
4 cm gedörrte Ingwerwurzel oder
 8 cm frische Ingwerwurzel, geschält und in Scheiben geschnitten
Feuerfeste Gläser oder Töpfe
Paraffin

In eine große Schüssel (kein Aluminium) die Gurken und Zwiebeln lagenweise einfüllen, jeweils Salz darüber streuen (1 Teelöffel voll behalten), zudecken und 24 Stunden ziehen lassen. Darauf in einem groben Sieb gut abtropfen, ein- oder zweimal umrühren. In einen irdenen Topf oder in Einmachgläser einlegen, mit weißem Weinessig bedecken und 4 Stunden stehen lassen. Den Essig in eine Kasserolle (kein Aluminium) abgießen und zum Kochen bringen. Etwas Muskatblüte, Pfefferkörner, Ingwerwurzel und das übrige Salz in jedes Gurkenglas geben, den kochenden Essig darübergießen, sofort mit einer dünnen Schicht Paraffin abdichten. Obwohl Mrs. Glasse behauptet, die Essiggurken seien schon nach zwei Tagen genießbar, sollten sie mindestens einen Monat lang stehen.

Im 18. Jahrhundert war die Feuerstelle in der Küche wohl nicht mehr so groß wie im Mittelalter, aber noch genauso wichtig. Auf diesem Titelbild eines zeitgenössischen Lehrbuches liegt das Kochbuch aufgeschlagen auf dem Küchentisch.

nahezu undenkbar war. Köchinnen waren in England schon gegen Ende des 17. Jahrhunderts durchaus anerkannt, und Hannah Woolleys *"Queen-like Closet"* erfuhr damals schon mehrere Auflagen. Elizabeth Moxon, Mrs. Smith und Mrs. Raffald waren Zeitgenossinnen von Hannah Glasse. Zu ihnen gesellte sich etwas später noch Mrs. Rundell. Sie schrieben für Familien, die sich Bedienstete leisten konnten, und Mrs. Glasse darf als ihre Wortführerin gelten, bemerkt sie doch ausdrücklich: "Wenn mein Stil nicht besonders gepflegt ist, so hoffe ich doch auf Nachsicht, denn meine Absicht ist es, das Küchenpersonal anzusprechen, und deshalb muß ich es in der ihm eigenen Art behandeln." Die Franzosen hätten nur wenige dieser Werke als Kochbücher angesehen, und vergleicht man *"The Art of Cookery"* mit *"Les Soupers de la cour"*, weiß man auch warum: Ersteres erläutert die reine Hauswirtschaft, das zweite beschränkt sich auf die feine Küche, die *haute cuisine*.

Als Außenseiter auf dem englischen Schauplatz muß Vincent La Chapelle gelten, der für Lord Chesterfield arbeitete und 1733 *"Modern Cook"* herausbrachte. Er selbst war Franzose und recht eigentlich der Vorläufer der Meisterköche, die nach der Revolution nach England auswanderten. Lord Chesterfield zog in seinen Gewächshäusern Melonen, Trauben und Ananas und sagte darüber: "Aufzucht, Entwicklung und Vervollkommnung dieser Pflanzenkinder beanspruchen, neben meinem leiblichen Sprößling, meine ganze Aufmerksamkeit und Sorgfalt." Zu seinem Freundeskreis gehörten vor allem Feinschmecker, die die französische Küche aus erster Hand kennen gelernt hatten. Hannah Glasse und ihre Gefolgsleute hatten eine tiefe Abneigung gegen solch fremdländisches Getue. "So narrenblind ist unsere Zeit," empörte sie sich, "daß eher einem französischen Einfaltspinsel geglaubt als einem guten englischen Koch geholfen wird." Die Zielscheibe ihres Unmutes war vor allem der Grundstock der französischen Küche, der *coulis*. "Lest dieses Kapitel und seht, wie teuer die Sauce eines französischen Kochs ist", meint sie und schlägt eine einfachere Variante mit nur einem Pfund Kalbfleisch und einem halben Pfund Speck anstelle der ganzen Kalbshaxe und dem ganzen Schinken in den klassischen französischen Rezepten vor. Mrs. Raffald behauptet sogar, daß "eingemachte Zitronen und Zuckercouleur dem Aussehen und Geschmack dienlicher sind als *coulis* bei geringen Kosten." Eine solche, mit der *haute cuisine* unvereinbare Knausrigkeit ist wenigstens teilweise schuld am kläglichen Ruf der englischen Küche. Voltaire soll einmal bemerkt haben: "In England gibt es sechzig verschiedene Religionen, aber nur eine Sauce." Die etwas biedere Einstellung der Engländer dem Essen gegenüber zeigte sich auch in ihren Menüs. Es gab in der Regel nur zwei Gänge – in Frankreich hingegen bis zu fünf. Der erste bestand aus Suppe und einem Mischgericht (oft an einer Sauce), der zweite aus einem richtigen Braten mit Gemüsen sowie süßen und pikanten Pasteten. Bei dieser eher leichten englischen Kost darf man das große (englische) Frühstück nicht vergessen, ebensowenig wie die unzähligen Tassen Tee zwischendurch.

Es kommt nicht von ungefähr, daß aus der englischen Kost das Brot und die Butter am ehesten hervorstachen. Das Hauptmerkmal der von Hannah Glasse beschriebenen Küche ist ihre überaus zuträgliche Einfachheit, wie sie heute noch auf dem Land besteht. Viele ihrer Rezepte leben in den englischen Familien weiter, aber nicht ihretwegen ist Hannah Glasse unvergessen geblieben. Ihre Unsterblichkeit beruht eher auf dem bekanntesten Küchenschlagwort aller Zeiten: *"First catch your hare"* (Fang mal erst den Hasen), in Abwandlung ihrer recht einfältigen Anweisung: "Nimm den Hasen, nachdem er abgezogen ist...". Das Bild der Köchin, die hinausrennt, um einen Hasen zu fangen, damit sie ihn in ihren Kochtopf tun kann, hat manche Generation belustigt.

Francesco Leonardi

belegt 1750–1790

Um die Mitte des 18. Jahrhunderts genoß Europa im allgemeinen friedliche Zeiten. Gelegentliche Hungersnöte und die Scharmützel der um die politische Vorherrschaft ringenden Großmächte berührten kaum den in England herrschenden Wohlstand, dessen sichtbare Zeichen die herrlichen Landsitze im klassischen Stil waren, die in Frankreich zu den Schäferidyllen eines Fragonard anregten. Es war die Epoche der *grand tour,* als die Söhne wohlhabender Familien dem bekannten Pfad der Kultur nach Paris, Heidelberg, Rom, Neapel und Venedig folgten und auf dem Wege einen kurzen Blick auf das Matterhorn und die Ruinen von Pompeji warfen.

In diese selbstsichere, kosmopolitische Welt wurde Francesco Leonardi, der erste bedeutende italienische Koch seit der Renaissance, hineingeboren. "In dieser Welt ist es nicht deine Nationalität, die dich zu dem macht, was du bist, sondern dein Talent", erklärte er in seinem wichtigsten Werk *"L'Apicio moderno".* Jedenfalls machte er von seiner Begabung guten Gebrauch. Wie er selbst erzählt, erstreckte sich seine Laufbahn von den 1740er bis zu den 1800er Jahren, vom eleganten Neapel auf seinem Höhepunkt über das Frankreich des *ancien régime* und vom St. Petersburg Katharinas der Großen bis zur französischen Revolution und zu den Napoleonischen Feldzügen.

"L'Apicio moderno" kam 1790 erstmals heraus. Mit dem Titel knüpft Leonardi an Apicius, den Verfasser des berühmten römischen Kochbuchs an, und sein Werk sollte sowohl italienisch als auch "modern" in einem über die Grenzen reichenden und wissenschaftlichen Sinn sein. In Anbetracht der damaligen französischen Vorherrschaft in der feinen Küche mußte sich jede "internationale" Arbeit auf diesem Gebiet vor allem auf die französischen Techniken und Rezepte stützen. La Varennes *"Le Cuisinier françois"* wurde bis 1815 in Italien neu aufgelegt. *"L'Apicio moderno"* ist allerdings mehr als nur eine Nachahmung der Franzosen. Mit seinen 3000, aus einem halben Dutzend Ländern zusammengetragenen Rezepten und seiner Behandlung allgemein kulinarischer Gegenstände, wie z.B. der europäischen Weine oder neuer Konservierungsmethoden, kommt das Werk einer Enzyklopädie nahe. Da findet man eine russische Brennesselsuppe, mit Zwiebeln gewürzt und

Auf dem Titelblatt zu "L'Apicio moderno" *stellt sich Leonardi als Römer und vormaliger Koch der Kaiserin Katharina II. von Rußland vor. Dieser Empfehlung fügt er einen lateinischen Denkspruch bei, der in der Übersetzung lautet: "Niemand soll*

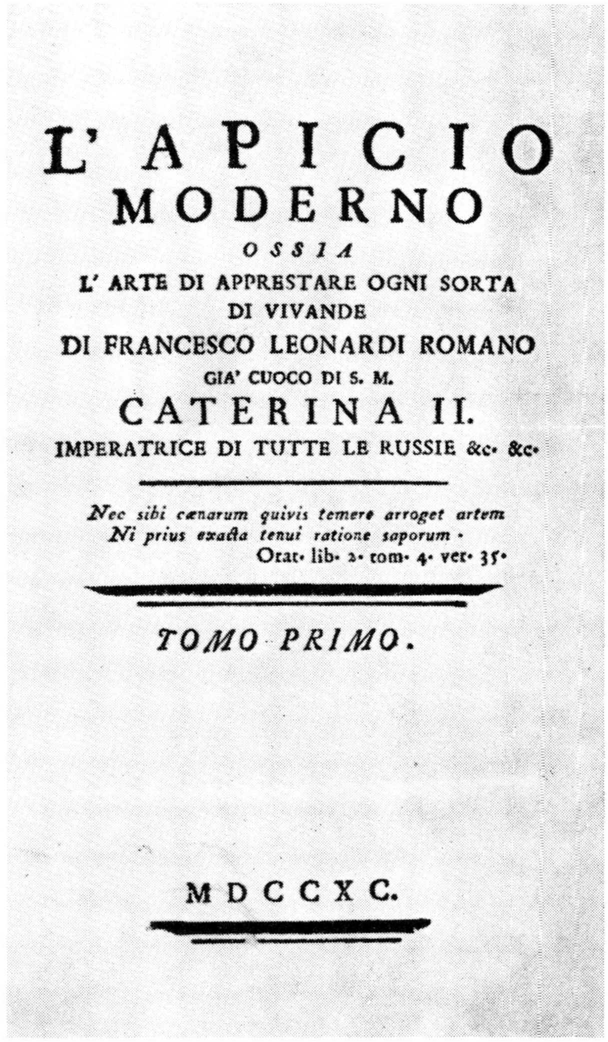

L' APICIO
MODERNO
OSSIA
L' ARTE DI APPRESTARE OGNI SORTA
DI VIVANDE
DI FRANCESCO LEONARDI ROMANO
GIA' CUOCO DI S. M.
CATERINA II.
IMPERATRICE DI TUTTE LE RUSSIE &c. &c.

Nec sibi cœnarum quivis temere arroget artem
Ni prius exacta tenui ratione saporum.
Orat. lib. 2. tom. 4. ver. 35.

TOMO PRIMO.

M D C C X C.

müßig über das Kochen sprechen, der nicht zuvor einiges über Wohlgeschmack gelernt hat."

Gegenüber:
Musikalische Darbietungen und Maskenbälle waren Höhepunkte im italienischen Gesellschaftsleben des 18. Jahrhunderts. Der venezianische Maler Pietro Longhi hat die frohbeschwingte Stimmung solcher Anlässe eingefangen, deren Zeuge Leonardi zu Beginn seiner Laufbahn in Neapel gewesen sein dürfte.

Eine Abbildung aus einer der damals schon berühmten italienischen Salamiherstellung gewidmeten Dichtung des 18. Jahrhunderts. Während der Kunde seinen Kauf prüft, gönnt sich auch sein Hund eine Kostprobe.

mit Stücken vom Huhn und hartgekochten Eiern garniert, ebenfalls ein Huhn *alla tartara*, in Öl, Zwiebeln, Knoblauch und Zitrone mariniert und auf dem Rost gebraten. Aus Deutschland und Polen stammen Suppen mit *chenedel*, Leonardis Variante der deutschen Knödel, ferner Rezepte für Sauerkraut und *gnocchi alla tedesca* aus Brotkrumen, zerstoßenem Reis, Butter, Muskatnuß, Parmesan, Eigelb und Leber – ein noch heute in den Dolomiten bekanntes Gericht. Leonardi versteht auch viel von der englischen Küche, wie sie Hannah Glasse beschreibt. Er spricht von den in der Bratpfanne mit Mehl eingedickten Saucen und ist erbost über die althergebrachten Braten, die für einen Italiener unfein und gar abgeschmackt sind.

Obwohl er sich einen internationalen Anstrich gibt, ist Leonardi Italiener und schreibt für Italiener. Mit seiner fünfzigjährigen Erfahrung inner- und außerhalb Italiens wandelt er fremde Rezepte großmütig ab, verwendet italienische Zutaten, z.B. Ricotta, und würzt mit Parmesankäse genauso wie mit Salz. Er lobt auch die italienischen Zutaten für ihre Vortrefflichkeit: die Muscheln aus der Bucht von Taranto, das Rindfleisch der Toskana und den überall erhältlichen frischen Fisch. Er verwendet massenhaft weiße Piemonteser Trüffel, füllt Spanferkel mit Teigwaren und teilt die einheimische Vorliebe für kleine Vögel, die englische Reisende so entsetzte.

Seine Erfahrungen sammelte Leonardi in einer fürstlichen Hofhaltung. Nach einer Lehrzeit in Frankreich bei Marschall Richelieu, dem bekannten Feinschmecker, nahm er in den frühen 1750er Jahren Dienst bei Michele Imperiali, Prinz von Francavilla, dem Geliebten der Königin Amelia von Neapel und Freund Casanovas. Nach Jahrhunderten fremder Unterdrückung war Neapel, die Hauptstadt des neuen, unabhängigen Königreichs beider Sizilien, wegen seiner virtuosen Musik und ausgelassenen Maskenbälle weltbekannt geworden. War Versailles frivol, so war Neapel geradezu zügellos. "Die Liderlichkeit der Neapolitaner ist wirklich widerwärtig", beklagte sich Lady Orford, die Schwiegertochter Sir Horace Walpoles. "Alle Stände scheinen nur für Flitterkram und Müßiggang zu leben, jeden Tag gibt es Feuerwerk und Musik..." John Moore, ein englischer Besucher Italiens, bemerkte anläßlich einer Gesellschaft beim Prinzen Francavilla: "Es waren vierzig Personen... und die glanzvollste Gastlichkeit, die ich je erlebte, mit einer Unzahl verschiedenster Gerichte, einer Fülle von Früchten und den Weinen aller Länder." Leonardi scheint dagegen von seinem Dienstherrn weniger beeindruckt. Er bedauert die schlampige Art, gleichzeitig Eintopfgerichte, kalte Speisen und Braten aufzutischen. Das möge bei einem militärischen Feldzug angehen, meint er, doch nicht für die Bewirtung von Prinzen. In all seinen Schriften tadelt Leonardi die Italiener ob ihrer Naivität und gibt bestenfalls der Hoffnung Ausdruck, daß sie "mit der Zeit" vielleicht fähig würden, ein wirklich großes Diner zu veranstalten.

Die damalige italienische Gesellschaft, wohl provinzlerischer als die französische, hielt mit Stolz an den überlieferten Kochsitten der einzelnen Lan-

Leonardi verfügt über einen angenehmen Stil, und seine Rezepte sind als Lektüre genauso anregend wie als Gaumenfreude. Wenn er in bezug auf seine Mengenangaben auch nicht gerade vorbildlich ist, so gibt er doch genügend Hinweise auf die groben Umrisse seiner Gerichte. Sein Kommentar zur russischen Nesselsuppe ist vortrefflich. Im allgemeinen erzählt er nichts über die Länder, die er bereist, sondern beschränkt sich streng auf das Kochen; umso fachmännischer ist sein Buch, wenn es auch nicht sehr lebendig geschrieben ist.

★★★★★★★★★★★★★★★★★★★★★

Zuppa russa di ortica

Leonardi wandelt gern fremde Rezepte mit italienischen Zutaten ab. Diese Suppe würzt er mit Parmesankäse, und sogar die Eier sind mit Ricotta gefüllt.

Die Russen lieben diese Suppe wirklich sehr, und sie wird oft in den vornehmen Haushaltungen von St. Petersburg gereicht. Dazu nimm die Spitzen und zarten Blätter von Brennnesseln, die möglichst frisch sein sollten. Wasche sie gründlich und blanchiere sie einen Augenblick in kochendem Wasser, dann halte sie unter kaltes Wasser, drücke sie aus und hacke sie grob.
Laß etwas gehackte Zwiebel mit einem Stück Butter anrichten, gib die Nesseln dazu, lasse sie kurz kochen, bestreue sie mit einer guten Prise Mehl und übergieße sie mit guter, klarer Kraftbrühe aus einem in Stücke geschnittenen Kapaun oder einem guten Huhn. Langsam kochen lassen und mit Salz abschmecken. Dicke die Suppe kurz vor dem Anrichten mit 8 Eigelben ein, rühre etwas Sahne ein und gib alles in eine Suppenschüssel. Füge die Kapaun- oder Hühnerstücke und acht gefüllte, in Butter gebratene Eier hinzu. Zusammen mit den Eigelben und der Sahne wäre auch eine Handvoll geriebener Parmesan gut. Willst du in Butter geröstete Brotscheiben zu Spargelsuppe oder zu dieser Suppe geben, so hängt das von der verwendeten Gemüsemenge und von der Suppe ab. Wenn du jedoch Brot hinzufügst, dann kommen weder Hühnerstücke noch gefüllte Eier hinein.

Uove ripiene

Die Eier halbieren, das Eigelb in einem Mörser zerstoßen, etwas Butter und ein wenig frische Ricotta oder kalte Panade dazugeben. Diese muß durch Schlagen von drei Eigelben, einer Handvoll geriebenem Parmesan, etwas Salz, gemahlenem Pfeffer, Muskatnuß, Zimt, vier rohen Eigelben und einem Eiweiß sehr dick gemacht werden. Gut mischen und die Eier damit füllen und dabei gut hineinstoßen. In Mehl wälzen, in zerklopftem Ei und Brotkrumen drehen und backen, bis sie eine schöne Farbe haben.

RUSSISCHE BRENNESSELSUPPE

Für 8 Personen

1 Pfund Brennesselblätter und -spitzen
1 gehackte Zwiebel
30 g Butter
20 g Mehl
1 ½ l Hühnerbrühe
Salz und Pfeffer

ZUM BINDEN:

8 Eigelbe
1,25 dl dicke Sahne
40 g geriebener Parmesan (nach Belieben)

ZUM GARNIEREN:

100 g gekochte Hühnerbrust, in Würfeln
8 gefüllte, ausgebackene Eier (siehe nachfolgendes Rezept)

ODER:

8 Scheiben Brot, ohne Krusten, gewürfelt
4–6 Eßlöffel Öl und Butter gemischt

Im Frühling ergeben junge Brennesseln eine köstliche, herbe Suppe. Sauerampfer oder Spinat sind der beste Ersatz.

Die Brennesseln waschen, in kochendem Wasser ½ Minute blanchieren und gründlich abtropfen lassen. Sämtliche Blätter hacken. (Spinat und Sauerampfer müssen nicht blanchiert werden.)
In einem Topf Zwiebeln in Butter garen, Brennesseln, Sauerampfer oder Spinat dazugeben und langsam weichkochen. Mehl einrühren, mit Hühnerbrühe aufgießen und unter Umrühren aufkochen.
Würzen, zudecken und 15–20 Minuten sacht kochen lassen. Die Suppe kann 48 Stunden vorher zubereitet, im Kühlschrank aufbewahrt oder tiefgekühlt werden.

ZUM FERTIGMACHEN: Huhn und Eier oder *croûtons* vorbereiten. Die Brotwürfel in Öl und Butter gleichmäßig bräunen, auf Papier abtropfen lassen und warm halten.
Die Suppe wieder erhitzen, zum Binden Eigelbe und Sahne in einer Schüssel mischen. Wird Käse verwendet, auch diesen dazugeben und glatt rühren. Etwas heiße Suppe in die Eimischung gießen, und diese zur restlichen Suppe im Topf geben. Vorsichtig erhitzen, bis die Suppe etwas eingedickt ist. (Nicht mehr kochen lassen, da sie sonst gerinnt).
Abschmecken und in eine vorgewärmte Suppenschüssel oder einzelne Suppenschalen gießen. Hühnerwürfel und Eier oder das geröstete Brot beigeben und sofort anrichten.

GEFÜLLTE EIER

8 hartgekochte, geschälte Eier

FÜLLUNG:

8 hartgekochte Eigelbe
40 g geriebener Parmesan

Salz und Pfeffer
Muskatnußpulver
Zimt
3 rohe Eigelbe und ein ganzes rohes Ei (zusammen verklopfen)

ODER:

8 hartgekochte Eigelbe
125 g frische Ricotta

ZUM PANIEREN:

60 g Mehl, mit ½ Teelöffel Salz und 1 Prise Pfeffer gewürzt
2 Eier, mit 1 Eßlöffel Öl und ½ Teelöffel Salz verklopft
100 g frische Weißbrotkrume (helles Paniermehl)
Fett (zum Schwimmend-Backen)

Diese Eier sind ausgezeichnete Appetithäppchen und ebensogut für die Brennesselsuppe geeignet.
Die hartgekochten Eier der Länge nach aufschneiden, das Eigelb herausnehmen und durch ein Sieb streichen. Wird Parmesan verwendet, diesen mit 3 Eigelben, Salz, Pfeffer, Muskat und Zimt nach Belieben abschmecken. 3 rohe Eigelbe und ein ganzes Ei hineinrühren, mit den restlichen hartgekochten Eigelben schlagen. Die Eihälften stark füllen.
Bei Verwendung von Ricotta, diese mit Salz und Pfeffer würzen und glattrühren. Die 8 gesiebten, hartgekochten Eigelbe hinzufügen und die Eier wie oben füllen.
Die gefüllten Eier zunächst in gewürztem Mehl, dann in der Ei/Ölmischung und zuletzt in den Brotkrumen wenden. 15 Minuten trocknen lassen. Die unpanierten Eier können bis zu 8 Stunden im Kühlschrank aufbewahrt werden.

ZUM FERTIGMACHEN: Fett erhitzen und jeweils einige Eier zusammen schwimmend goldbraun backen. Auf Papier gründlich abtropfen lassen.

Pomidoro in chenef

Mit diesem Rezept erweist sich Leonardi als typischer Neapolitaner. Er war offensichtlich stolz auf die heimischen Tomaten und behandelt sie mit leidenschaftlicher Vertrautheit. An anderer Stelle bemerkt er, daß ein guter *chenef* (für Klöße und Füllungen) aus den gleichen Mengen von Huhn, Butter und Brotkrumen, mit Eigelb gebunden, zubereitet werden sollte. Solche einfache Rezepte scheinen ihm mehr zu liegen als die fremdartigen Gerichte Frankreichs und Rußlands.

Nimm kleine sizilianische Tomaten, falls verfügbar, oder unsere eigenen, aber sie müssen von gleicher Größe sein. Tauche sie einen Augenblick lang in kochendes Wasser und schäle sie. Höle sie vorsichtig vom Stengelende her aus und fülle sie mit einer guten gekochten Füllung aus Hühnerbrust, nicht allzu voll, und gib etwas geriebenen Parmesan dazu. Lege Zwiebel- und Karottenscheiben auf den Boden eines Kochtopfes und Speck und Schinken darauf. Dann lege die Tomaten mit der Öffnung nach unten und wiederum Zwiebeln, Karotten, Speck und Schinken darauf, würze mit Salz und frisch gemahlenem Pfeffer, befeuchte mit sehr wenig guter Kraftbrühe und erhitze sie bei starker Hitze an beiden Seiten. Denke daran, daß sie leicht verkochen. Lasse sie etwas abkühlen, und nimm sie heraus, ohne sie zu beschädigen, wische sie mit einem Tuch ab, lege sie auf eine Platte mit der Öffnung nach unten und richte sie mit etwas guter Sauce an.

GEFÜLLTE TOMATEN

Als Vorspeise für 4–6 Personen

1 kg gleichgroße, mittlere Tomaten, abgebrüht und geschält
2 Zwiebeln, in Ringen
2 Karotten, in Scheiben
2–3 dicke Scheiben Speck, gewürfelt
1 Scheibe gekochter Schinken, gewürfelt
Salz und frisch gemahlener Pfeffer
2–2,5 dl Hühnerbouillon

FÜR DIE FÜLLUNG:

6–8 Scheiben (125 g) Brot ohne Kruste
2,5 dl Wasser
125 g gekochte Hühnerbrust, gehackt
125 g Butter
Salz und frisch gemahlener Pfeffer
75 g geriebener Parmesan
3 Eigelbe
Tomatensauce zum Anrichten

Die Tomaten können warm oder kalt gereicht werden.

Kerne mit einem Löffel entfernen: die Öffnung soll so klein wie möglich sein, innen mit Gewürzen bestreuen, Ofen auf 200° C stellen.

FÜR DIE FÜLLUNG: Das Brot 5 Minuten in Wasser einweichen, ausdrükken und zerkrümeln. Mit dem Huhn im Mixer verarbeiten oder im Mörser zerstoßen, bis die Masse glatt ist. Butter, Parmesan, Pfeffer und Salz nach Geschmack beigeben, dann die Eigelbe hineinrühren, Tomaten vorsichtig mit der Mischung füllen, ohne daß sie platzen.
In einem Topf mit dickem Boden je die Hälfte der Zwiebeln und Karotten und die Hälfte des Specks und der Schinkenwürfel verteilen, die Tomaten mit der Öffnung nach unten daraufsetzen, mit dem restlichen Gemüse, Speck und Schinken bestreuen, mit Salz und Pfeffer abschmecken und mit der Bouillon befeuchten. Ungedeckt im heißen Ofen 20–25 Minuten überbacken, bis sie knapp weich sind (Tomaten verkochen sehr leicht). Tomaten auf eine Platte legen, Tomatensauce darüber löffeln und entweder heiß oder lauwarm reichen.

Das italienische Klima lädt wahrlich zum Speisen im Freien ein. Auf dem Gemälde des neapolitanischen Malers Pietro Fabris werden an einem idyllischen Ort die letzten Vorbereitungen getroffen. Viele Früchte und Gemüse (nächste Doppelseite), wie wir sie heute kennen – Artischocken, Trauben, Kirschen, Pfirsiche, Kastanien, Mandeln und Melonen – gehörten damals schon auf den italienischen Speisezettel.

desteile fest. Wie vor ihm Martino und Scappi, läßt auch Leonardi deutliche regionale Züge erkennen. Er empfiehlt mit Brotkrumen und Béchamel gefüllte Zucchini *alle milanese* und eine Cassata *palermitana,* wie heute mit Ricotta zubereitet. Durch seine Tätigkeit in Neapel kannte er die Vorzüge der Pasta. Für seine Speisen nimmt er oft fertige Teigwaren, woraus ersichtlich ist, daß die dortigen Pastahersteller bereits hochgeschätzt waren. Aber wie jedes moderne italienische Kochbuch gibt auch Leonardi ein Rezept für hausgemachte Pasta mit vier bis sechs Eiern. Seine Gnocchi und Fettuccine sind in Lagen mit Schinken, Parmesan und zerlassener Butter angerichtet, dazu wird eine Sahnesauce gereicht. Tagliolini dürften nur sechseinhalb Minuten kochen – eine italienische Gewohnheit, die einen deutschen Reisenden 1804 klagen ließ, Reis und Teigwaren seien "zu wenig gekocht". Offensichtlich war *pasta al dente* für ihn etwas ganz Neues.

Leonardi beschreibt als erster die Verwendung der Tomate in Süditalien, was für die italienische Küche sehr bedeutsam werden sollte. Er darf für sich den Ruhm in Anspruch nehmen, die klassische neapolitanische Zusammenstellung von Pasta und Tomaten geschaffen zu haben. Er kocht Fleischklößchen in Tomatensauce, gibt ein Rezept für Huhn *alla siciliana,* mit Schinken, Zwiebeln und Kräutern in Tomatensauce gekocht, füllt Tomaten und erklärt, wie man sie für die Herstellung

Gatto di lasagne alla misgrasse

Angeblich wurde dieses Gericht 1799 von einem Küchenchef aus Macerata zu Ehren des Kommandanten der österreichischen Truppen in Ancona erfunden, aber das Rezept muß eine viel ältere Tradition haben, denn es war Leonardi ganz eindeutig schon bekannt, als sein Buch 1790 herauskam. Es ist eine Abwandlung der Bologneser Lasagne und hat sich als Spezialität in der Gegend um Ancona erhalten.

VORSPEISE: *Bereite einen Teig wie für taglioni (s. unten) mit dem Unterschied, daß du ein nußgroßes Stück Butter dazu gibst und den Teig nicht so dünn ausrollst. Schneide die Lasagne in Quadrate von 10–15 cm und koche sie in siedendem Wasser mit Salz, indem du sie einzeln hineinwirfst, wenn das Wasser hochkommt, damit sie nicht kleben. Nach dem Kochen abtropfen lassen, in kaltes Salzwasser legen und dann auf einem sauberen Tuch ausbreiten. Nimm eine gut ausgebutterte Kasserolle, bestreue sie mit Brotkrumen und mach darauf einen großen Stern aus Schinkenscheiben. Lege Lasagne darüber und an den Steitenwänden entlang so, daß sie über den Rand hängen, abwechselnd mit Lagen von geriebenem Parmesan, nußgroßen Butterstücken, etwas Béchamel, etwas Kalbsbries-/Milkenragout, Trüffeln in wenig Flüssigkeit gekocht, Zimt, Pfeffer und Muskatnuß, gemahlen. Ist die Form fast voll, schlage die überhängenden Lasagne nach innen und bedecke sie mit derselben Mischung, zuoberst gib Butter und Parmesan. Backe das Gericht im heißen Ofen, bis es eine schöne Farbe angenommen hat, stürze es auf eine Platte und bringe es sofort zu Tisch.*

Zuppa di tagliolini

Mache einen Teig aus Mehl, 4 oder 6 Eier und Salz, je nach der gewünschten Menge, knete ihn gut, bis er weder zu hart, noch zu weich ist, laß ihn ein wenig ruhen und dann rolle ihn papierdünn, entweder in einem oder in mehreren Stücken aus. Lasse ihn etwas trocknen, dann rolle ihn zusammen und schneide dünne Streifen. Koche diese 6½ Minuten in siedendem Salzwasser.

Ragù di animelle

Leonardi kannte die Schliche seiner Berufskollegen und wußte, daß Backpflaumen einen bequemen, billigen Ersatz für die schwarzen Trüffeln darstellen. Sie geben dem Gericht auch einen angenehmen, süßlichen Geschmack.

Blanchiere ein oder zwei Kalbsbrieschen/Milken in kochendem Wasser, schneide sie in große Stücke, und lege sie in eine Pfanne mit etwas blättrig geschnittenen Trüffeln oder Backpflaumen, je nach Jahreszeit, (oder nimm gedörrte, in Wasser eingeweichte Kalbsbrieschen/Milken und Backpflaumen), ein Stück Schinken, etwas Butter, einen Strauß gemischter Kräuter und lasse dies kochen. Wird das Kochgut zu trocken, befeuchte es mit ½ Glas Champagner oder anderem Weißwein und etwas coulì, und laß es um ⅔ einkochen, oder bestreue es mit einer Prise Mehl, und befeuchte mit dem Wein und halb coulì/halb weiße Sauce. Würze mit Salz und gemahlenem Pfeffer und laß es leicht kochen. Wenn alles gar ist, gib einige blanchierte, gekochte Hühnerleber, einige Hühnerklößchen, oder ein paar kleine, gekochte Garnelen dazu, und lasse etwas weiter kochen; entferne das Fett, den Schinken und den Kräuterstrauß, und reiche das Ragout mit Zitronensaft, entweder als Terrine, Zwischengericht oder als Beilage zu einem Zwischengericht; aber verwende in diesem Falle keine Sauce, keine Klößchen (chenef) und Garnelen, und schneide die Kalbsbrieschen/Milken in große Würfel.

ÜBERBACKENE LASAGNE MIT KALBSBRIES/MILKEN UND TRÜFFELN

(Pastateig siehe nächstes Rezept)
Als Hauptgericht für 6 Personen

FÜR DIE FÜLLUNG:

30–45 g Butter
75 g gebräunte Weißbrotkrume
2 Scheiben gekochter Schinken
Kalbsbries/Milkenragout (siehe unten)
Béchamelsauce aus:
- 30 g Butter
- 20 g Mehl
- 3 dl Milch, Salz, Pfeffer, Muskatnuß

30–45 g Butter
120 g geriebener Parmesan
½ Teelöffel Zimt
¼ Teelöffel Muskatnußpulver
Salz und frisch gemahlener Pfeffer
Moule-à-manqué-Kuchenform (Kastenform), Auflaufform oder Kochtopf (1 Liter)

Den Teig zubereiten und so dünn wie möglich ausrollen, in 10 cm dicke Quadrate schneiden und auf bemehltem Papier wenigstens 2 Stunden trocknen lassen. Der Teig kann vorher zubereitet, 24 Stunden getrocknet und bis zu einer Woche im Kühlschrank aufbewahrt oder auch tiefgekühlt werden.

Die Form reichlich mit 30–45 g Butter ausstreichen und mit Brotkrumen bestreuen. Aus dem Schinken große Rhomben schneiden und sternförmig auf dem Boden anordnen, das Fett entfernen. Dann das Kalbsbries-/Milkenragout und die Béchamelsauce für die Füllung zubereiten.

KOCHEN DER LASAGNE: Eine vierekkige Bratenpfanne 5–8 cm tief mit Salzwasser füllen, aufkochen. Die Lasagne gerade unter dem Siedepunkt ziehen lassen und gelegentlich umrühren, damit sie nicht kleben. Koch-

Ein kummervoll blickender Pastaverkäufer bietet seine Waren an. Zu Leonardis Zeit war Neapel für seine Pasta berühmt. Bis zu ihrer mechanischen Herstellung zu Anfang des 19. Jahrhunderts blieben Teigwaren allerdings ein kostspieliger Genuß.

zeit: etwa 6 Minuten, oder bis sie *al dente* sind. (Beachte: Nicht zu viele Lasagne auf einmal kochen, damit sie nicht zusammenkleben.)

ZUSAMMENSTELLEN DES GERICHTES: Einige Lasagne auf Papier abtropfen lassen und eine Schicht schuppenartig auf den Boden der Form legen; die Seiten ebenfalls auslegen, so daß die Lasagne über den Rand hinaushängen. Die Form mit Lagen Kalbsbries-/Milkenragout, Béchamelsauce, blättrig geschnittenen Trüffeln und abgetropften Lasagne füllen, und jeweils mit Butter, etwas Käse, Zimt, Muskat, Salz und Pfeffer nach Belieben bestreuen. (Beachte: Da der Käse salzig ist, erübrigt sich vielleicht das Salz.)
Ist die Form gefüllt, werden die Lasagne an den Rändern nach innen geschlagen, darauf kommt als Abschluß nochmals eine Lage Lasagne mit Butterstückchen und Käse. Die Lasagne können bis zu 24 Stunden vorher zubereitet und im Kühlschrank aufbewahrt oder auch eingefroren werden.

ZUM FERTIGMACHEN: Lasagne ungedeckt bei Mittelhitze (190° C) 30 Minuten backen, bis sie sehr heiß und goldbraun sind.

PASTATEIG

Etwa 1 Pfund Mehl
1 Teelöffel Salz
4 Eier

Das Mehl auf eine Marmorplatte oder ein Brett sieben, in der Mitte eine Vertiefung eindrücken und Eier und Salz hineingeben. Die Eier mit den Fingern einrühren und nach und nach das Mehl dazuziehen, eventuell noch dazugeben, bis die Masse glatt, aber noch weich ist. Dann 5 Minuten lang gründlich auf einem bemehlten Brett oder einer Marmorplatte kneten, bis der Teig sehr glatt und elastisch ist. Mit einer umgestülpten Schüssel bedecken und mindestens 1 Stunde ruhen lassen. Je nach Verwendung ausrollen.

KALBSBRIES-/MILKENRAGOUT

1 Paar Kalbsbrieschen (Milken), etwa 500 g
1 kleine Büchse Trüffeln mit ihrer Flüssigkeit, oder 125 g entsteinte, gekochte Backpflaumen
15 g Butter
1 Scheibe Rohschinken oder magerer Speck (etwa 50 g)
1 Kräutersträußchen
1,25 dl Champagner oder anderer trockener Weißwein
2,5 dl braune Sauce aus 2,5 dl Kalbfleischbrühe, eingedickt mit 1 Teelöffel Pfeilwurz- oder Kartoffelmehl, mit 1 Teelöffel kaltem Wasser gemischt
125 g Hühnerleber oder Hühnerklöße (siehe Rezept für gefüllte Tomaten, Seite 104) oder einige Krevetten
15 g Butter
1 Spritzer Zitronensaft
Salz und frisch gemahlener Pfeffer

Die Kalbsbrieschen/Milken schmekken als Hauptgericht mit Reis oder frischen Nudeln köstlich. (Das Rezept reicht für 2 Personen.)

Die Kalbsbrieschen/Milken zum Bleichen 1–2 Stunden in kaltes Wasser legen. In (frischem) kaltem Wasser aufstellen, zum Kochen bringen und 5 Minuten ziehen lassen. Abtropfen, parieren, Gurgel und Schlund entfernen, in etwa 2 cm große Stücke schneiden. Trüffeln oder Backpflaumen in dünne Scheiben schneiden, die Flüssigkeit der Trüffeln aufbewahren.
Einen schweren Topf ausbuttern, zuerst Schinken oder Speck, dann die Kalbsbrieschen/Milken mit den Trüffeln oder Backpflaumen, zusammen mit der Trüffelflüssigkeit, hineingeben, den Kräuterstrauß dazufügen, zudecken und 10–15 Minuten sanft kochen lassen. Mit Champagner oder Weißwein und brauner Sauce befeuchten und ungedeckt um zwei Drittel einkochen.
Inzwischen die Hühnerlebern blanchieren (in kaltem Wasser aufsetzen, aufkochen und 1 Minute ziehen lassen). Abtropfen, in Butter anbraten, so daß sie innen noch rosa sind, in Scheiben schneiden. Bei der Verwendung von Hühnerklößen werden diese in wenig Brühe gekocht, oder in Butter gebraten, bis sie fest sind.
Schinken oder Speck und Kräutersträußchen entfernen, die Kalbsbrieschen/Milken abschmecken, den Zitronensaft nicht vergessen! Hühnerlebern, -klöße oder Krevetten beifügen. 1–2 Minuten weiterkochen lassen, damit die Aromen verschmelzen, dann anrichten.

Ein Künstler des 18. Jahrhunderts bildete Katharina die Große auf ihrem Zelter schmeichelhaft im Profil ab (unten). In Wahrheit war sie dick und eher pausbäckig.

Fürst Gregor Potemkin, der russische Staatsmann und Feldherr (rechts), teilte Katharinas Begeisterung für Kohlsuppe und Roggenbrot und genoß unter den vielen Liebhabern ihre Gunst am längsten.

von Püree an der Luft trocknet. Sein *sugo di pomodoro* aus entkernten Tomaten mit Zwiebeln, Sellerie, Knoblauch, Basilikum und Petersilie, langsam gekocht, hat sich bis heute in nichts geändert.
Um 1760 hatte Leonardi Neapel satt und verbrachte die nächsten zehn bis zwanzig Jahre auf Reisen. Er hielt sich eine Zeitlang in Rom auf, wo er für Kardinal de Bernis arbeitete. Der Kirchenfürst kannte sich offensichtlich in der Kochkunst aus, war er doch ein ehemaliger französischer Höfling und hatte dem *rosticciere* des Prinzen Borghese als bestem Koch der Stadt einen Preis verliehen. Von Rom ging Leonardi ins Ausland. Zuerst war er Feldkoch Ludwigs XV. und diente später bei zwei russischen, im Exil lebenden Adligen, bei Iwan Iwanowitsch Schuwalow, dem Liebhaber der Kaiserin Elisabeth von Rußland, und bei Gregor Orlow, dem Liebhaber der Kaiserin Katharina. Beide hatten eine Leidenschaft für Reisen im russischen Stil mit dem ganzen Gefolge, zu dem Leonardi nunmehr gehörte. Zweifellos erwarb Leonardi im Dienste dieser Herren seine einzigartige internationale Erfahrung. Nach Orlows Tod 1783 berief Kaiserin Katharina ihn als Haushofmeister nach Rußland.
Der Hof Katharinas der Großen war ebenso glanzvoll wie Versailles und Neapel, aber ohne seine blasierte Künstlichkeiten. Die Russen lebten wie glückliche Kinder in ihren großen Palästen an

Rissole alla napolitana

Die Araber herrschten bis Ende des 11. Jahrhunderts in Sizilien, und diese Krapfen, die an griechische *tiropetas* aus flockigem Blätterteig erinnern, sind ein Hinweis auf den arabischen Ursprung vieler italienischer Backwaren. *Panzarotti*, mit Käse, z.B. Provatura (aus Büffelmilch), Marzolina (aus Schafsmilch) oder Caciocavallo (aus Kuhmilch) – gefüllt, findet man in ganz Süditalien. Sie werden jeweils im üblichen Fett der betreffenden Gegend ausgebacken, das billiger ist als Öl.

Verhacke zwei frische Provaturakäse, gib etwas Parmesan, geriebenen provatura, marzolina *und* caciocavallo *bei, dazu eine Scheibe gehackten, kurz in einem Topf geschwitzten Schinken, gehackte Petersilie, kein Salz, gemahlenen Pfeffer, Muskatnuß, 2 rohe Eier und mische alles gut. Bereite einen geriebenen Teig, sei es mit Butter oder Fett, und rolle ihn in der Dicke eines* paolo *(Münze) aus; setze kleine Häufchen der Käsemischung dem Rand entlang, bepinsle sie mit verklopftem Ei, klappe den Teig darüber, presse ihn gut an und schneide mit dem Teigrädchen kleine, sichelförmige Ravioli aus. Backe sie kurz vor dem Anrichten in sehr heißem Fett goldbraun aus und bring sie sofort zu Tisch. In Neapel heißen diese Rissolen** panzarotti. (* Dieser Ausdruck ist in Österreich gebräuchlich.)

PANZAROTTI (KÄSEKRAPFEN)

Ergibt 25–30 Panzarotti

FÜR DEN TEIG:

1 Pfund Mehl
1 Teelöffel Salz
125 g Butter oder Schmalz
1 dl Wasser

FÜLLUNG:

1 frischer Provaturakäse oder
250 g Mozzarella, gewürfelt
30 g Parmesan, gerieben
75 g Provolone oder Gruyère, gerieben
60 g roher oder gekochter Schinken, gehackt
1 Eßlöffel gehackte Petersilie
1 Prise Muskatpulver
Frisch gemahlener schwarzer Pfeffer
2 verklopfte Eier
Backfett/Öl

FÜR DEN TEIG: Mehl auf eine Marmorplatte oder ein Brett sieben, eine Vertiefung in der Mitte eindrücken und Butter oder Schmalz und 2–3 Teelöffel Wasser hineingeben. Diese Zutaten mit den Fingerspitzen gut mischen, dann das Mehl mit der ganzen Hand hineinziehen. Soviel Wasser wie für einen geschmeidigen, aber nicht klebrigen Teig erforderlich ist, hinzufügen, zudecken und ½–1 Stunde kühl stellen.

FÜR DIE FÜLLUNG: Den Schinken bei kleiner Hitze unter Umrühren goldbraun schwitzen. Abkühlen und mit dem gewürfelten Provatura, Parmesan, Provolone und der Petersilie mischen. Mit Muskat und Pfeffer abschmecken; Salz ist nicht erforderlich, da Schinken und Käse bereits salzig sind. Die Mischung mit den verklopften Eiern binden.
Auf einem bemehlten Brett den Teig 3 mm dick ausrollen. Etwa 4 cm vom Teigrand entfernt die Füllung in Häufchen (ein Teelöffel) alle 5 cm auf den Teig setzen, um sie herum mit Wasser bepinseln und den Teigrand darüberfalten. Andrücken und mit einem Teigrädchen die Krapfen ausschneiden. Man setzt dies mit weiterer Füllung bis zur Teigmitte fort. Die Krapfen lassen sich 48 Stunden im Kühlschrank aufbewahren oder können eingefroren werden.

ZUM FERTIGMACHEN: Das Backfett oder Öl auf 180° C erhitzen. Jeweils einige Krapfen zusammen goldbraun backen. Auf Papier abtropfen lassen und so rasch wie möglich anrichten.

Manzo stufato

Dieses berühmte Gericht ist heute als *ragù napoletano* bekannt; die Zubereitung für das Sonntagsessen ist ein wahres Ritual, denn es muß stundenlang sacht kochen, bis die Sauce richtig eingedickt und das Fleisch zart ist. Leonardi empfiehlt, Fleisch und Gemüse zusammen und die Sauce getrennt von den Teigwaren zu Tisch zu bringen – was heute noch oft befolgt wird. Das Fleisch kann auch fein gehackt in der Sauce zu Pasta gereicht werden. Dies entspricht der italienischen Vorliebe für kleine Fleischstückchen, welche die englischen Touristen des 18. Jahrhunderts so störte.

Dies ist unsere Version des stufato *Es ist ein allgemein bekanntes Gericht und köstlich, wenn es richtig und mit gutem Rindfleisch zubereitet wird. Für die, die fettes Fleisch bevorzugen, nimm Rippe; die anderen ziehen Lende vor, so daß es eine Frage des Geschmackes ist. Und so wird es gemacht: Schneide das Fleisch in gleich große Stücke; nimm auf jedes Pfund Rindfleisch eine Unze fetten Speck und hacke ihn fein, zusammen mit Zwiebeln, Schalotten, Petersilie, zwei oder drei Knoblauchzehen, je nach der Menge des Rindfleisches, dazu süßen Majoran und Basilikum, auch fein gehackt. Lege die gehackten Zutaten in einen Topf, oder – wie wir sagen – eine* stufarola, *zusammen mit dem Rindfleisch, würze mit Salz, Pfeffer und feinen Gewürzen. Lasse bei kleiner Hitze schmoren, und, wenn die Flüssigkeit eingekocht ist, gib ein halbes Glas kochenden Weißwein dazu. Laß die Flüssigkeit wieder einkochen und gib etwas Brühe dazu, und koche das Gericht, gut zugedeckt, in wenig Flüssigkeit. Wenn das Fleisch gar ist, entferne das Fett und salze nach Belieben. Jedes Gemüse paßt dazu, zum Beispiel Sellerie, weiße Rüben, Quitten, Birnen, Karotten, junge Zwiebeln, Trüffeln, Tomaten, Pilze; besonders gut schmeckt es mit Birnen und Tomatensauce. Koche das Gemüse vor und gib es erst zum Fleisch, wenn es fast gar ist, so daß alles zusammen fertig kocht. Birnen und Quitten müssen geviertelt und ungekocht zum Fleisch gegeben werden. Weiße Rüben werden erst in Fett goldbraun gedünstet. Tomatensauce wird nach dem folgenden Rezept nicht nur für* stufato, *sondern auch für andere, ähnliche Gerichte zubereitet: Schneide die Tomaten in der gewünschten Menge auf, drücke sie leicht aus und gib sie mit Petersiliestengeln, Basilikum, einigen Knoblauchzehen, etwas Sellerie, geschnittenen Zwiebeln und einigen Schalotten, wenn du welche hast, in einen Topf; stelle ihn aufs Feuer und laß alles eine Stunde sacht kochen. Dann streiche die Masse durch ein Sieb, in welchem nur Kerne und Schalen zurückbleiben sollen, und verwende diese Sauce nach Belieben.*

GESCHMORTES RINDFLEISCH/ RINDSRAGOUT

Für 8 Personen

2 kg Rindfleisch mit etwas Fett, in 5 cm dicke Stücke geschnitten
125 g fetter Speck, gehackt
2 Zwiebeln, fein gehackt
2 Schalotten, fein gehackt
2–3 zerdrückte Knoblauchzehen
1 Eßlöffel Petersilie } gehackt
1 Teelöffel Basilikum } gehackt
1 Teelöffel Majoran } gehackt
Salz und frisch gemahlener Pfeffer
1 Teelöffel Jamaikapfeffer/ Nelkenpfeffer
1,25 dl Weißwein
2,5–5 dl eingekochte Rindsbrühe
1 kg gekochte Teigwaren jeder Art (als Beilage)

DAS GEMÜSE:

30 g Fett oder Schmalz
1 Pfund kleine weiße Rüben, geschält
5–6 Selleriestengel, in 5 cm dicke Stücke geschnitten
1 Pfund kleine Karotten, geschält

8–10 Schalotten, klein geschnitten
250 g gereinigte und geviertelte Pilze
1 Pfund beste Birnen, geschält, geviertelt und entkernt

DIE TOMATENSAUCE (NACH BELIEBEN):

1 kg reife Tomaten, entkernt und verhackt
30 g Schmalz oder Öl
1 Zwiebel, dünn geschnitten
1 Schalotte, gehackt
1–2 zerdrückte Knoblauchzehen
Ein Kräuterbüschel aus Petersilie, frischem Basilikum und Sellerieblättern

In Anbetracht der Rindfleischqualität im 18. Jahrhundert ist es nicht erstaunlich, daß Leonardi nur das Beste – Rippe oder Lende – empfiehlt; heute lassen sich auch andere Sücke verwenden. Tomatensauce wird nach Belieben dazugereicht. Nicht alle angegebenen Gemüse sind erforderlich; je größer die Auswahl, desto schmackhafter wird jedoch das Gericht.

Den Ofen auf geringe Hitze (160° C) stellen. Den Speck in einem Topf mit schwerem Boden schwitzen lassen, Zwiebeln und Schalotten dazugeben und langsam garen. Knoblauch, Petersilie, Basilikum und Majoran einrühren. Das Fleisch gut in Salz, Pfeffer und Jamaikapfeffer wälzen, in den Topf geben und bei starker Hitze alles leicht anbraten. Den Wein dazugeben und ganz einkochen lassen. 2,5 dl Brühe aufgießen, fest zudecken und im heißen Ofen 3–3½ Stunden schmoren, bis das Fleisch ganz zart ist. Wenn das Gericht zu trocken wird, Brühe nachgießen. Zuletzt muß die Sauce gut gebunden sein. Alles Fett abschöpfen. Das Ragout hält sich bis zu drei Tagen im Kühlschrank oder kann eingefroren werden. Es empfiehlt sich, das Gemüse erst beizufügen, wenn das Fleisch wieder aufgewärmt wird.

DAS GEMÜSE: Die weißen Rüben in Fett oder Schmalz rasch braundünsten (etwa 10 Minuten, sie sollen noch fest sein). Karotten in Salzwasser 5–10 Minuten fast garkochen, Sellerie in kochendem Salzwasser 5 Minuten, die Schalotten 2 Minuten blanchieren, alles abtropfen. Weiße Rüben 45 Minuten, Birnen und Pilze 30 Minuten, Sellerie, Karotten und Schalotten 15–20 Minuten vor Ende der Kochzeit zum Fleisch geben, damit alles zusammen gar wird. Die Sauce abschmecken.

DIE TOMATENSAUCE: Zwiebeln in Fett oder Öl anziehen lassen. Tomaten, Schalotten, Knoblauch, Kräuterbüschel, Salz und Pfeffer dazugeben und ungedeckt sanft kochen lassen. Nach 15–20 Minuten sollte die Sauce eingedickt und breiig sein. Durch ein Sieb streichen und abschmecken.

ZUM ANRICHTEN: Rindfleisch und Gemüse auf eine Platte legen und die Tomatensauce darüber löffeln. Teigwaren separat dazureichen.

Fegato di mongana alla veneziana

Dieses bekannte Gericht ist ein echter Vertreter der guten italienischen Küche, in der das Eigenaroma durch einfache Zutaten voll zur Geltung kommt. Leonardi bezeichnet es als ein "orduvre", doch wird es heute als Hauptgericht mit gebackenen Polentaschnitten (Maisgrieß) gereicht.

Schneide vier oder fünf Zwiebeln ganz fein und dünste sie mit einem nußgroßen Stück Butter, etwas Öl, gehackten Schalotten oder jungen Zwiebeln in einer Pfanne. Gib die Leber, Salz, frisch gemahlenen Pfeffer, gehackte Petersilie bei und brate sie genau richtig, daß sie sehr saftig bleibt. Im eigenen Bratsaft und viel flüssiger Zitronen anrichten.

Polenta aus gelbem Maisgrieß ist die traditionelle Beigabe zu Kalbsleber Venezianischer Art. Auf dem untenstehenden Bild wird der Teig auf einem Tischtuch, das die Feuchtigkeit aufnehmen soll, geknetet – noch immer das beste Verfahren.

KALBSLEBER VENEZIANISCHE ART

Für 6 Personen

1 kg Kalbsleber
2 Eßlöffel Olivenöl
4–5 feingeschnittene Zwiebeln, (etwa 750 g)
45 g Butter
Salz und frisch gemahlener Pfeffer

Für dieses Gericht muß die Leber unbedingt papierdünn geschnitten sein. Die Italiener frieren manchmal die Leber ein und schneiden sie dann mit der Maschine, doch aufgetaut ist sie schwer braunzubraten. Das beste Gerät ist und bleibt das altmodische, äußerst scharf geschliffene Küchenmesser.
Die Leber parieren und so dünn wie möglich schneiden. In einer Bratpfanne Öl und Butter erhitzen und die Zwiebeln glasig werden lassen, aber nicht bräunen. Leber gesalzen* und gepfeffert dazugeben, gelegentlich umrühren, bis Leber und Zwiebeln gebräunt sind. (Beachte: Die Hitze ist wichtig. Ist sie zu gering, wird die Leber eher geschmort als gebraten, ist sie zu stark, wird die Leber trocken.) Abschmecken, auf eine Platte legen, mit Petersilie bestreuen und sofort zu Tisch bringen.
*) Leber sollte doch erst vor dem Anrichten gesalzen werden, damit sie nicht hart wird.

Cassata palermitana

Statt glasiert wird die *cassata palermitana* heute oft in Maraschino eingelegt, aber die Ricottamasse mit kandierten sizilianischen Früchten und Orangenblütenwasser ist dieselbe. Die Schokoladestückchen werden häufig hineingegeben und nicht darüber gestreut.

Nimm etwas gute Ricotta und mische sie mit nicht zuviel weißem Puderzukker, etwas Zimtwasser und der gleichen Menge von Orangenblüten. Manche Leute mischen auch Streifen von kandierten Zitronen, Orangenblüten und gehackte Pistazien darunter; alles gut vermischen. Belege den Boden oder die Seiten eines Topfes oder einer Kupferform mit leichtem Biskuit, fülle die Ricotta hinein und decke sie wieder mit Biskuit zu. Stürze das Ganze nach einer halben Stunde auf eine mit einer Serviette bedeckten Platte und überziehe sie mit einer leichten Glasur. Dekoriere die Cassata mit Schokoladestreifen, Pistazien oder anderem Zuckerwerk in einem hübschen Muster, dazu einige kandierte Birnen oder andere Dörrfrüchte. Laß die Glasur eine Minute auf dem Herd trocknen und reiche die Cassata kalt.

CASSATA PALERMITANA

Für 10–12 Personen

1 kg Ricotta
100 g Pistazien, geschält
360 g Puder-/Staubzucker, gesiebt
2 Teelöffel Zimt
2 Teelöffel Orangenblütenwasser
300 g kandierte Orangen- und Zitronenschalen, fein gehackt
1 leichter Biskuitkuchen (22 cm), etwa 500 g

ZUM GARNIEREN:

Schmelzglasur aus 240 g Puder-/Staubzucker, 2–3 Eßlöffel Wasser, 1 Teelöffel Orangenblütenwasser
Kandierte Birnen, Aprikosen, Kirschen, geriebene Schokolade, Pistazien zur Dekoration

Eine Springform (22 cm)

Den Biskuitkuchen in drei Blatt schneiden, eines wird auf den Boden der Form gelegt, das zweite wird zum Auslegen der Seiten in Streifen geschnitten, das dritte dient später zum Bedecken.

FÜR DIE FÜLLUNG: Wenn nötig Pistazien 1 Minute in kochendem Wasser blanchieren, abtropfen lassen und schälen, dann grob hacken. Ricotta durch ein Sieb streichen, Puder-/Staubzucker, Zimt und Orangenblütenwasser hineinrühren, danach die kandierten Schalen und Pistazien beigeben. Die Masse in die ausgelegte Form geben und gut andrücken, das letzte Kuchenblatt darauflegen, mit einem Blech oder einem flachen Teller bedecken und gut beschweren. Über Nacht kühl stellen.

ZUM FERTIGMACHEN: Die Cassata aus der Springform lösen. Den Puder-/Staubzucker für die Glasur in eine Schüssel schütten und mit genügend Wasser und dem Orangenblütenwasser zu einer dicken Paste verrühren. Die Schüssel in heißes Wasser stellen und umrühren, bis die Glasur lauwarm ist; sie sollte an der Rückseite eines Löffels haften, ist dies nicht der Fall, mehr Zucker oder Wasser beigeben. Die Glasur über die Cassata gießen und mit einem Metallspatel auch die Seiten gut decken. (Beachte: Man muß rasch arbeiten, da die Glasur schnell fest wird.)
Mit geriebener Schokolade, Pistazien und kandierten Früchten garnieren, auf einer Platte mit einer Serviette oder einem Tortenpapier anrichten.

Einen glanzvollen Höhepunkt erreichte Leonardis Laufbahn in St. Petersburg bei Katharina der Großen. Ihre Palais, wie dieses hier im französischen Stil gebaut, wo Potemkin seine letzten Lebensjahre verbrachte, waren ebenso beeindruckend wie unpraktisch. Die Speisen wurden auf dem langen Weg von der Küche in den Speisesaal kalt, und die Gäste beklagten sich über allzulaute Musik, die jede Unterhaltung verunmöglichte.

den Ufern der Newa, die der französischen und italienischen Architektur nachgebildet waren, sie aber an Pracht übertrafen. Gold und Juwelen glitzerten überall; anläßlich der Feier zur Geburt von Katharinas Enkelkind "war beim Nachtmahl die Süßspeise mit Juwelen im Werte von über zwei Millionen Pfund Sterling garniert," berichtete der englische Gesandte. Für eine solche Extravaganz war ein Heer von Bediensteten erforderlich – manche Adlige hatten 500 und mehr Angestellte, – und als kaiserlicher Haushofmeister dürfte Leonardi der doppelten Anzahl vorgestanden haben. Diese Dienerschaft war jedoch keineswegs hoch geschult, bestand sie doch meist aus Leibeigenen. Einen Hinweis darauf gibt folgende Notiz in einer zeitgenössischen Petersburger Zeitung: "Zu verkaufen: ein 16jähriges Mädchen von gutem Benehmen, und eine wenig gebrauchte Kutsche."

Zu Leonardis Zeit hatte Fürst Gregor Potemkin die Nachfolge Orlows in Katharinas Gunsten angetreten. Es machte ihm nichts aus, für ein Essen mit anschließenden künstlerischen Darbietungen 20000 Rubel auszugeben. Ganz Petersburg sprach von einer Sterlettsuppe (Sterlett ist eine Art Stör), die dem Prinzen 3000 Rubel wert war, und die er in einer Badewanne aus massivem Silber auffahren ließ. Ein großes Diner pflegte mit eigens aus Dänemark eingeführten Austern zu beginnen, und im Sommer boten die russischen Flüsse eine große Auswahl an herrlichen Fischen. Vor Weihnachten dagegen fand auf der gefrorenen Newa ein meilenlanger Markt statt, wo gefrorenes Fleisch in großen Mengen verkauft wurde.

Ob frisch oder gefroren, kamen viele der ausgesuchten Zutaten von weither. "Ich habe häufig gleichzeitig Sterlett aus der Wolga, Kalbfleisch aus Archangelsk, Schaffleisch aus Astrachan, Rindfleisch aus der Ukraine und Fasane aus Ungarn und Böhmen gesehen", schrieb William Coxe 1778 auf einer Rußlandreise. Nach der Saison konnte sich der Preis einer Melone auf dem Moskauer Markt vervierzigfachen, mußte die Frucht doch auf dem Landweg über tausend Meilen vom Kaspischen Meer her angeliefert werden.

Armselige Fischer verzehren hastig eine Pasta. Ansicht der Bucht von Neapel 1801, der Stadt, wo Leonardis Laufbahn begann und endete.

Leonardi hielt sich nur einige Jahre in Rußland auf; er klagte über das Klima und kehrte nach dem sonnigen Italien zurück. 1787 erreichte er wahrscheinlich Rom wieder. Nach der Veröffentlichung von *"L'Apicio moderno"* 1790 verbrachte er einige Jahre beim Herzog von Gravina in Neapel, doch hatte er dem guten russischen Leben im falschen Augenblick den Rücken gekehrt. Als Napoleons Armeen in Italien eindrangen, eilte der Herzog in sein heimatliches Sizilien zurück, und Leonardi blieb sich selbst überlassen. Möglicherweise hat er eine Taverne eröffnet. Es waren aber schlechte Zeiten für alle, die von der Gunst der Reichen abhingen. Leonardis letzte Jahre liegen im Dunkeln. Vielleicht waren es seine eigenen Abenteuer, die er im Vorwort zu *"Giannina ossia la cuciniera della alpi"* schildert. Giannina war eine Wirtin auf dem Mont Cenis, die einen französischen Koch geheiratet hatte und mit ihm durch Rußland, Mitteleuropa und im Dienst der East India Company sogar übers Meer zog. Wahrscheinlich blieb Leonardi aber in Italien und wertete *"L'Apicio moderno"* so viel wie möglich aus. Denn die Rezepte in *"Giannina"* und anderen Werken, die unter seinem Namen erschienen, stellen lediglich Umarbeitungen dar. Der damaligen Chinoiseriemode entsprechend war eines der Bücher *"Tonkin"* betitelt; leider behandelt es aber nicht die chinesische Küche, sondern süße Liköre und kandierte Früchte, wie sie zu jener Zeit auf der *credenza* (nunmehr einer prächtigen Anrichte) dargeboten wurden.

"L'Apicio moderno" bleibt sein Meisterwerk und ist zweifellos das Werk eines Meisters. Seine Bedeutsamkeit für die italienische Küche liegt aber nicht in den französischen Rezepten und Techniken, obwohl sie die heimischen Gebräuche vervollständigten, sondern in der Darstellung des Kochens als einer Kunst, die Geschick und Hingabe verlangt. Seit Scappis Zeit war in Italien kein derart anspruchsvolles Kochbuch mehr erschienen, und die italienische Kochkunst hatte eher dank eingebürgertem Können als durch Kochbücher überlebt. Leonardi selbst schrieb: "Falscher Stolz ist schuld daran, daß die italienische Küche in den letzten zwei Jahrhunderten einen Rückschlag erlitten hat; die Köche fürchten, für unwissend gehalten zu werden, wenn man sie beim Nachschlagen in einem Kochbuch ertappt."

Leonardi gewann für seinen "Beruf ohne Grenzen" (wie er ihn nannte) wieder Anerkennung und Ansehen; dabei stützte er sich auf dieselben einfachen Gerichte – Fleisch, Pasta, Gemüse und Süßspeisen – wie Martino und Scappi. Die seitherige Entfaltung der italienischen Kochkunst, wie sie in Pellegrino Artusis *"La Scienza in cucina"* ihren schönsten Niederschlag fand, ist weitgehend dem schöpferischen Einsatz Francesco Leonardis zu verdanken.

Amelia Simmons

belegt 1796

Das erste in Amerika für die Menschen der Neuen Welt geschriebene Kochbuch erschien 1796 in Hartford, (Connecticut) unter dem einfachen Titel *"American Cookery"*. Es war ein bescheidenes kleines Büchlein mit etwa 130 Rezepten, das sich an Gelehrsamkeit keineswegs mit den europäischen Werken messen, sondern eher der Erziehung der heranwachsenden weiblichen Jugend dienen wollte. Es liest sich wie eine persönliche Sammlung alter Rezepte, die, über Jahrzehnte von Hand zu Hand gereicht, nun in Druck gelegt waren. Es bildet eigentlich mehr eine Gedächtnisstütze für die erfahrene Köchin als ein praktisches Handbuch für die Anfängerin, geht aber über die Erfordernisse des Alltags hinaus und bietet vor allem Gerichte für Einladungen, wie z.B. Schildkröte oder Kalbskopf, üppige Süßspeisen mit viel Sahne und riesige Fruchttorten. Von der Autorin wissen wir nur, daß sie Amelia Simmons hieß und eine Waise war.
Die damals in Amerika erhältlichen Kochbücher kamen alle aus England, und keines bot wirklich einheimische Kost. Amelia Simmons dagegen verwendete Maiskolben zum Räuchern von Speck und reicht Kronsbeerensauce zu Truthahn; sie gibt die ersten Rezepte für Eierkuchen aus Maismehl, die ursprünglich auf einer Hacke in der Asche gebacken wurden, und drei Arten von Pudding aus Maisgrieß, einem echt amerikanischen Erzeugnis, das die Engländer verschmähten. Sogar Benjamin Franklin sah sich 1766 gezwungen, in der *"London Gazette"* ein Wort dafür einzulegen: "Lassen Sie mich, einen Amerikaner, jenen Herrn aufklären, der so unwissend in der Sache zu sein scheint, daß *Indian corn* (Mais) im ganzen gesehen eine der köstlichsten und bekömmlichsten Getreidearten

Titelblatt zu "American Cookery", dem ersten, recht bescheidenen amerikanischen Kochbuch.

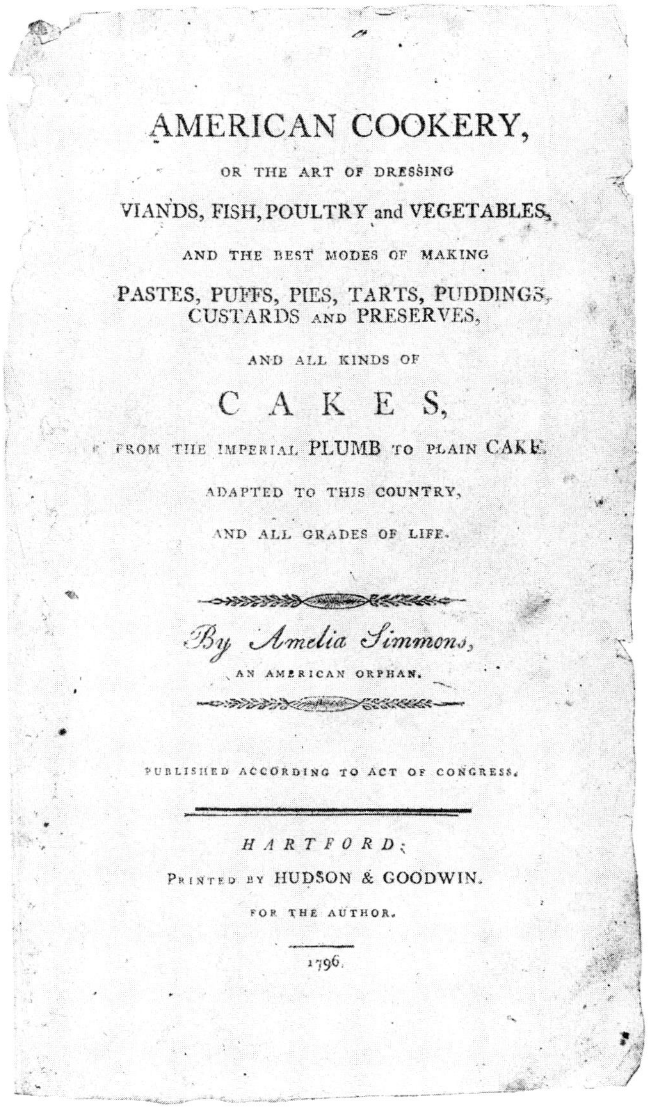

AMERICAN COOKERY,

OR THE ART OF DRESSING

VIANDS, FISH, POULTRY and VEGETABLES,

AND THE BEST MODES OF MAKING

PASTES, PUFFS, PIES, TARTS, PUDDINGS, CUSTARDS AND PRESERVES,

AND ALL KINDS OF

CAKES,

FROM THE IMPERIAL PLUMB TO PLAIN CAKE.

ADAPTED TO THIS COUNTRY,

AND ALL GRADES OF LIFE.

By Amelia Simmons,

AN AMERICAN ORPHAN.

PUBLISHED ACCORDING TO ACT OF CONGRESS.

HARTFORD:

PRINTED BY HUDSON & GOODWIN.

FOR THE AUTHOR.

1796.

Links:
Benjamin Franklin war ein Zeitgenosse von Amelia Simmons und ein begeisterter Verfechter amerikanischer Errungenschaften.

Gegenüber:
David Hicks "The Residence of David Twining" *(1787). Der Künstler wurde 1780 geboren und malte dieses Bild der Farm seiner Pflegeeltern in den 1840er Jahren aus dem Gedächtnis. Sich selber hat er rechts unten dargestellt, wie er als kleiner Junge mit seiner Pflegemutter die Bibel liest. Diese Farm lag in Pennsylvanien, aber ganz ähnliche Heimwesen waren Amelia Simmons in Neu-England durchaus vertraut.*

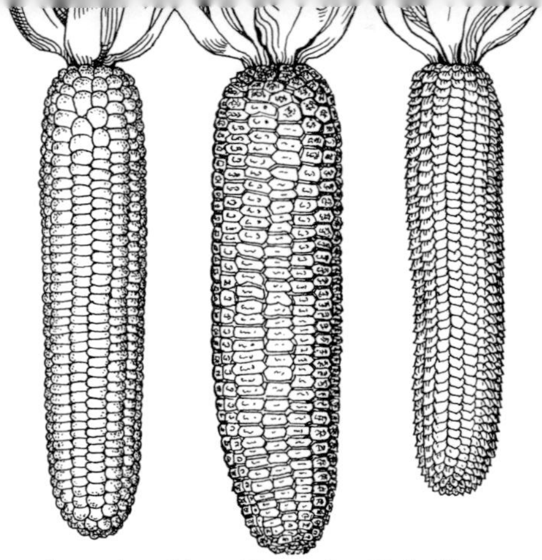

Dieser Stich des französischen Jesuitenpaters Joseph Lafitau zeigt Indianer beim Anbau von Mais und bei der Herstellung des Ahornsirups.

der Welt ist, und dass *johny cake* oder *hoe cake* heiß aus der Pfanne besser schmeckt als ein *Yorkshire muffin.*" Amelias Wortschatz hätte die zeitgenössische englische Hausfrau z.T. recht eigenartig berührt, denn manch englischer Küchenbegriff war schon im damaligen Schmelztiegel Amerika umgeformt worden oder untergegangen, um Neuem Platz zu machen.

"*American Cookery*" verkaufte sich so gut, daß noch im selben Jahr eine zweite Auflage erschien. Diese Ausgabe unterscheidet sich sehr stark von der ersten. In drei von sechs Rindfleischrezepten wird kurzerhand *steak* verwendet – ein erster Hinweis auf die große Liebe der Amerikaner –, und das fast gänzliche Fehlen von Fisch in der ersten Ausgabe wird nun durch Kochanleitungen für Seebarsch, Alse, Dorsch, Kabeljau und Lachs wettgemacht. Neu sind vor allem die Backwaren. Neben Teegebäck, einer Art Königskuchen, Kümmel- und Ingwerbrötchen echt englischer Herkunft finden wir *federal pan cake* (Bundeseierkuchen), die zum Frühstück sehr beliebten Buchweizenküchlein, und *election cake,* den mit Wein und Branntwein zubereiteten Kuchen für den Wahltag, der dabei helfen sollte, Stimmen zu gewinnen. Dieser Kuchen war allerdings dem späteren Präsidenten John Adams schon 1756 bekannt. Uramerikanisch ist auch der *Independence cake,* eine Art Hefekuchen mit prächtiger Goldblattdekoration. Als Amelia ihr Kochbuch schrieb, hatten verschiedene führende Männer der jungen Republik (z.B. Franklin, Adams und Jefferson), auf ihren diplomatischen Missionen schon eine internationalere Küche kennengelernt. Franklin und Jefferson liebäugelten fernerhin mit dem französischen Geschmack. Adams allerdings lobte "das gepökelte Rindfleisch und Bohnen, den Heidelbeerpudding und den Apfelwein", die er 1796 bei einem Freund in Massachusetts genoß, als "Schlemmerschmaus". Solche Mahlzeiten waren für Amelia Simmons nichts Ungewöhnliches. Als Kind lebte sie offenbar bei einer geachteten Familie, denn in ihren Vorwort betont sie: "Für die der Obhut wohl trefflicher Pflegeeltern anvertraute Waise sind aber eine eigene Meinung und Entschlußkraft überaus wichtig." Ihre Entschlossenheit, ein Kochbuch zu schreiben, verdient umso größere Anerkennung, als sie wahrscheinlich nur eine Hausmädchen- oder Köchinnenstellung bekleidete und nur halbgebildet war. Zu jener Zeit war in den Vereinigten Staaten die Anlieferung von Haushaltgütern das Jahr hindurch nicht gesichert, und eine Frau mußte gewisse Grundfertigkeiten wie Nähen, Brauen, Kerzenziehen und Seifenmachen beherrschen. Da im Norden das kalte Klima die Pflanzzeiten verkürzte, war die Familie von Wintervorräten abhängig. Die Yankee-Köchinnen waren denn auch auf ihr Eingepökeltes und Eingemachtes besonders stolz. Aus der Not war eine Kunst geworden, und in "*American Cookery*" sind immer wieder eingemachte Zutaten

Amelia Simmons' Rezepte sind weitgehend in Form von Notizen verfaßt, und ihre Auslegung ist oft nicht einfach; die hier wiedergegebenen Rezepte gehören zu den ausführlichsten.

★★★★★★★★★★★★★★★★★★★★★

Chouder

Bei Amelia Simmons ist die echt amerikanische, *chowder* genannte Suppe eher ein Ragout aus Fisch, gepökeltem Schweinefleisch und Keksen mit sehr wenig Flüssigkeit; erst viel später wurde sie mit viel Wasser oder Milch verdünnt. Der Name ist wahrscheinlich abgeleitet vom bretonischen Ausdruck *faire chaudière* (Fischragout in einem großen Kessel zubereiten). Dieses Gericht brachten bretonische Fischer nach Neu-Schottland (Kanada), von wo es mit der Zeit der Küste entlang nach Neu-England gelangte. Um die Mitte des 18. Jahrhunderts kehrte es nach Europa, nach England zurück, wo es als *chouder* bekannt wurde. Eine Amelias Rezept sehr ähnliche Variante (aber in Pastetenform gebacken) ist in der 1770er Ausgabe von *"The Art of Cookery"* von Hannah Glasse enthalten. Die hier als Beigabe genannten Mangonen waren wahrscheinlich süß-sauer eingemacht; vielleicht bezog sich Amelia auf ihr eigenes Rezept, in dem sie sogenannte Mangonen aus grünen Melonen macht.

Nimm einen Seebarsch von vier Pfund, koche ihn eine halbe Stunde; nimm sechs Scheiben rohes gepökeltes Schweinefleisch, brate sie, bis das Fett nahezu extrahiert ist, dazu ein Dutzend Kekse, fünf Minuten in kaltem Wasser eingeweicht; gib den Fisch in das Fett, ebenso das Schweinefleisch und die Kekse, brate zugedeckt 20 Minuten; als Beilagen reiche Kartoffeln, Essiggurken, Apfelmus oder Mangonen; garniere mit grüner Petersilie.

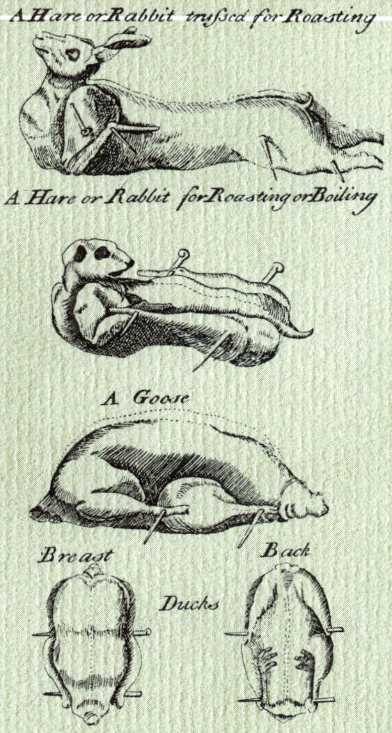

AMERIKANISCHE FISCHSUPPE

Für 6 Personen

- 2 kg Seebarsch oder anderer weißfleischiger Seefisch
- Wasser
- 1 Teelöffel Salz
- 12 Kekse (etwa 60 g), ungesalzen
- 250 g (6 Scheiben) gepökeltes Schweinefleisch
- 2 Eßlöffel gehackte Petersilie
- Salzkartoffeln, Essiggurken, Apfelmus oder mango chutney

Den Ofen auf etwa 180° C vorheizen. Den gut gewaschenen Fisch in eine feuerfeste Form geben, salzen und mit kaltem Wasser halb decken. Die Form mit einem gebutterten Papier (Fettpapier) decken und im Ofen 50–60 Minuten backen, bis sich das Fleisch leicht von den Gräten löst; auskühlen lassen. Haut und Gräten entfernen und das Fleisch in ziemlich große Stücke schneiden. Etwa 2,5 dl kaltes Wasser abgießen.
Das Pökelfleisch in einem gußeisernen Topf leicht anbraten, damit das Fett austritt. Den Fisch und die eingeweichten Kekse dazugeben, vorsichtig umrühren und mit dem Deckel fest verschließen. Bei mäßiger Hitze etwa 10–15 Minuten unter gelegentlichem Umrühren kochen lassen, bis auch der Fisch und die Keksmasse etwas angebräunt sind und das ganze Fett aufgesogen ist. Abschmecken, die gehackte Petersilie darüberstreuen, und mit Salzkartoffeln und Essiggurken, Apfelmus oder *mango chutney* reichen.

To alamode a round

Zu Ende des 18. Jahrhunderts bezog sich der Ausdruck *à la mode* (ursprünglich "modern, nach der Mode") im Küchengebrauch lediglich auf ein großes Stück Rindfleisch, das mit Knochen und Wein geschmort wurde, damit man eine gute Sauce erhielt. In der damaligen primitiven Küche war die Zubereitung auch dieses Gerichtes nicht immer einfach, und Amelia weist ausdrücklich darauf hin, das Fleisch auf die Knochen zu legen, um sein Anbrennen zu verhindern. Sie verklebt den Topf mit Teig (Mehlkleister), damit der Dampf nicht entweichen kann; das Fleisch legt sie über Nacht in Wein ein, bevor sie den Topf übers Feuer hängt.
Die am Schluß verwendeten Brotkrumen wurden wahrscheinlich mit Hilfe eines blanken, die Hitze zurückstrahlenden Blechs geröstet.

Nimm fettes Schweinefleisch, in Streifen geschnitten oder gehackt, würze mit Pfeffer, Salz, Majoran und Thymian, Nelken, Muskatblüte und Muskatnuß, mache Löcher in das Rindfleisch und stopfe sie am Vorabend mit der Masse; lege einige Knochen auf den Boden des Topfes, um das Anbrennen zu verhindern, gieße ein Quart Rotwein und ein Quart Wasser zu und füge eine Zwiebel bei; lege das Fleisch auf die Knochen, verschließe den Topf fest und verklebe den Rand mit Teig; häng ihn morgens übers Feuer und laß ihn zwei Stunden sachte schmoren; wende dann das Fleisch, schließe und verklebe es wieder gut, und laß es weitere zwei Stunden schmoren; wenn das Fleisch gar ist, gib zerriebene Brotkruste drauf und bräune es vor dem Feuer; schäume die Sauce ab und reiche sie in einer Butterschüssel, zum Fleisch selber gib den im Topf verbliebenen Saft.

SIMMONS

Gegenüber, oben:
Phillis, eine schwarze Köchin von Rhode Island, war so berühmt für ihre Johnny cakes, *daß sie noch 1798, 80 Jahre nach ihrem Tod, auf dieser Reklame abgebildet wurde.*

Gegenüber, unten:
Dieser Holzschnitt zeigt einen Obstgarten und eine Presse. Damals war Apfelwein das Hauptgetränk.

RINDSSCHMORBRATEN

Für 8–10 Personen

160 g Schweineschmalz, durch den Fleischwolf gedreht oder feingehackt
1 Teelöffel frisch gemahlener schwarzer Pfeffer
2 Teelöffel Salz
1 Teelöffel Majoran
1 Teelöffel Thymian
1/2 Teelöffel Nelkenpulver
1/2 Teelöffel Muskatnußpulver
1/2 Teelöffel Muskatblütenpulver
2 1/2–3 kg Rindsbraten, gerollt
750 g–1 kg Rindsknochen (Saucenbein)
7 dl roter Bordeaux
5 dl Wasser
1 Zwiebel, geviertelt
60 g frische Weißbrotkrume

ZUM VERKLEBEN DES TEIGES:

Etwa 1 dl Wasser
125 g Mehl

Das Schweineschmalz mit Salz, Pfeffer und den Gewürzen vermengen. Mit einem spitzen Messer tiefe Einschnitte im Bratenstück machen und das Schmalz hineinpressen. Die Knochen in einen großen gußeisernen Topf geben, das Fleisch drauflegen; Wein, Wasser und die Zwiebel beigeben, mit dem Deckel fest verschließen. Aus der Hälfte des Mehls unter Beigabe von etwa 3 Eßlöffeln Wasser einen Mehlkleister machen (nicht schlagen!) und damit Rand und Deckel verkleben, über Nacht kühl stellen. Am nächsten Tag den Backofen auf 165° C vorheizen, das Fleisch 2 Stunden schmoren lassen; dann den Topf öffnen, das Fleisch wenden, verschließen und mit neuem Mehlkleister verkleben, weitere 1–2 Stunden schmoren lassen. Wenn er gar ist, den Braten in eine Bratpfanne oder feuerfeste Form geben, mit den Brotkrumen bestreuen, leicht mit Bratensaft begießen und unter dem Grill bräunen; warm stellen. Die Sauce passieren, entfetten und nochmals aufkochen, abschmecken und separat auftragen.

Pompkin

Dieses einfach mit *pompkin* (Kürbis) überschriebene Rezept ist eigentlich ein Kuchen, den Amelia unter Puddings einreiht. Ihre erste Variante mit viel Sahne war wohl für Gäste gedacht, die zweite mit Milch und Melasse für den Alltag bestimmt. Trotz dem oft bitteren Beigeschmack wurde Melasse viel zum Süßen von Speisen verwendet, da sie in Gebieten, in denen es weder Zucker noch Ahornsirup gab, eher erschwinglich war. Während des Unabhängigkeitskrieges spielten Melasse und Rhum eine nicht unbedeutende Rolle, da die Engländer das Rohmaterial mit hohen Einfuhrzöllen belasteten. John Adams, der zweite Präsident der USA, sagte dazu: "Ich weiß nicht, warum wir uns schämen sollten zuzugeben, daß Melasse ein wichtiger Bestandteil der amerikanischen Unabhängigkeit ist."

No. 1. Ein Quart (Kürbis) gekocht und passiert, 3 Pinten Sahne, 9 zerklopfte Eier, Zucker, Muskatblüte, Muskatnuß und Ingwer, zwischen Teig No. 7 oder 3 gelegt, mit dem Teigrädchen schachbrettartig verziert, und auf Blechen dreiviertel Stunden gebacken.
No. 2. Ein Quart Milch, 1 Pinte Kürbis, 4 Eier, Melasse, Nelkenpfeffer und Ingwer in einem Teig, 1 Stunde backen.

KÜRBISKUCHEN

Ergibt 2 Kuchen (20 cm)

FÜR DEN TEIG:

375 g Melasse
1/2 Teelöffel Salz
25 g Butter
80 g Backfett oder Schweineschmalz
Etwa 1 dl Wasser

FÜR DIE FÜLLUNG:

7,5 dl Sahne
4 Eier, verklopft
7,5 dl Kürbis, gekocht und passiert
300 g Zucker
1 Teelöffel Muskatnußpulver
1 Teelöffel Muskatblütenpulver
2 Teelöffel Ingwerpulver
2 Kuchenbleche (20 cm)

DER TEIG: Mehl mit dem Salz in eine Schüssel sieben, Butter und Backfett oder Schmalz beigeben (in Stücken) und mit den Händen verarbeiten, bis die Masse krümelt. Sechs Eßlöffel Wasser zugeben, rühren, die Masse verkneten, wenn nötig mehr Wasser zugeben, um einen elastischen, aber nicht klebrigen Teig zu erhalten. 30 Minuten kalt stellen.

DIE FÜLLUNG: In die gekochte Kürbismasse die Sahne mit den Eiern schlagen, den Zucker mit den Gewürzen einrühren. Den Backofen vorheizen auf 180° C.

Zwei Drittel des Teigs ausrollen, die Kuchenbleche damit auslegen und die Kürbismasse einfüllen. Den restlichen Teig ausrollen, davon erst zwei 2 cm Streifen wegschneiden, weitere dünne Streifen als Gitter auf die Kuchen legen und mit den breiteren Streifen dem Rand entlang befestigen. Etwas 1 Stunde backen, die Füllung muß fest sein.

Nächste Doppelseite:
Susan Merrets "The Fourth of July Picnic at Weymouth Landing". *Für solche Feiern zum Unabhängigkeitstag war Amelias* Independence cake *wohl gedacht.*

erwähnt, wie gepökeltes Schweinefleisch, gedörrte Äpfel, Rosinen und Maisgrieß.

Im Süden, auf den Pflanzungen in Virginia und Karolina waren die Verhältnisse ganz anders. Sklavenarbeit war die Grundlage der Hauswirtschaft und der traditionsreichen südstaatlichen Gastfreundschaft. Thomas Jefferson sagte, er habe in Monticello, seinem herrlichen Landsitz in Virginia, nicht ein einziges Mal mit seiner Familie allein essen müssen; die Gäste fühlten sich von seinem Speiseeis nicht weniger angezogen als von seiner Konversation. George Washington beklagte sich, Mount Vernon, sein Sitz über dem Potomac, sei "kaum mehr als ein gut besuchtes Gasthaus." Familien, die sich Gastlichkeit so großen Stils leisten konnten, waren nicht allzu zahlreich, aber auch bescheidene Häuser hielten ein oder zwei Sklaven, bei denen es nicht darauf ankam, wie viel Zeit sie auf eine der südstaatlichen Spezialitäten – wie etwa *beaten biscuits* – aufwandten.

Als John Adams 1797 George Washington in der Präsidentschaft nachfolgte, bemerkte man sogleich den Unterschied im Niveau der offiziellen Anlässe. Wie fern in den Südstaaten der Dame des Hauses das Kochen stand, ist durch die Lage der Küche bezeugt, war sie doch meist in einem kleinen, vom Haupthaus getrennten Häuschen untergebracht. Dies hatte zwei Gründe: erstens die Feuergefahr und zweitens die an sich schon fast unerträgliche Sommerhitze. In Neu-England dagegen war die Küche Bestandteil des Hauses, in alten Bauernhäusern gar der eigentliche Wohnraum, wo alle von der großen Feuerstelle, deren Wärmerohre auch obere und angrenzende Räume heizten, Nutzen zogen. Hier wurde gekocht, und auf kleineren Feuerstellen zu beiden Seiten konnte Wasser zum Waschen und Reinemachen erhitzt werden. Die Hitzeregelung war eine heikle Sache, und die Köchinnen lernten bald, welche Scheite schnell und stark brannten und welche eine anhaltende Glut abgaben. In fast jeder Küche gab es eine schwenkbare Winde, an der Kessel und Kochtöpfe in verschiedener Höhe über dem Feuer aufgehängt werden konnten. Fleisch und Geflügel wurden am Spieß gebraten. Das Drehen der Spieße, eine heiße und langweilige Arbeit, besorgten die kleinen Kinder; später entwickelte man einfachste Antriebe mit Schnur und Gewichten. Zweckmäßig waren auch die dreifüßigen Bratpfannen, im Volksmund Spinnen genannt, die in der Asche sicher standen. Um die Oberseite der Puddings zu bräunen, bediente man sich der Salamander genannten Gratinschaufel, die man rotglühend in einem gewissen Abstand darüber strich. Backen konnte man, indem man einen geschlossenen Topf einfach in der heißen Asche eingrub. Dies war die ursprüngliche

Funktionsweise des Backofens, auch holländischer Ofen genannt. Unterteil und Deckel des Topfes wurden am Feuer erhitzt, das Backgut hineingegeben und rundherum glühende Asche gehäuft. In ihren Rezepten setzt Amelia Simmons voraus, daß ein Ofen vorhanden ist; die meisten Küchen

LIBERTY

Mais, Äpfel und verschiedene Kürbisarten waren wichtige Nahrungsmittel. Gemälde von Jonathan Fisher.

verfügten zumindest über einen Rückstrahlofen, eine spiegelnde, gegen das Feuer hin offene Blechkiste, welche die Hitze sammelte. Die besten Backöfen bestanden aus Ziegelsteinen und wurden mit großen Scheiten vorgeheizt, deren Asche man vor dem Backvorgang sorgfältig entfernte. Manchmal standen sie gleich neben der Feuerstelle und hatten eine Klappe, damit der Rauch durch das Kamin abziehen konnte. Andere wieder wurden außerhalb des Hauses gebaut.

Die meisten Hausfrauen buken ihr eigenes Brot, doch – wie Mrs. Trollope 1832 in *"Domestic Manners of the Americans"* schrieb – wurde es trotz seiner guten Qualität wenig gegessen, denn die Amerikaner "bevorzugen morgens und abends gräßliche, halbgebackene warme Brötchen." Amelia Simmons geht nicht weiter darauf ein; wahrscheinlich betrachtete sie das Brotbacken als eine selbstverständliche Fertigkeit, welche die Töchter von ihren Müttern beim Zusehen erlernten. In der Nahrungsmittelkunde und -auswahl waren aber genauere Kenntnisse erforderlich. Das Getreide wurde oft nachläßig geerntet oder falsch gelagert. In gewissen Fällen konnte der Roggen den Brand (Mutterkornpilz) entwickeln, der LSD enthält; darin glaubt man heute auch die Ursache der früheren Massenerkrankungen mit hysterischen Visionen zu erkennen; als "St. Antons-Feuer" bekannt, entsprachen die Symptome weitgehend dem LSD-Rausch. Hefe für Brot und Kuchen war nur beim Bäcker in der Stadt erhältlich, ihre Frische ließ aber auch hier oft zu wünschen übrig. Erfahrene Köchinnen wie Amelia machten ihre eigene Backhefe aus den sogenannten *emptins,* dem Bodensatz oder den Rückständen von Wein und Bier. Die Frauen der Westsiedler, der Pioniere, vertrauten auf Sauerteig aus gegärtem Kartoffelbrei, dem sie von Zeit zu Zeit Mehl und Wasser beigaben. Diese Backhilfe wurde, so hieß es, mit zunehmendem Alter immer besser und war daher ein beliebtes Brautgeschenk. Sie galt als so kostbar, daß die Goldsucher die Töpfe sogar ins Bett nahmen, damit die Hefe in der kalten Nachtluft nicht Schaden nahm, was ihnen denn auch den Beinamen *sourdoughs* ("Sauerteige") einbrachte.

Als *"American Cookery"* 1796 erschien, konnte die französische Küche schon auf eine 150jährige Blütezeit zurückblicken. Stachelbeertorte und Brotpudding gehören wirklich einer anderen Zeit und Welt an als so phantasievolle Kreationen wie Menons *paupiettes de bœuf à l'estouffade aux capucines confites* (gefüllte Rindsrouladen) mit eingemachten Kapuzinerfrüchten. Der Gegensatz zu England war nicht so groß; altbekannte "Schinken und Beefsteaks erscheinen morgens, mittags und abends", berichtet Mrs. Trollope, doch fand sie die Zusammenstellungen oft recht merkwürdig. "Ich habe gesehen, wie man Eier zusammen mit Austern aß; den ewigen Schinken zusammen mit Apfelmus; Beefsteak mit Pfirsichkompott; eingesalzenen Fisch mit Zwiebeln." Die englische Leidenschaft für Einmachen, Backen und das Kochen von Dorsch wurde im allgemeinen von den Amerikanerinnen geteilt. Dafür spricht der anhaltende Erfolg, den englische Autorinnen wie Hannah Glasse und Susannah Carter in Amerika genossen. Wenn auch die Rezepte, die auf englische Verhältnisse zugeschnitten waren, Zutaten verlangten, die in der Neuen Welt nicht erhältlich waren, und dort übliche Ingredienzen nicht zur Kenntnis nahmen, so dienten *"The Art of Cookery"* und *"The Frugal Housewife"* dennoch ihrem Zweck.

Daß jedoch ein lebhafter Bedarf nach einem echt amerikanischen Kochbuch bestand, zeigt die Flut von Nachahmungen, die Amelias bahnbrechendes Werk hervorrief. Als erste erschien 1803 eine amerikanische Sonderausgabe von *"The Frugal Housewife"*, eine wortgetreue Kopie des englischen Ori-

A Nice Indian Pudding

Heute versteht man unter *Indian pudding* einen gewürzten, mit Melasse gesüßten Pudding aus Maisgrieß, (*Indian corn* = Mais), zur damaligen Zeit war es irgendwelcher Pudding. Amelia gibt drei Varianten an, von denen die dritte wahrscheinlich nur ganz leicht gesüßt und zu Fleisch gereicht wurde.

No. 1. 3 Pinten abgekochte, heiße Milch, 7 Löffel feinen Maisgrieß; rühre gut, solange es noch heiß ist, dann abkühlen lassen; gib 7 Eier, ein halbes Pfund Weinbeeren, 4 Unzen Butter, Gewürz und Zucker bei, backe anderthalb Stunden.

No. 2. 3 Pinten abgekochte, heiße Milch auf eine Pinte Maisgrieß, gesalzen; abkühlen lassen, gib 2 Eier, 4 Unzen Butter, Zucker oder Melasse und Gewürze q.s. (quantum sufficit, d.h. nach Belieben) *hinzu; es braucht zweieinhalb Stunden Backzeit.*

No. 3. Salze eine Pinte Maisgrieß, gib ein Quart Milch dazu, süße und lege die Masse in ein starkes Tuch, in ein Messing- oder Bronzegefäß, oder einen Steinguttopf, verschließe gut, damit kein Wasser eindringt, koche 12 Stunden.

MAISPUDDING

Für 6 Personen

7,5 dl Milch
½ Teelöffel Salz
50 g gelber Maisgrieß
30 g Butter
1 Ei, verklopft
60 g Zucker oder 7 cl dunkle Melasse
½ Teelöffel Zimtpulver
½ Teelöffel Ingwerpulver
Eine nicht zu tiefe Puddingform (1 Liter)

Dieses Rezept entspricht der zweiten Variante in *"American Cookery"*. Heute gäbe man in Neu-England nochmals soviel Melasse dazu und reichte dazu Schlagsahne oder Vanilleeis.

Den Backofen auf etwa 180° C einstellen. Die Milch mit Salz erhitzen, den Maisgrieß langsam einrühren und bei geringer Hitze etwa 5 Minuten unter ständigem Rühren kochen, bis die Masse eindickt. Lauwarm werden lassen, die Butter einrühren, bis sie verschmilzt, dann das Ei, Zucker oder Melasse und Gewürze beigeben.
In eine nicht zu tiefe, gebutterte Puddingform geben und im vorgeheizten Ofen etwa 1¼ bis 1½ Stunden backen. Warm auftragen.

Independence Cake

Die stichwortartigen Anweisungen sind typisch für Amelias Rezepte. Sie gibt nur einige allgemeine Erklärungen zum Kuchenbacken, wie "für alle Kuchen, die Gewürze verlangen, sind diese fein zu zerstoßen und zu sieben; Zucker ist zu trocknen und fein auszuwalzen; Mehl im Ofen zu trocknen; Eier zu starkem Schaum zu schlagen" – alles recht umständlich. Als Backhilfe wurde allgemein Hefe verwendet. Die hier angegebene enorme Teigmasse läßt darauf schließen, daß verschiedene Kuchen daraus gebacken wurden. Mit Blattgold und Buchsbaumblättern verziert, war der Kuchen sicher für eine ganz besondere Gelegenheit bestimmt.

Zwanzig Pfund Mehl, 15 Pfund Zukker, 10 Pfund Butter, 4 Dutzend Eier, ein Quart Wein, 1 Quart Branntwein, 1 Unze Muskatnuß, je drei Unzen Zimt, Nelken, Muskatblüte, zwei Pfund Zitronat, je 5 Pfund Korinthen und Weinbeeren, 1 Quart Hefe; wenn gebacken, glasiere mit Hutzucker; garniere mit Buchsbaumblättern und Blattgold.

ZUM GLASIEREN: Während dem Backen schlage 6 Eiweiße steif, gib 3 Pfund gesiebten Zucker dazu und trage es dick auf, so heiß, wie es vom Herd kommt. Einige geben den glasierten Kuchen nochmals in den Ofen, dies beschädigt die Glasur und macht sie gelb; wird die Glasur sogleich aufgetragen, ist sie am besten, wenn sie nicht mehr in den Ofen kommt.

UNABHÄNGIGKEITS-KUCHEN

Für 12–14 Personen

30 g Trocken- oder Preßhefe
2 dl lauwarme Milch
500 g Mehl
250 g Butter
350 g Zucker
2 Eier, verklopft
½ Teelöffel Muskatnußpulver
1 Teelöffel Zimt
½ Teelöffel Nelkenpulver
1 Teelöffel Muskatblütenpulver
75 g Zitronat
150 g Korinthen
150 g Weinbeeren (Rosinen)
7 cl süßer Weißwein
7 cl Branntwein

FÜR DIE GLASUR:

1 Eiweiß
120 g Staubzucker
1 Springform (20 cm)

Gegenüber:
Diese einfache Zeichnung von Lewis Miller, einem Schreiner, zeigt die Kücheneinrichtung eines Hotels in Pennsylvanien um 1800. Im offenen Backsteinofen wurde das Brot gebacken. Ganz rechts hängen Würste zum Räuchern über einem kleinen Feuer.

Das Ansetzen des Hefestücks, wie Amelia es vorschreibt, ist für uns ungewöhnlich. Der fertige Kuchen ist feucht und fest. Amelia muß ihn sofort gebraucht haben, denn die Glasur verfärbt sich nach ein oder zwei Tagen; im Geschmack wird der (unglasierte) Kuchen jedoch besser, wenn er mindestens einen Monat luftdicht aufbewahrt wird.

Die Hefe über die lauwarme Milch streuen und etwa 5 Minuten stehen lassen, bis sie sich aufgelöst hat. 125 g Mehl in eine Schüssel sieben, eine Vertiefung machen und die Milch mit der Hefe hineingießen. Langsam das Mehl zu einem glatten Teig einrühren. Zudecken und an einem Ort 40 Minuten stehen lassen, bis sich Blasen an der Oberfläche bilden.
Die Butter schaumig rühren, den Zukker beigeben und die Masse weichtreiben, die Eier zugeben. Das restliche Mehl sieben und mit den Gewürzen vermischen. Zitronat, Korinthen und Weinbeeren gut mit Mehl stäuben. Den Backofen auf 190° C stellen, die Springform einfetten.
Nun das Mehl abwechselnd mit dem Wein und Branntwein in die Buttermasse einrühren, zuletzt die gestäubten Korinthen, Weinbeeren und das Zitronat. Erst jetzt das Hefenstück zugeben, und die Masse in die Springform füllen. Im vorgeheizten Ofen etwa $\frac{3}{4}$ Stunden backen, dann die Hitze auf 160° C zurücknehmen und weitere $1\frac{1}{4}$–$1\frac{1}{2}$ Stunden backen. Wird die Oberseite dabei zu braun, ist sie mit einer Folie abzudecken.
Wenn der Kuchen im Ofen ist, wird die Glasur vorbereitet: das Eiweiß steif schlagen und den Zucker eßlöffelweise einrühren. Den fertigen Kuchen sofort auf ein Gitter stürzen und glasieren, denn durch seine Hitze wird die Glasur gleich fest. Soll der Kuchen länger als einen Tag aufbewahrt werden, ist er erst kurz vor dem Auftragen mit einer Schmelzglasur zu decken.

THE
FRUGAL HOUSEWIFE,
OR
Complete Woman Cook.
WHEREIN
The Art of Dreſſing all Sorts of Viands, with Cleanlineſs, Decency, and Elegance,
Is explained in
Five Hundred approved RECEIPTS, in

Roaſting,	Paſties,
Boiling,	Pies,
Frying,	Tarts,
Broiling,	Cakes,
Gravies,	Puddings,
Sauces,	Syllabubs,
Stews,	Creams,
Haſhes,	Flummery,
Soups,	Jellies,
Fricaſſees,	Giams, and
Ragoos,	Cuſtards.

Together with the BEST METHODS of

Potting,	Drying,
Collaring,	Candying,
Preſerving,	Pickling,

And making of ENGLISH WINES.
To which are prefixed,
Various BILLS OF FARE,
For DINNERS and SUPPERS in every Month of the Year; and a copious INDEX to the whole.
By SUSANNAH CARTER,
Of CLERKENWELL.
LONDON.
Printed for F. NEWBERY, at the Corner of St. Paul's Church-Yard.
BOSTON:
Re-Printed and Sold by EDES and GILL, in Queenſtreet.

Gingerbread Cake

Amelia Simmons muß eine Vorliebe für Ingwerbrötchen gehabt haben, denn sie gibt mehr Rezepte dafür an als jedes andere zeitgenössische Kochbuch. In diesem Rezept verwendet sie als Backhilfe Perlasche, eine gereinigte Pottasche, die Vorläuferin der Backsoda. Das Rohmaterial, die Holzaschenlauge, war ein Nebenprodukt der ausgedehnten Waldwirtschaft, und gegen Ende des 18. Jahrhunderts wurde Pottasche, die zur Herstellung von Seife und Glas wie auch in der Textilindustrie gebraucht wird, in großen Mengen ausgeführt.

Drei Pfund Mehl, eine geriebene Muskatnuß, zwei Unzen Ingwer, ein Pfund Zucker, drei kleine Löffel Perlasche in Sahne aufgelöst, ein Pfund Butter, vier Eier; knete es zu einem festen Teig, forme ihn nach Belieben und backe ihn 15 Minuten.

INGWERBRÖTCHEN

Ergibt etwa 30 Stück

150 g Butter
2 dl Sahne
1 Ei, verklopft
1 Teelöffel Backsoda
500–550 g Mehl
1 Teelöffel Muskatnußpulver
1 Teelöffel Ingwerpulver
160 g Zucker
Ausstechförmchen

Die Butter mit der Sahne zum Schmelzen bringen, lauwarm auskühlen. Das Ei mit der Backsoda einrühren. Das Mehl mit Muskat und Ingwer in eine Schüssel sieben, den Zucker einrühren. Eine Vertiefung machen und die flüssigen Zutaten hineingießen, langsam zu einem festen Teig rühren, wenn nötig noch etwas Sahne zugeben. Den Teig auf ein mehlbestäubtes Brett geben, kneten, bis er glatt ist und sich vom Brett löst. 20 Minuten kalt stellen.
Den Backofen auf 190° C stellen und ein Backblech einfetten. Den Teig etwa 1 cm dick ausrollen und Förmchen ausstechen, auf das eingefettete Blech geben und etwa 20 Minuten im vorgeheizten Ofen backen, bis die Brötchen hellbraune Ränder haben. Auf einem Gitter auskühlen lassen und in luftdichten Blechbüchsen aufbewahren.

ginals, jedoch mit einem Anhang von dreißig Rezepten. Es gab wohl Überschneidungen mit *"American Cookery"*, aber manch anderes typisch amerikanisches Rezept war vorher noch nie im Druck herausgekommen, wie *crullers* (Kringel), *whaffles* (Waffeln), *cornmeal mush* (Mus aus Maisgrieß, oft ausgebacken) und *doughnuts* (Krapfen), Kronsbeerentörtchen und Ahornsirup. Der amerikanische Verleger von Hannah Glasse aber ließ sich nicht ausstechen. Zwei Jahre später brachte er *"The Art of Cookery"* ebenfalls heraus, wobei ein eigenes Kapitel mit Rezepten unverfroren Wort für Wort dem Anhang zu *"The Frugal Housewife"* abgeschrieben war. Noch dreister ging 1805 "eine Dame" vor, die das ganze Werk unter dem Titel *"New American Cookery"* abdruckte, ohne Amelia Simmons auch nur mit einem einzigen Wort zu erwähnen. Während den folgenden zwanzig Jahren waren die amerikanischen Kochbücher ausführliche oder flüchtige Bearbeitungen der englischen Klassiker oder von *"American Cookery"* und seinem Plagiat. Amelia Simmons selber war ja in dieser Beziehung auch kein Unschuldslamm, hatte sie doch einige ihrer (eher englischen) Rezepte, wie *syllabub* (ein Getränk aus Milch, Wein und Zucker, bei dem die Milch direkt aus dem Euter kommen mußte, um richtig schaumig zu sein) von Susannah Carter übernommen.

Die große Beliebtheit der ersten amerikanischen Kochbücher (Amelia Simmons' Rezepte wurden bis 1831 neuaufgelegt) zeigt, daß sich die Amerikanerinnen zu ihrer eigenen, einheimischen Küche mit Begeisterung und Stolz bekannten. In den 200 Jahren seit der Landung der *Mayflower* hatte sie sich von ihren europäischen Ursprüngen tatsächlich weit entfernt. Die meisten heute bekannten traditionellen Gerichte Amerikas, wie etwa *hoe cake, succotash* (Mais und Bohnen, zusammengekocht) und *chowder* gehörten schon auf den damaligen Speisezettel; *pies* (Früchtekuchen) waren zu einer solchen Leidenschaft geworden, daß die eine Seite der flachen, als Teller benutzten Holzbrettchen ausschließlich als "Kuchenseite" diente. Bei den ersten gedruckten Rezepten handelte es sich allerdings nur um eine kleine Auswahl. Immerhin war es Amelia Simmons in ihrer bescheidenen Art, die der amerikanischen Küche ihre eigene Ausprägung gab. Der Reiz ihres Buches liegt darin, daß es vom Leben der jungen amerikanischen Nation ein viel lebendigeres Bild vermittelt als manches gelehrte Werk und oft nicht weit entfernt ist vom Geist der Pioniere.

Antonin Carême

1783–1833

Titelblatt zu Carêmes Hauptwerk "L'Art de la cuisine française au XIX siècle".
Auf dem nebenstehenden Bild der Marquis de Béchamel; er war kein Koch, gab aber den Anstoß zu der berühmten, nach ihm benannten Sauce.

Taillevant — Menon — Liger — Bechamel
Elio — Lacour
Kervan — Connet
Richaud — Gaillon
Bardet — Morillon

L'ART de la CUISINE FRANÇAISE AU XIX.e SIECLE
Traité Élémentaire et Pratique
Suivi de dissertations Culinaires et GASTRONOMIQUES
Utiles aux progrès de cet Art
par M. Antonin CARÊME de Paris
A Paris
CHEZ L'ÉDITEUR, RUE THÉRÈSE No 11.

Provence, Dauphiné, Périgord, Bourgogne, Champagne, Normandie.

Antonin Carême ist wohl der größte Koch aller Zeiten. Als die französische Revolution den in Eleganz erstarrten Hof von Versailles wegfegte, war er ein Junge von sechs Jahren; sein Werk ist denn auch gezeichnet von der Freiheit des Denkens und Handelns, die Frankreich in den folgenden Jahren erfüllte. Er besaß den Geist und die Gestaltungskraft, die alte und die neue Küche voll auszuwerten, Methoden und Speisenfolgen zu vereinfachen und die Grundlagen für die klassische französische Küche zu legen. Dazu kam seine praktische Begabung, die ihn zum begehrtesten Chef seiner Generation mit internationaler Karriere werden ließ. Napoleon ähnlich, verband er Ordnungssinn mit romantischem Ehrgeiz und dramatischer Begabung.

Die hâtelets *oder Zierspieße aus Carêmes Zeit finden heute noch ihren Nachklang in den dekorativen Zahnstochern zu Hamburgern und Sandwiches.*

Carêmes Leistung ist umso erstaunlicher, als er, Kind eines trunksüchtigen Arbeiters, sich als reiner Autodidakt aus der Gosse emporschaffte. Mit zehn Jahren wurde Marie-Antoine – oder Antonin, wie er sich nannte – auf das harte Pflaster von Paris gestellt, mit den Worten: "Geh, mein Kind, laß es dir gut gehen in der Welt. Überlaß uns unserem Schicksal. Not und Elend sind unser Los, und wir werden sterben, wie wir gelebt haben. Aber Leute wie du, mit einem klugen Kopf, können ein Vermögen machen." Dieses väterliche Vertrauen war durchaus berechtigt. Mit dem Maß an Schlauheit, das seinen weiteren Lebensweg zeichnen sollte, klopfte der Junge an die Tür eines bescheidenen Bistros (Speisehauses), wo er eingelassen, verköstigt

Gegenüber:
Die weiträumige Küche des Brighton Pavilion ist im gleichen orientalischen Stil gehalten wie das ganze Gebäude, das zu Beginn des 19. Jahrhunderts für den Prinzregenten errichtet wurde. Man beachte die aufgereihten Kupferpfannen und die Metallhauben auf dem mittleren Tisch, die die Speisen auf dem langen Weg in den Speisesaal warm halten sollten. Hier war Carême einige Jahre tätig, doch fühlte er sich in seiner sprühenden französischen Kochkunst durch den konservativen britischen Geschmack eingeengt und sehnte sich nach Frankreich zurück.

In der Küche des Brighton Pavilion bereiten Köche Fleischstücke zu und braten sie am offenen Feuer.

LE CUISINIER.

und als Lehrling auf sechs Jahre eingestellt wurde. Seine Geschicklichkeit muß sich schon bald gezeigt haben, denn mit 17 Jahren wurde er von Bailly, einem der damals bekanntesten *pâtissiers,* als Konditorlehrling aufgenommen. Carême weiß von seinem Lehrmeister nur Gutes zu berichten; er beschreibt ihn als einen großzügigen Mann, der ihm den Zutritt zum *Cabinet des Gravures* (Kupferstichkabinett) ermöglichte, wo er sich selber das Lesen und Zeichnen beibrachte.

Zu jener Zeit war der Beruf des *pâtissier* mindestens so hoch angesehen wie der des *cuisinier.* Er war für die *pièces montées* verantwortlich, jene dekorativen Tafelaufsätze, die zu jedem großen Diner gehörten. Carêmes phantastische Aufbauten blieben unübertroffen. Seine ersten zwei Werke *"Le Pâtissier royal"* und *"Le Pâtissier pittoresque"*, beide 1815 erschienen, enthalten Hunderte von Zeichnungen: Landhäuschen, Ruinen, Wasserfälle, Tempel, Festungen, Windmühlen und andere plastische Schöp-

Prinz Talleyrand, Staatsmann und Feinschmekker, war während vieler Jahre Carêmes Dienstherr.

fungen. "Es gibt fünf schöne Künste", pflegte er beharrlich zu erklären: "Die Malerei, die Bildhauerei, die Dichtkunst, die Musik und die Architektur, deren Hauptzweig die Zuckerbäckerei ist." Seine phantasievollen Spielereien, die er zum Teil surrealistisch bemalte und bis zur Unkenntlichkeit verformte, waren zwar ein Spott für die Natur, begeisterten aber seine Lehrmeister.

Carême hatte seine zweijährige Lehrzeit bei Bailly kaum abgeschlossen, als Prinz Talleyrand auf ihn aufmerksam wurde. Talleyrand, ein sehr vielseitiger

Nächste Doppelseite:
Dieser Entwurf eines siebenstöckigen Tafelaufbaus erschien in Carêmes "Le Maître d'hôtel français". *Er selbst muß vor seiner Verwirklichung aber zurückgeschreckt sein, denn es kam nie dazu. Dargeboten werden Suppen, Fisch, Braten, kaltes Fleisch, Sülzen und* blancmanges *sowie Carêmes berühmte* pièce montées. *Diese waren meist aus violett, grün, orange, gelb und rot gefärbter Mandelpaste (Marzipan) und mit Schokolade verziert. Der Eindruck muß allerdings überwältigend gewesen sein.*

Die Gestaltung der Speisen war Carêmes besondere Leidenschaft. Er beschnitt die noch aus der Renaissance stammenden üppigen Garnituren und schmückte die Speisen mit den kleinen Zierspießen, auf die er in bunter Reihenfolge Trüffel, Hahnenkämme, Krevetten und dergleichen steckte; als Unterlage diente meist ein nicht eßbarer Sockel.

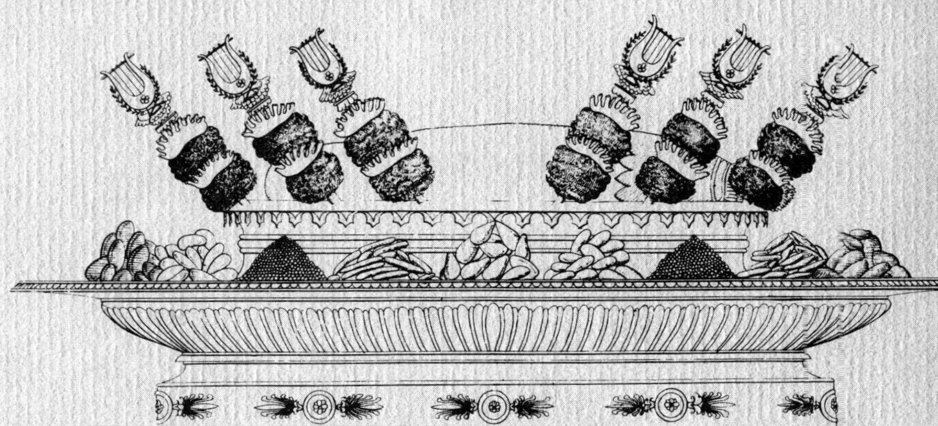

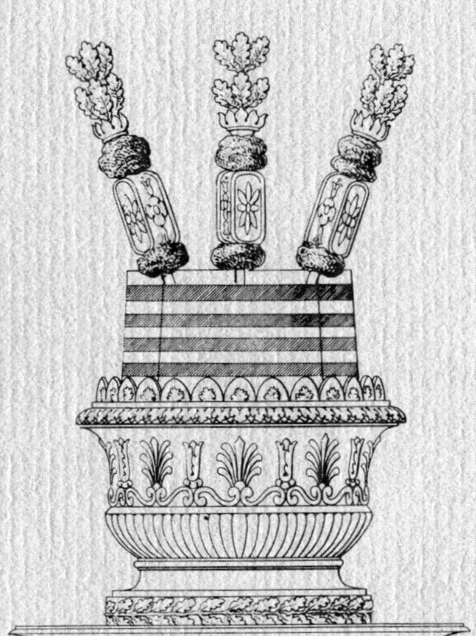

Die ersten Restaurants wurden in Paris unter dem ancien régime *(noch vor der Revolution) eröffnet; zu Anfang des 19. Jahrhunderts konnten sie sich, was ihre Küche anbetraf, durchaus mit den besten Privathäusern messen. Das Restaurant rechts ist wahrscheinlich das* Rocher de Cancale, *wo Grimod de la Reynière und seine Freunde verkehrten. Nach der Szene links im Bild zu schließen, scheint das Haus auch andere Annehmlichkeiten geboten zu haben, denn Damen der Gesellschaft sah man nie auswärts dinieren. Das einfache* Restaurant du Bœuf à la Mode *(links) entsprach eher den zeitgenössischen Speiselokalen.*

Mann, zudem geistreich und den Freuden des Lebens zugetan, gelang es, sowohl Außenminister Napoleons als auch – nach der Restauration – Ludwigs XVIII. zu werden. Er verfügte über eine der besten Küchen von Paris. Jeden Morgen besprach er den Speisezettel während einer ganzen Stunde mit Carême, der dies offenbar zu schätzen wußte, denn er bemerkte dazu: "Herr von Talleyrand hat Verständnis für die Genialität eines Koches; er respektiert sie, ist der beste Richter auch der feinsten Verbesserungen, und in seinem Aufwand verbindet er Weisheit mit Großzügigkeit." Obwohl eigentlich als Konditor angestellt, war Carême fest entschlossen, die Kunst des Kochens von Boucher, dem Chefkoch Talleyrands, zu erlernen. Zwölf Jahre später übertraf Carême seinen Meister, nicht zuletzt auch dank dem Umstand, daß er als Aushilfe bei besonderen Anlässen unter allen großen Chefköchen seiner Zeit hatte arbeiten dürfen.

Das napoleonische Zeitalter, in welchem Frankreich verzweifelt um die Herrschaft in Europa kämpfte, begünstigte kaum die hohen Künste der Lebenskultur. Die großen Tage der vornehmen Haushaltungen waren vorbei, und die bewußte Zurückhaltung in Mode und Stil während der Kaiserzeit war auch in der Küche deutlich spürbar. Aber Not macht erfinderisch: Die zum Sparen gezwungenen Köche machten geschickteren Gebrauch von ihrer Zeit und den noch vorhandenen Mitteln. Der aufwendige alte *coulis* machte der spanischen Sauce Platz, und die üppigen Hauptgerichte des *ancien régime* gerieten in Vergessenheit. Unbeirrt von solchen Beschränkungen, taten sich die Feinschmecker zu kulinarischen Clubs zusammen, und auf der literarischen Szene trat eine neue Gattung Schriftsteller auf – die Kulinographen. So verfaßte Grimod de la Reynière den *"Almanach des gourmands"*, ein der Kochkunst und dem Klatsch gewidmetes Jahrbuch, und Anthelme

"Die Rechnung, bitte!" Schon damals war gut essen eine teure Angelegenheit.

Demarais Del. Jubin Sculp.

Viele von Carêmes Rezepten sind übermäßig lang, nicht weil sie knifflig sind, sondern weil er jeden Vorgang so eingehend beschreibt. Eine Ausnahme machen die Rezepte in *"Le Pastissier françois"* von 1653. Dies sind die ersten alten Rezepte, die ein Anfänger leicht befolgen kann.

★★★★★★★★★★★★★★★★★★★★★★

Potage d'automne

Fast alle Suppen Carêmes sind auf stark gewürzten Consommés aufgebaut, die er aus Huhn, Rind, Kalb und Gemüse macht. Auf Reisen, so schlägt er vor, sollte man Sülze mitnehmen, die aus eingedickten Consommés gemacht, dann kalt gestellt und in Würfel geschnitten wird. Wie unsere heutigen Bouillonwürfel!

Schneide in Julienne-Streifen das Weiße von vier Lauchstengeln, die

100. Caisse à bain-marie.

gelben Blätter von zwei Büscheln Sellerie und von einem aufgeschnittenen Salatkopf. Gib sie, nachdem sie gut ausgewaschen sind, in eine kochende Consommé, gib ½ Liter feine Erbsen dazu, je 1 Prise Zucker und zerdrückten Pfeffer, zwei große Eßlöffel Mehl, vermischt mit kalter Brühe zu einem glatten Brei, rühre die Suppe mit einem großen Löffel, damit die Consommé langsam eindickt. Nach 1½ Stunden langsamem Kochen, reiche die Suppe in einer Terrine mit Croûtons, die nach der üblichen Regel gemacht sind.

HERBSTSUPPE

Für 8 Personen

Weiße Teile von 3 mittelgroßen Lauchstengeln, in Juliennestreifen geschnitten
Blätter von 2 Stangensellerie, gleich geschnitten
½ Kopfsalat, ebenfalls in Streifen geschnitten
2 l gut gewürzte Consommé
150 g frische grüne Erbsen
1 Prise Zucker
1 Prise weißer Pfeffer
Salz (nach Belieben)

GEBUNDEN MIT:

40 g Mehl
2 dl kalte Consommé

FÜR DIE CROUTONS:

6 Scheiben Brot ohne Rand, in Würfel geschnitten
120 g Butter

Wenn diese Suppe halb und halb mit selbstgemachter Kraftbrühe und Fleischextrakt zubereitet wird, ist der Geschmack viel besser. Tiefgefrorene kleine Erbsen können die frischen ersetzen.

Lauch-, Sellerie- und Salatstreifen waschen und abtropfen lassen. Kraftbrühe aufkochen; Mehl mit 2 dl davon binden und langsam glatt rühren, unter ständigem Umrühren in die kochende Kraftbrühe geben, 2–3 Minuten leicht kochen, bis sie eingedickt ist. Lauch, Sellerie, Salat, Erbsen, Zucker und Pfeffer beigeben, 15–20 Minuten abgedeckt sacht kochen, bis das Gemüse weich ist. Suppe abschmecken, wenn nötig, Salz und Pfeffer zugeben.

Unterdessen Butter erhitzen und die Brotwürfel braun rösten. Zum Abtropfen auf ein saugfähiges Papier legen und warm halten. Wenn in einer Suppenschüssel angerichtet wird, die Croûtons auf den Boden legen und die Suppe darüber gießen, wenn die Suppe in Tellern serviert wird, Croûtons separat dazureichen.

Sauce au beurre à l'italienne

Für die meisten von Carêmes Saucen braucht man mindestens 12 Stunden, weil sie Schritt für Schritt vom Saucenfond aus gemacht werden, langsam kochen lassen, um den Geschmack zu verstärken. *Sauce italienne*, auf der schnell zubereiteten *sauce au beurre* aufgebaut (siehe unten), ist eine der einfachsten. Carême reicht sie mit gebratenem oder gekochtem Fisch. Das Olivenöl von Aix-en-Provence und die Butter von Isigny (Normandie), die er vorschreibt, gehören heute noch zum Besten.

Nachdem du etwas Petersilie, einige Pilze, eine Trüffel und etwas Knoblauch gehackt hast, nimm ein Stück Lorbeerblatt und Thymian, eine ganze Nelke, etwas grob zerstoßenen Pfeffer, etwas geriebene Muskatnuß und etwas Salz; nach dem Dämpfen dieser Gewürze in etwas süßer Butter auf kleinem Feuer, gib ein Glas Champagner dazu, siebe dann die Kräuterstückchen und Nelke aus, gib die Mischung in eine Pfanne im Wasserbad, die schon einen großen Löffel Buttersauce aus 2 Eßlöffeln guten Öls von Aix-en-Provence, Isigny-Butter und Saft einer Zitrone enthält, rühre alles um und serviere. Die Sauce sollte gut gewürzt sein.

Sauce au beurre

In einer seiner zwischen die Rezepte eingestreuten, treffenden Bemerkungen sagt Carême, daß die Buttersaucen mit Scharfsinn gewürzt werden sollten, da ihre Zutaten so zarter Natur seien.

Gib in ein Pfännchen einen Eßlöffel Mehl und etwas Isigny-Butter. Nachdem das Mehl mit einem Holzlöffel eingerührt ist, gib ein halbes Glas Wasser oder Consommé mit etwas Salz und geriebener Muskatnuß hinein und den Saft einer halben Zitrone, rühre die Würze weiter auf großer Hitze, bis sie kocht, dann nimm die Sauce vom Feuer und gib ein nußgroßes Stück Isigny-Butter dazu; die Sauce sollte dann 'samten', zart und gut im Geschmack sein. Anstelle von Zitronensaft kann etwas guter gewöhnlicher Essig verwendet werden.

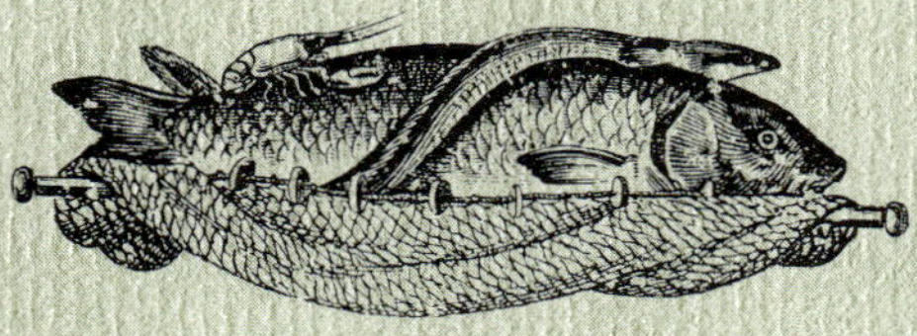

ITALIENISCHE BUTTERSAUCE

Für 4 Personen

½ Lorbeerblatt
1 Thymianzweiglein oder ½ Teelöffel Thymianpulver
1 ganze Gewürznelke
40 g Butter
2 Eßlöffel gehackte Petersilie
3 feingehackte Pilze
1 Trüffel, feingehackt (nach Belieben)
½ Knoblauchzehe, zerdrückt
1 Prise geriebene Muskatnuß
Salz und Pfeffer
1,25 dl Champagner
Buttersauce (siehe unten)
2 Eßlöffel Olivenöl
Saft einer halben Zitrone

Die erforderliche Menge Zitronensaft hängt von der Größe und Säure der Zitrone ab. Paßt zu gebackenem oder gekochtem Fisch.

Man binde Lorbeer, Thymian und Nelke mit einem Faden zusammen, oder lege sie in ein Stückchen Nesseltuch. In einer Kasserolle 1 Eßlöffel Butter schmelzen und Petersilie, Pilze, Trüffel (wenn verwendet), Knoblauch, Kräuter, Muskatnuß, etwas Salz und Pfeffer dazugeben. Über mittlerer Hitze 1–2 Minuten dünsten, bis die Pilze weich sind. Champagner dazugeben, 5 Minuten leicht kochen, Lorbeer, Thymian und Nelke entfernen.

Die Buttersauce (siehe unten) in ein Wasserbad oder einen gewöhnlichen Topf in eine mit Wasser gefüllte Bratpfanne geben. Champagner und Gewürze einrühren, dann langsam das Öl zugeben. Wenn die Sauce glatt ist, die restliche Butter in kleinen Stückchen unter Umrühren darin zergehen lassen. Nach Geschmack Zitrone, Salz und Pfeffer beifügen. (Da diese Sauce leicht scheidet, muß sie über heißem (*nicht* kochendem Wasser) fertig gemacht werden. Warm auftragen.

BUTTERSAUCE

Für 3 Personen – ohne Beigabe des *Italienne*-Gewürzes

20 g Mehl
120 g Butter
2 dl Wasser oder Fleischbrühe
1 Prise Salz
1 Prise Muskatpulver
Saft einer halben Zitrone, oder
2 Eßlöffel Weinessig

Diese Sauce kann anstelle einer Hollandaise gereicht werden. Sie wird jedoch nicht den gleichen Buttergeschmack haben, auch nicht so kremig sein, scheidet aber weniger schnell.

Man gebe das Mehl mit zwei Eßlöffeln Butter in eine Kasserolle und rühre auf kleinem Feuer, bis die Butter geschmolzen ist. Dann Wasser oder Brühe gut darunterziehen und Salz, Muskatnuß, Zitronensaft oder Essig beigeben und unter Rühren zum Kochen bringen. Wenn die Masse eindickt, vom Feuer nehmen und die restliche Butter in kleinen Stückchen hineingeben. Eventuell die Pfanne wärmen, damit sich die Butter gut mischt, aber nicht zu heiß, damit die Sauce nicht scheidet. Abschmecken und lauwarm auftragen.

Carême war der Ansicht, ausländische Früchte und Gemüse seien mit den französischen Erzeugnissen nicht zu vergleichen. Hier ein Bild des Pariser Marktes aus dem Jahre 1779, der damals La Halle *hieß.* Les Halles *sind vor wenigen Jahren abgerissen worden.*

de Brillat-Savarin, der berühmteste aller Gastronomen und regelmäßiger Gast an Talleyrands Tafel, war so sehr in die Speisen vertieft, daß er kaum ein Wort sprach.

Um 1815 ist der Unterschied zwischen der feinen und der bürgerlichen Küche dank dem Wirken von Carême und Beauvilliers, seinem großen Gegenspieler, auch für einen heutigen Koch leicht zu erkennen. Im Unterschied zu Carême, dem letzten großen Chef in privaten Diensten, erwarb sich Beauvilliers einen Namen als Restaurateur, war er doch der Erste, der "einen eleganten Speisesaal, gewiegte Kellner, einen vortrefflichen Keller und eine erlesene Küche bot" – und dies alles, wie Brillat-Savarin schrieb, "zu hochgetriebenen Preisen."

In seinen letzten Lebensjahren übertraf er Carême an Ruhm, seitdem sein Werk *"L'Art du cuisinier"* 1814 Triumphe gefeiert hatte und als einzig würdiger Nachfolger von Menons *"La Cuisinière bourgeoise"* galt. Beauvilliers starb 1820, bevor der Wettstreit der beiden Chefs in einen erbitterten Kampf ausarten konnte. Carême war noch immer mehr als Konditor denn als Koch bekannt, doch hinter den Kulissen der großen Häuser hatte dieser Reformator der Küche schon die klassische französische Kochkunst entwickelt, die er später so elegant beschreiben sollte.

Zur Förderung seiner weiteren Karriere verließ Carême 1815 Talleyrands Dienste und ging über den Kanal, um für den Prinzregenten, den eigen-

Poulets sautés à la castillane

Das Sautieren wurde Anfang des 19. Jahrhunderts erfunden, möglicherweise von Carême. Fleisch oder Geflügel wurde schnell angebraten, bevor man Flüssigkeit zugab, so daß man eine konzentrierte Sauce ohne Reduktion erhielt. Die Hitze muß beim Sautieren kontrolliert werden, damit das Fleisch nicht anbrennt. Dies war früher nicht möglich; den Herd mit flachen, gleichmäßig wärmenden Platten gab es noch nicht, ebensowenig die spezielle *sautoir* mit dickem Boden und geraden Seitenwänden, wie man sie heute noch gebraucht. Indem Carême Tomaten verwendete, war er seiner Zeit voraus, denn diese kamen erst Mitte des Jahrhunderts richtig auf.

Nimm ein Pfund Bayonne-Schinken, oder noch besser, Schinken von Malaga, schneide Würfelchen. Dünste sie in Butter, bis sie leicht braun sind. Lege zwei Hühner, in Stücke geschnitten, hinein und koche sie, bis sie fest, aber ohne Farbe sind. Gib vier Zwiebeln, in Scheiben geschnitten, zwei Schachteln Pilze (Champignons) ohne Stiele, etwas Petersilie, eine Knoblauchzehe und ein bouquet garni *dazu. Laß das Huhn, ohne es anzubraten, schnell kochen. Zehn Minuten vor dem Auftragen gib sechs in Hälften geschnittene, entkernte Tomaten in die Pfanne. Löse dann kurz den Pfannenfond auf und richte die Hühnchen mit der Garnitur und dem Fond an.*

47. Plat à sauter (v. p. 12).

HÜHNCHEN KASTILIANER ART

Für 4 Personen

25 g Butter
250 g leicht geräucherter Rohschinken, in kleine Würfel geschnitten
1 Brathuhn, etwa 1 1/2 kg, zerlegt
2 Zwiebeln, in Scheiben geschnitten
250 g Pilze, Stiele bis zum Hut entfernt (Champignons)
2 Stengel Petersilie
1/2 Knoblauchzehe, zerstoßen
1 bouquet garni (Kräuterbündel)
Salz und Pfeffer
3 halbgroße Tomaten, geschält, geviertelt, entkernt
1,25 dl Hühnerbrühe

Dieses Rezept scheint sehr einfach, aber viel hängt vom sorgfältigen Dünsten des Huhns ab; es soll schnell gar sein, ohne anzubräunen. Anstelle von geräuchertem Rohschinken kann man auch milden Speck verwenden. In einer Kasserolle oder großen Bratpfanne auf mittlerer Hitze die Butter schmelzen und den Schinken dünsten, bis er braun ist. Die Huhnstücke mit der Haut nach unten auf den Schinken legen und fünf Minuten dünsten, bis das Fleisch weiß und fest, aber nicht braun ist. Zwiebeln, Pilze, Petersilie, Knoblauch und Kräuterbündel hineinlegen, mit Salz und Pfeffer bestreuen. Über mittlerem Feuer weiter kochen, dann und wann umrühren, die Huhnstücke umdrehen und nochmals zwanzig Minuten kochen, bis die Zwiebeln weich sind und das Huhn zart ist. Tomaten zugeben, die Hühnerstücke darauflegen und während zehn Minuten weiterkochen. Hühnerstücke auf eine Platte legen und warm halten; Hühnerbrühe in die Pfanne gießen und unter Auflösen des Pfannenfonds aufkochen. Abschmecken und die Sauce über das Huhn gießen.

Jambon braisé et glacé à la piémontaise

Dieser geschmorte Schinken ist einer der schönen *grosses pièces,* die bei den festlichen Diners die Tafel krönten. *Mirepoix* ist eine Röstgemüsemischung.

Nimm einen guten Bayonner oder Westfälischen Schinken, leicht geräuchert, von bester Qualität. Schneide etwas Fett weg und weiche ihn in genügend Wasser ein. Für einen noch nicht jährigen Schinken sind vierundzwanzig Stunden genügend. Wasche ihn, laß ihn abtropfen und gib ihn in ein Tuch, das du leicht anziehst. Lege ihn in eine große braisière *(schwere Kasserolle), fülle Wasser auf und gib vier Karotten dazu, gleichviel Zwiebeln, zwei* bouquets garnis *mit Lorbeer, Thymian, Basilikum, einer Nelke und etwas Muskatblüte. Beginne bei starkem Feuer zu kochen; abschäumen. Gib den Deckel auf die Schmorpfanne und stelle sie so, daß der Schinken während drei Stunden ständig leicht kocht. Laß ihn abtropfen, häute ihn und lege ihn auf den Boden einer ovalen Pfanne, wo er eine Stunde im* mirepoix, *mit einem großen Löffel Consommé, einer halben Flasche guten Chablis' und einem halben Glas alten Cognacs, alles durcheinander gesiebt, leicht kocht. Es ist aber wichtig, den Schinken vor dem Kochen im* mirepoix *abzuschmecken, denn wenn das Fleisch leicht gesalzen ist, ist es besser, das Fleisch im ersten Kochen gar werden zu lassen, denn das* mirepoix *wird seine Poren schließen und – obschon dann mit würzigerem Geschmack – das eingeschlossene Salz konzentrieren. Die Erfahrung muß den richtigen Weg zeigen. Die Theorie kann nur erklären, das ist alles; die Praxis ist der Kern der Sache. Glasiere dann den Schinken in der ovalen Platte im Ofen. Lege den Schinken auf eine Platte in ein Bett von Reis* à la piémontaise, *aus anderthalb Pfund Reis. Dekoriere den Beinknochen des Schinkens mit einer Manschette und reiche ihn mit spanischer Sauce, ver-*

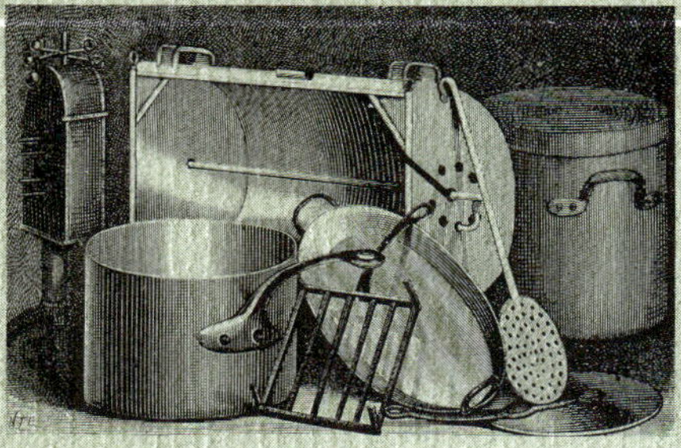

mischt mit dem abgefetteten mirepoix. *Gib geriebenen Parmesan separat dazu.*

GESCHMORTER SCHINKEN PIÉMONTESER ART

Je nach Schinkengröße
für 12–16 Personen

1 ganzer, roher Bauernschinken (5–7 kg)
Reis Piemonteser Art (siehe nächstes Rezept)
250 g geriebener Parmesan (separat)

ZUM LEICHT KOCHEN:

4 Karotten, geviertelt
4 Zwiebeln, geviertelt
1 großes Kräuterbündel
2 Teelöffel Basilikum
2 Gewürznelken
2 Blätter Muskatnußblüte

ZUM SCHMOREN:

45 g Butter
3 Karotten
3 Zwiebeln
3 Stangensellerie
(in Würfel geschnitten)
5 dl Consommé (Kraftbrühe)
5 dl Chablis, oder ein anderer trockener Weißwein
1,25 dl Cognac

FÜR DIE BRAUNE SAUCE:

3 Eßlöffel Öl
2 Karotten, gewürfelt
2 Zwiebeln, gewürfelt
30 g Mehl
8,5 dl Rindsbrühe
Salz und Pfeffer (nach Belieben)
Papiermanschette (zum Dekorieren)

Wichtig ist, einen mild gesalzenen Schinken zu verwenden. Stark gesalzene Schinken passen nicht zu diesem Rezept. Carêmes spanische Sauce verlangt fast einen ganzen Tag zur Zubereitung. Als Ersatz wird eine schnelle, braune Sauce vorgeschlagen. Eine moderne spanische Sauce, Zubereitungszeit 2–3 Stunden, findet sich in Escoffiers Rezepten zu *tournedos chasseur.* Der Schinken wird abgerieben, etwas Fett weggeschnitten, und während 24 Stunden gewässert. Abgetropft, fest in ein Tuch gewickelt und in einen großen Topf, zusammen mit den geviertelten Karotten und Zwiebeln, mit dem *bouquet garni,* Basilikum, Nelken und Muskatblüte geben. Wasser bündig aufgießen, schnell zum Kochen bringen, abschäumen, den Deckel auflegen und sanft kochen lassen: 15 Minuten je Pfund, dann weitere 15 Minuten. Auskühlen lassen.
Unterdessen Butter in einer Kasserolle schmelzen lassen, Karottenwürfel, Zwiebeln und Sellerie 5–7 Minuten darin schmoren lassen, bis alles weich (aber nicht braun) ist. Brühe zugeben, Chablis und Cognac zugießen und 30 Minuten leicht kochen lassen. Die Masse pürieren oder durch ein Sieb in eine große ovale Kasserolle treiben. Die Haut vom Schinken entfernen und den Schinken auf das Püree in die Kasserolle legen, zum Kochen bringen, zudecken und in mittlerer Hitze im Ofen (etwa 175° C) eine Stunde schmoren lassen.

DIE BRAUNE SAUCE: In einer Kasserolle das Öl erhitzen, die Karotten und Zwiebeln schmoren, bis sie weich und braun sind. Das Mehl einstreuen und über großer Hitze, unter ständigem Rühren, kochen, bis das Mehl braun, aber nicht angebrannt ist. Sofort die 7,5 dl Rindsbrühe zugeben und wieder unter Rühren zum Sieden bringen. Die Sauce abschäumen und ¼ Stunde leicht kochen lassen. Nochmals 1,5 dl Brühe zugeben, wieder abschäumen und weitere 15–20 Minuten, oder bis die Sauce leicht kremig ist, sanft kochen lassen, passieren und abschmecken. Wenn der Schinken gar ist, in eine Pfanne geben, mit der braunen Sauce gut übergießen. Im heißen Ofen (210° C) während etwa 20 Minuten braun braten, dazwischen übergießen. Alles Fett von der Kochbrühe abschöpfen und in die braune Sauce geben. Aufkochen und abschmecken. Den Reis auf einer großen Platte anrichten, den Schinken daraufgeben. Den Knochen mit einer Papiermanschette zieren. Die Sauce und den Parmesankäse separat reichen.

Riz à la piémontaise

Schon Carême kannte Karolinerreis. Das Waschen und Blanchieren aber zeigen, daß es nicht von der heutigen Qualität war.

Wasche in warmem Wasser anderthalb Pfund Karolinerreis mehrere Male. Nachdem er ein paar Sekunden blanchiert wurde, laß ihn abtropfen und drei Viertelstunden in einer Pfanne mit zwölf Unzen Butter, drei großen Löffeln Consomme, etwas groß gemahlenem Pfeffer und zwei Eßlöffeln geriebenem Parmesan leicht kochen. Wenn er auf die Platte getan wird, bestreue ihn etwas mit demselben Käse.

REIS PIEMONTESER ART

Für 12–16 Personen

750 g langkörniger Reis
375 g Butter
8,5 dl Kraftbrühe
7,5 dl Wasser
Salz und frisch zerriebener schwarzer Pfeffer
125 g geriebener Parmesan-Käse

In einer großen Kasserolle Butter schmelzen; Reis, Brühe, Wasser und etwas Salz und Pfeffer zugeben und mit 3–4 Eßlöffeln geriebenem Käse bestreuen. Zudecken und 20–25 Minuten sanft kochen lassen, bis die Flüssigkeit aufgesogen ist. Während 10 Minuten zugedeckt stehen lassen, dann leicht umrühren, um die Körner zu lockern, abschmecken. Den Reis auf eine große, heiße Platte geben und mit dem übrigen Reibkäse bestreuen, bevor der Schinken darauf gelegt wird.

Das tägliche Zusammenstellen der Speisenfolgen war eine sehr ernsthafte Angelegenheit, und Carême besprach sich während wenigstens einer Stunde mit seinem Dienstherrn, Prinz Talleyrand. Auf dieser Darstellung aus Grimod de la Reynières "Almanach des gourmands" *ziehen echte und erträumte Speisen am schwärmerischen Blick des Feinschmeckers vorbei.*

Les audiences d'un Gourmand.

willigen Gebieter über Englands Geschmack, zu arbeiten. Der Prinz behandelte Carême äußerst rücksichtsvoll; einmal bemerkte er: "Das Diner gestern abend war hervorragend, aber Sie werden mich noch umbringen", worauf Carême erwiderte: "Sire, meine Pflicht ist es, Ihren Appetit anzuregen, nicht ihn zu überwachen." Der Prinz sollte jedoch nicht allzulange solchen Versuchungen ausgesetzt sein. Carême litt neben dem Klima unter den Sticheleien der anderen Köche, nach deren Meinung der ausländische Eindringling zu viel Aufmerksamkeit genoß. Carême seinerseits war der Meinung, die Engländer hätten keinen Sinn für die feineren Kochsitten

Zwei Jahre in England waren für Carême genug; 1818 kehrte er nach Paris zurück, wo ihn weitere verlockende Angebote erwarteten. Er trat in die Dienste von Zar Alexander in Petersburg ein, doch – wie vorauszusehen – gefiel ihm Rußland nicht besser als England. Wie vor ihm Leonardi, fand Carême das Klima beschwerlich. Frischprodukte waren nur während vier Monaten im Jahr erhältlich – für einen Mann von seinen Fähigkeiten eine unerträgliche Einengung. Er reiste wieder nach Frankreich zurück und von dort nach Wien als Chefkoch des englischen Botschafters. Hier fühlte sich Carême viel besser zuhause. Mit Genugtuung bemerkte er, daß die erhältlichen Ingredienzen und der allgemeine Stand des Kochens nur gerade hinter Paris zurückständen. Schon einmal hatte er in der Donaustadt höchsten Ruhm geerntet, beim Wiener Kongreß nämlich. Wie Talleyrand, sein damaliger Dienstherr, war er ein Veteran der so illustren internationalen Tagungen, die nach den napoleonischen Kriegen Europas Schicksal bestimmten.

Nachdem er 1823 nach Paris zurückgekehrt war, begann für Carême der letzte, wichtigste Abschnitt seines Lebens, da er durch seine Werke zum Doyen seines Standes emporwuchs. Das erste, *"Le Maître d'hôtel français"*, war bereits ein Jahr zuvor erschienen. Er beschreibt darin die vielen hundert Menüs, die er persönlich in den verschiedenen Hauptstätten kreiert und zubereitet hatte: ein beredtes Zeugnis für seine Behauptung, er könne schneller und besser arbeiten als jeder andere.

Bescheidenheit war nie Carêmes größte Tugend; so rügte er einmal seine Berufskollegen öffentlich für ihre "schlechte Arbeit, eine Schande für unsere Küche", und stellte ihnen die Frage: "Warum seid ihr so armselig an Talent, so mittelmäßig an Erfindungsgeist?" Seiner Meinung nach benötigte der Koch "einen empfindsamen, feinen Gaumen, einen vollendeten Geschmackssinn, einen starken, arbeitsamen Charakter, dazu Geschicklichkeit und Fleiß, gepaart mit Ordnungssinn und Sparsamkeit."

Seine scharfe Kritik würde hochtrabend klingen, stünde sie nicht für die kompromißlose Art, mit der er selber seine Grundsätze befolgte. Carême selbst aß wenig und trank niemals Alkohol. Für seine Familie scheint er kaum Zeit gehabt zu haben, denn er spricht nur ein einziges Mal von einer Tochter und erwähnt seine Frau mit keinem Wort.

"Le Maître d'hôtel français" ließ Carême eine Zeitlang den Ruf eines olympischen Gottes genießen. Eisbomben aus Mandelmilch, Schlagsahne und frischem Früchtemark gehörten zu Carêmes Lieblingsgerichten. Hier konnte sich seine Gestaltungs-

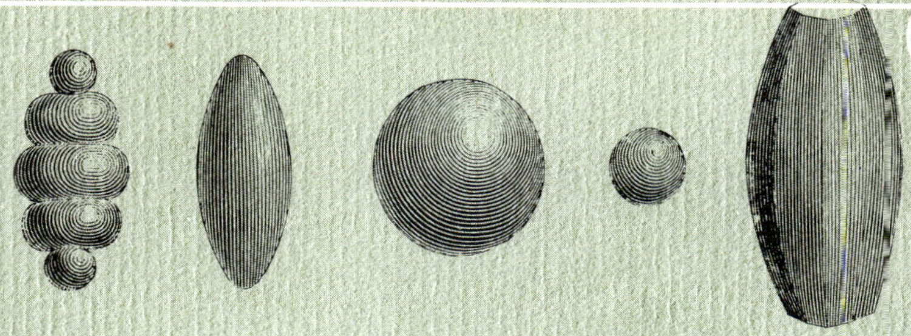

Garnitures de petites carottes à la flamande

Carême war für seine einfache Gemüsezubereitung berühmt. Er bestand darauf, daß das Gemüse nie verkocht sein dürfe, und schnitt das Wurzelgemüse in runde Stücke, um sich ein gleichmäßiges Garkochen zu sichern.

Schneide ein Bündel frischer Karotten mit einem Gemüsemesser in kleine Zylinder, blanchiere sie, kühle sie kurz aus und koche sie mit Bouillon, etwas Butter und Zucker. Wenn die Flüssigkeit zur Glasur eingekocht ist, gib kurz vor dem Anrichten etwas gehackte, abgebrühte Petersilie darunter.

JUNGE KAROTTEN FLÄMISCHE ART

Für 4 Personen

500 g junge Karotten
3,75 dl Kraftbrühe
15 g Butter
2 Teelöffel Zucker
1 Eßlöffel gehackte Petersilie

Carême schneidet und kocht Pastinak, weiße Rüben und Gurken gleich wie Karotten, und als hübsche Garnitur mischt er sie mit etwas Béchamelsauce.

Mit einem großen Apfelstecher schneide man Karotten in runde Stücke, den oberen und unteren Teil wegschneiden. Die Karotten in einer Pfanne mit kaltem Wasser zum Kochen bringen und sie 2 Minuten kochen. Abtropfen und unter kaltem Wasser abkühlen. Die Karotten in eine Pfanne mit der Brühe, Butter und Zucker geben, kochen, bis die Flüssigkeit zu etwa 1 Eßlöffel eingedickt ist und glänzt. Unterdessen wird die Petersilie in die Ecke eines Tuches gepreßt und kochendes Wasser darüber geleert; trocken ausdrücken. Die Petersilie bleibt leuchtend grün. Unter die Karotten mischen und auftragen.

Soufflé parisien aux fraises

Die klassischen Soufflés waren Carêmes Erfindung, obschon mit Meringuemasse schaumig gemachte Puddings schon lange bekannt waren. Dank der neuen Ofenrohre, mit Heißluft statt mit heißer Kohle geheizt, wurde die für Souffles erforderliche gleichmäßige Hitze erreicht. Die *croustade*, oder Teigschale, wurde nicht gegessen. Sie war aus geraden Seitenwänden geformt, wie unsere Auflaufformen, die aus ihr entstanden.

Nachdem ein großer Korb Erdbeeren entstielt ist, zerdrücke diese. Presse sie durch ein feines Sieb zu Püree. Vermische anderthalb Pfund Puderzucker mit achtzehn steif geschlagenen Eiweißen. Wenn dies gut vermischt ist, rühre das Erdbeerpüree ein. Gieße die Mischung in eine croustade *von etwa 25 cm Durchmesser und 10 cm Randhöhe. Lege Butterpapier darum. Diese* croustade *wird vorher gebacken, wie für das heiße* pâté à la financière, *sollte aber sehr dünn ausgerollt ein. Sie kann auch zur selben Zeit wie das Soufflé gebakken werden, nur braucht das Soufflé mehr Zeit. Ich backe die* croustade *lieber vorher. Gib die Soufflémasse in den mäßig warmen Ofen und lasse sie eine gute Stunde backen. Wenn sie zum Servieren bereit ist, lege glühende Holzkohle auf ein großes Backblech. Nimm das Soufflé aus dem Ofen und stelle es auf die Asche, damit es nicht zusammenfällt. Bestreue es mit Puderzucker und glasiere es, indem du mit einem rotglühenden Bügeleisen darüberfährst. Dann bringe es schnell in den Speisesaal. Hebe es mit Hilfe eines Pfannendeckes hoch und setze es auf eine Platte, die mit einer feinen Serviette bedeckt sein sollte. Entferne die Papierhalterung vom Soufflé und serviere sofort.*

Soufflés mit Himbeeren, Stachelbeeren, Mirabellen oder Reineclauden werden auf die gleiche Weise gemacht.

ERDBEERAUFLAUF

Für 4 Personen

250 g Erdbeeren, entstielt
125–175 g Zucker
5 Eiweiße
Puderzucker
Auflaufform von 1½ l Inhalt

Ohne Grillierschlange oder sehr heißem Rost ist es unmöglich, den Auflauf zu glasieren, deshalb wird er vor dem Anrichten mit Puderzucker bestreut. Die Masse ist so einfach, daß der Geschmack sehr von der Qualität der Erdbeeren abhängt. Diese sollten stark im Aroma sein. Ist dies nicht der Fall, gebe man etwas Kirsch oder Zitronensaft zum Püree. Sauce aus frischem Erdbeermark ist eine ausgezeichnete Beigabe.

Die Erdbeeren durchpresen, 60–120 g Zucker einrühren, je nach Reife der Erdbeeren. Die Auflaufform ausbuttern und mit Grießzucker bestreuen. Den Ofen auf 170° C vorheizen. Etwa eine Stunde vor dem Auftragen Eiweiße steif schlagen, den restlichen Zucker (60 g) beigeben und weiterschlagen, bis die Masse glänzt und steht. Etwas von der Meringuemasse in das Erdbeerpüree einrühren, dann das Püree zur restlichen Meringe geben, so leicht wie möglich übereinanderschlagen. Mit dem Löffel in die präparierte Form geben, die Masse bis zum Rand auffüllen – und im vorgeheizten Ofen 25–30 Minuten bakken lassen, bis sie aufgegangen und leicht angebräunt ist. Puderzucker darüberstreuen und sofort zu Tisch bringen.

Gâteau pithiviers

Die Entstehung des Blätterteiges ist unklar. Möglicherweise kommt er aus Italien oder Spanien, wo ihn die Araber mit ihren Zuckerwaren eingeführt hatten (ihr waffeldünnes Backwerk wurde allerdings anders gemacht). La Varenne kannte Blätterteig. Er machte ihn auf die klassische Art, und Carême mit seiner leichten Hand war darin ein Meister. Er zählt ein Dutzend verschiedene Arten des heutigen *gâteau pithiviers* auf. Mit "drehen" ist das Ausrollen und Wiederfalten des Teigs gemeint, und ein *litron* ist ein altes 12-Unzen Maß. Die weiße Glasur am Schluß des Rezeptes ist wahrscheinlich der weiße Zuckerguß. Die *aveline*-Mandeln, die zur Füllung gebraucht werden, sind gewöhnliche süße Mandeln, zum Unterschied von Bittermandeln, die ihres pikanten Geschmackes wegen manchmal in kleinen Mengen verwendet werden (z.B. bei den in diesem Rezept erwähnten Makronen).

Mach einen halben litron *Blätterteig. Wenn er achtmal gedreht worden ist, teile ihn; zwei Drittel der Masse rolle soweit aus, daß ein rundes, etwa 20 cm großes Teigblatt ausgeschnitten werden kann. Aus dem restlichen Teig mache ein zweites Blatt von 15 cm Durchmesser. Lege es auf ein Backblech. Befeuchte die Ränder des Bodens und gib die Füllung mit einem Löffel darauf. Streiche sie gleichmäßig bis etwa 2,5 cm an den Teigrand aus, lege dann das große Blatt sorgfältig darauf, drücke dessen Rand gut an, damit die Füllung während des Backens nicht auslaufen kann. Ringsherum gut mit einer Messerspitze einritzen, bis etwa 1 cm an die Füllung heran. Bestreiche den Oberteil mit Eigelb, kratze dann ein Palmenblatt, eine Rose oder einfach Streifen darauf. Schiebe den Kuchen in den Ofen. Wenn er braun wird, ziehe ihn näher zur Ofentür, damit der Teig eigentlich nur noch trocknet. Nach drei Viertelstunden gleichmäßig mit Zucker bestreuen, damit in wenig starker Hitze, vorn im Ofen, eine Glasur entsteht, oder bestreiche ihn mit einer weißen Glasur. (Der Boden dieses Kuchens sollte knusprig sein, sonst ist er nicht gut).*

Nach Zerstoßen von acht Unzen aveline-Mandeln (blanchiert) gib sechs Unzen feinen Zucker, vier Unzen Isigny-Butter, zwei Unzen bittere Mandeln, vier Eigelbe und eine kleine Prise Salz bei. Wenn alles gut verrührt ist, kommen vier Löffel Schlagsahne dazu.

GÂTEAU PITHIVIERS

Für 6 Personen

Blätterteig aus 200 g Mehl, 180 g Butter, 1 Prise Salz ½ Teelöffel Zitronensaft und 1–1,25 dl Eiswasser
1 verklopftes Ei, mit ½ Teelöffel Salz vermischt (für die Glasur)
Grießzucker (zum Bestreuen)

FÜR DIE FÜLLUNG:

125 g blanchierte Mandeln, gerieben
80 g Zucker
60 g weiche, ungesalzene Butter
1 Makrone, zerstoßen
2 Eigelbe
1 kleine Prise Salz
7 dl Schlagsahne, steif geschlagen

Bittermandel-Makronen, wie sie Carême vorschreibt, sind nicht erhältlich. Wenn also die Füllung fad schmeckt, gebe man ein paar Tropfen Bittermandel-Extrakt dazu. Jedes klassische französische Kochbuch gibt das genaue Blätterteig-Rezept.

DIE FÜLLUNG: Die geriebenen Mandeln in einem Mörser oder in einer Schüssel mit dem einen Ende eines Teigrollers zerstoßen, bis die Masse feucht und klebrig ist. Zucker und Butter darunterziehen, bis eine pastenähnliche Masse entsteht. Die zerstoßenen Makronen, Eigelbe und Salz, unter ständigem Schlagen einrühren, bis die Mischung zusammenhält. Nun vorsichtig die Schlagsahne einrühren.

Den Ofen auf 205° C vorheizen. ⅔ des Teiges abschneiden. Den größeren Teil auf ½ cm Dicke zu einem 25 cm-Blatt ausrollen. Mit einem scharfen Messer zu einem 20 cm-Rund schneiden. Die abgeschnittenen Teilstückchen aufeinander drücken und zum restlichen Blatt von 18 cm Durchmesser ausrollen und auf ein Rund von 16 cm beschneiden.

Den Boden des Rundes auf ein Backblech legen und einen 2½ cm breiten Rand rundherum mit Eigelb bestreichen, ohne daß es vom Rand tropft. Die Füllung in die Mitte geben und bis auf 2 cm an die Ränder des Teiges ausstreichen. Den großen Boden darauflegen und die Ränder gut aufeinander festdrücken, damit die Füllung nirgends auslaufen kann. Mit parallel zum Backblech gehaltenem Messerrücken wird der Rand eingekerbt, damit der Teig aufgeht, und mit vertikal gehaltenem Messer werden die Ränder in regelmäßigen Abständen so angezogen, daß es einen Muschelrand gibt. Der Deckel des Kuchens wird mit geschwungenen Linien von der Mitte aus wie eine Blume geritzt, und ein Loch in der Mitte soll den Dampf austreten lassen. Den Deckel leicht mit Glasur bestreichen.

Den Kuchen auf den oberen Rost des geheizten Ofens setzen und 20 Minuten backen, bis der Teig aufgegangen und leicht braun ist. Die Hitze zurücknehmen auf 180° C, den Kuchen auf den Boden des Ofens stellen und weitere 30 Minuten knusprig backen. Auf ein Drahtgitter zum Auskühlen geben. Kalt oder warm reichen.

Carême diente in vielen großen Häusern als Aushilfe und kannte wahrscheinlich auch die Küche der Tuilerien (unser Bild). Braten drehen vor riesigen Feuern am Spieß, während in der kühlen Speisekammer (rechts) Köche auf Gelatine- oder Zuckerböden die pièces montées *aufbauen, die Carêmes Stolz waren.*

gabe ungehemmt entfalten, und seine Rezepte sind auch heute noch unübertroffen. Es waren jedoch die Aspike mit ihren kunstvollen Formen und reichen Garnituren, die seiner Leidenschaft für große Entfaltung die Zügel frei gaben. Das kalte Buffet, obschon es auf die *credenza* der italienischen Renaissance zurückging, kam in Frankreich erst nach der Revolution so richtig auf. Carême war sein unbestrittener Meister. In *"Le Cuisiner parisien"* (1828) legte er die Grundregeln für die Bereitung der klassischen *chaudefroids* und des Aspiks dar, einer Kunst, die sich seither nicht sonderlich weiterentwickelt hat.

Sein letztes Werk, *"L'Art de la cuisine française au 19e siècle"*, ist eine ausführliche Übersicht über die feine französische Küche, wie sie – von ihm vervollkommnet – ohne viele Änderungen bis Ende des Jahrhunderts Geltung hatte. In diesem Buch entwickelt er einige hundert Variationen der heutigen *potages* (Suppen) und führt die neue Sitte ein, Fleisch mit Fleisch und Fisch mit Fisch zu garnieren, womit er auf die seit dem 15. Jahrhundert gebräuchlichen Kalbsbrieschen (Milken) und Hahnenkämme verzichtet. Die Grundsaucen – *espagnole*, *béchamel* und *velouté* – sind den heutigen Küchenchefs ebensowohl bekannt wie Carêmes über hundert verschiedenen Variationen. Er wurde wegen seiner Extravaganzen kritisiert, in Wirklichkeit bilden seine Speisenfolgen aber eine Vereinfachung. Sein Idealmenü beschreibt er wie folgt: zuerst eine Gemüsesuppe, dann gebratene oder geschmorte Rindslende, dazu glasierte Gemüse oder Reis, und als Sauce reiner *jus* (Bratensaft), pochierter oder gratinierter Fisch, oder Fischragout, gebratenes Geflügel mit Gemüse, Backwerk, Salat und eine Süßspeise. Erst gegen Ende des Jahrhunderts wurden

Das Mißtrauen der Engländer gegenüber der französischen Küche beruhte auf Gegenseitigkeit. Französische Karikatur eines an Auszehrung leidenden Engländers bei seiner Ankunft in Frankreich zur Kur (links) und desselben Mannes, wie er nach Knoblauch riechend, den Schmerbauch auf einem Schiebkarren aufgestützt, nach England zurückkehrt (rechts).
Gegenüber:
Das frühe 19. Jahrhundert war das Zeitalter der Kulinographen, die in Büchern und Zeitschriften über die Eßkunst philosophierten, wozu sie ihre Erfahrungen bei ausgesuchten Diners sammelten. Hier wird ein Küchenchef für seinen Mainzer Schinken mit einem Lorbeerzweig gekrönt.

solche bewundernswert zusammengestellte Menüs dank Escoffier, einem weiteren hervorragenden Küchenchef) zur allgemein gültigen Regel.
Während Carême an seinem Standardwerk arbeitete, begann seine Gesundheit merklich nachzulassen. Die ersten drei Bände erschienen 1833, im Jahr seines Todes. Zwei weitere Bände fügte sein Freund und Kollege Plumérey später hinzu. Seine Hingabe an die hohe Kochkunst hatte ihn völlig erschöpft. Er pflegte bei Morgengrauen aufzustehen, um auf dem Markt die frischesten Gemüse und Früchte auszusuchen. Täglich war er bis 10 oder 11 Uhr nachts im Dienst, und bevor er zu Bett ging, wie spät es auch sein mochte, schrieb er kurz die erzielten Fortschritte auf; diese Notizen dienten ihm dann zweifellos als Grundlage für seine Werke. Oft schlief er kaum, denn mit den Saucen für ein wichtiges Diner mußte schon um drei Uhr früh begonnen werden. Zudem waren die Bedingungen, unter denen er arbeiten mußte, äußerst anstrengend. "Stellen Sie sich eine große Küche während eines Festmahles vor", schreibt er. "Sie sehen zwanzig Köche kommen und gehen, in dieser Hölle hin und her eilen, sehen die Riesenmenge Holzkohle, ein Ster nur für die Vorspeisen, ein weiterer Haufen auf den Herden für die Suppen, Saucen, Ragouts, für die Bratpfannen und die Wasserbäder. Rechnen Sie dazu noch die Holzstöße, vor denen sich vier Bratspieße drehen, einer mit 45 bis 50 Pfund Rindslende, die anderen mit Federvieh und Wild. In diesem Glühofen ist alles in rascher Bewegung: man hört keinen Laut, nur der Chef darf seine Stimme erheben, und ihr gehorchen alle. Und als Schlimmstes: während ungefähr einer halben Stunde werden alle Fenster geschlossen, damit der Luftzug die angerichteten Platten nicht erkalten läßt... und so verbringen wir die besten Jahre unseres Lebens. Wir müssen immer weitermachen, auch wenn unsere Kräfte erschöpft sind, und es ist die brennende Holzkohle, die uns umbringt."
Carême hat seine Berufswahl jedoch keineswegs bereut. "Die Holzkohle bringt uns um, was macht das schon? Je kürzer das Leben, desto größer der Ruhm", sagte er. Er war ein Einzelgänger, empfindlich, egoistisch, eine starke, leuchtende Persönlichkeit, die jeder Kritik die Stirn bot. Seine praktische Erfahrung suchte ihresgleichen – ob Suppen, Saucen, Aspike, Backwaren oder Eisbomben, immer war er der große Könner. Seine Schriften erfassen die klassische französische Küche in ihrer Ganzheit – er war an allem und jedem interessiert, was mit Eßkultur zu tun hatte. Seine Beobachtungen entspringen nicht oberflächlicher Neugier, seine Anweisungen haben Gewicht, was immer sie unmittelbar betreffen mögen. Carême besaß das unheimliche Geschick, das Herz der Sache, den wahren Kern der Materie zu treffen; er hatte das Feuer des Genies.

..........et je prétends, dans ma reconnoissance,
Dérobant les Lauriers d'un Jambon de Mayence,
D'une couronne un jour décorer ton bonnet.

Monsiau delineavit. Bovinet Sculpsit.

Isabella Beeton

1836–1865

Das reichlich überladene Titelblatt paßt gut als Einleitung zu "Household Management" mit seinen 1100 Seiten in kleinstem Druck. Mrs Beeton starb 1860, erst 29 Jahre alt; sie überlebte die Erstausgabe ihres Buches nur um 5 Jahre.

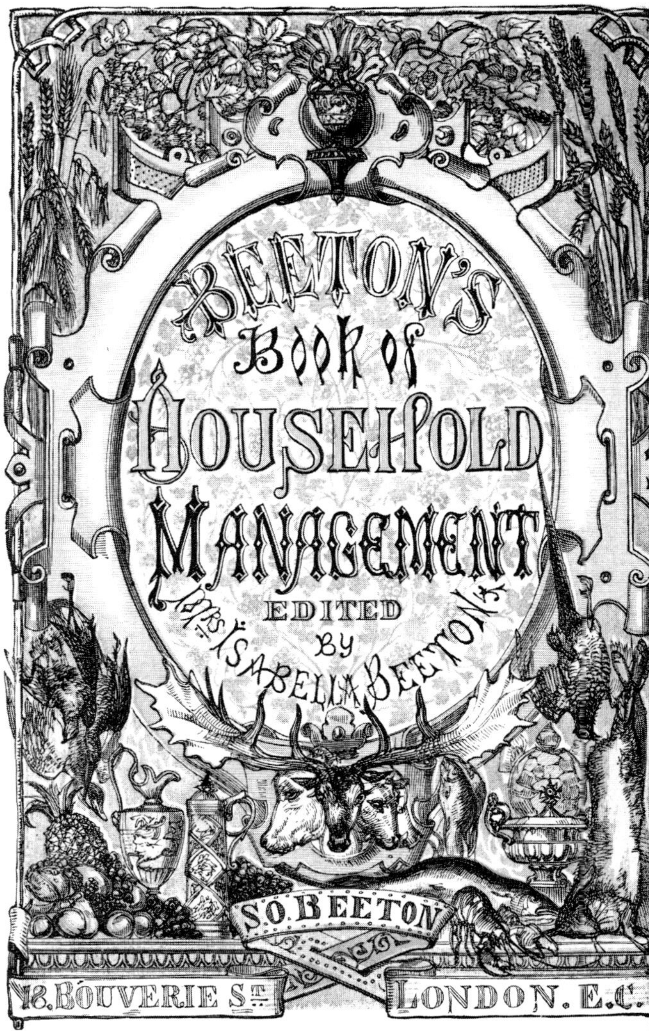

Das erfolgreichste europäische Kochbuch, das jemals veröffentlicht wurde, ist Isabella Beetons *"Household Management"*. Das Buch, auf das alle sich kurz mit "Mrs. Beeton" bezogen, wurde wiederholt aufgelegt und auf den neuesten Stand gebracht; heute, mehr als 100 Jahre nach seinem ersten Erscheinen, ist es immer noch erhältlich. Es beinhaltet mehr als 1500 Rezepte und beschäftigt sich in erschöpfender Weise mit allem, was mit dem Haushalt zu tun hat, vom Auswählen der Dienerschaft bis zum Tischdecken.

Obwohl die Verfasserin erst 24 Jahre zählte, verfügte sie schon über mehr praktische Erfahrung als die meisten Frauen in ihrem ganzen Leben erwerben. Isabella Mary Mayson wurde 1836 als älteste Tochter einer Familie mit 21 Kindern in London geboren. Ihr Vater starb, als sie fünfjährig war. Ihre Mutter, die damals vier Kinder hatte, heiratete jedoch bald wieder. Isabellas Stiefvater war ein gewisser Henry Dorling, Angestellter am Rennplatz von Epsom, ebenfalls verwitwet, mit vier Kindern. Als die Familie immer zahlreicher wurde, bezog sie ein wahrlich einzigartiges neues Heim: die Haupttribüne des Rennplatzes. Andererseits erhielten die Kinder die für den viktorianischen Mittelstand übliche Erziehung, und Bella wurde durch ausgezeichnete Lehrer unterrichtet. Diese Ausbildung sollte ihr später sehr zustatten kommen. Als sie heranwuchs, mußte sie sich um einen großen Teil des Haushalts kümmern; in einem ihrer Briefe beklagt sie sich, daß jedesmal, wenn sie eines der Geschwister gesund gepflegt hatte, das nächste krank wurde.

Als sie mit 19 Jahren Samuel Beeton begegnete, war sie schon eine selbstsichere, gutaussehende junge Frau mit blauen Augen und ausgesprochen markanten Kinn und Nase. Sam war für Bella der ide-

Gegenüber:
Isabella Mayson, die spätere Mrs. Beeton und Musterbeispiel viktorianischer Ehrbarkeit, wuchs in einer höchst ungewöhnlichen Umgebung auf: der Haupttribüne des Rennplatzes in Epsom. Allerdings gab es da nur ein paar Tage im Jahr so viele Menschen wie auf dem berühmten Bild von W.P. Firth "Derby Day".

Mit Essig und Öl kam jetzt auch Worcestershire-Sauce auf den Tisch (rechts), eines der verschiedenen Fertigprodukte, die Mrs. Beeton empfahl.
Auch bei den damaligen Sitten muß diese silberne Suppenschüssel (unten) doch recht protzig gewirkt haben.

ale Partner: hochbegabt, lebhaften Geistes, ewas neurotisch, aber ein vielversprechender junger Verleger. Ohne gegenseitige Unterstützung wären weder er noch sie so erfolgreich geworden. Entschlossen, eine Mustergattin zu sein, machte sich Bella sogleich hinter das theoretische Studium des Kochens und der Hauswirtschaft. Kaum waren sie verheiratet, betreute Sam sie 1856 mit der Arbeit an *"The Englishwoman's Domestic Magazine"*.
Diese Zeitschrift hatte wie manch andere ihre Leserschaft im neuen Mittelstand der Industriegesellschaft, dessen Leben durch Sparsamkeit und Acht-

barkeit geprägt war. So behandelte das Magazin Themen wie "Können wir mit 300 Pfund im Jahr leben?" und gab seinen Leserinnen unermüdlich Anleitungen zum Kleidermachen, für Perlstickerei und Geistesbildung.
Indem sie Ideen anderer Autorinnen (etwa der hochgeschätzten Eliza Acton) übernahm, nahm Mrs. Beeton ihr Meisterwerk in Angriff. Sie behauptete, alle Rezepte in *"Household Management"* selbst erprobt zu haben; dies zu glauben fällt allerdings schwer, denn es würde bedeuten, daß sie während zwei Jahren durchschnittlich 15 Rezepte in der Woche gekocht hätte. Daneben war sie sehr stark mit Schreiben beschäftigt, viel mit ihrem Mann auf Reisen und hatte zwei Kinder, die allerdings früh starben. Die Arbeitslast war ungeheuer, und Mrs. Beeton gab dies unumwunden zu. "Ich muß ganz offen eingestehen", schreibt sie im Vorwort zu *"Household Management"*, "hätte ich vorher gewußt, daß dieses Buch mich derart viel Mühe kostete, hätte ich niemals den Mut gehabt, mich daran zu wagen."
"Household Management" erschien 1859 in Fortsetzungen und kam 1860 als Buch heraus. Man liest gerne darin. Im Gegensatz zu der blumenreichen Sprache jener Zeit ist Mrs. Beetons Stil präzis und außerordentlich flüssig. Sie trifft genau den richtigen Ton, der überlegenes Fachwissen mit Methodik verbindet, und ist damit ihren Konkurrentinnen weit voraus. Sie gibt als erste genaue Mengenangaben, die Kochzeiten und Portionen an. Da ihre Leserinnen vor allem Stadtmenschen waren, vermerkt Mrs. Beeton bei jedem Rezept die geeignete Jahreszeit und fügt noch praktische Anweisungen für den Einkauf bei. Dagegen räumt sie dem Einmachen, dem Stolz jeder Hausfrau auf dem Lande, wenig Platz ein, denn Voraussetzung dazu ist ein reichhaltiger Küchengarten. Fertigprodukten (z.B. Pilz-Ketchup) gibt sie ihren Segen und empfiehlt auch das Backpulver, das seit etwa 1850 erhältlich ist. Bis dahin hatten die Hausfrauen eine wenig zuverlässige Mischung aus Backsoda und Buttermilch oder Melasse verwendet.
Mrs. Beeton versucht, Unvorhergesehenes möglichst auszuschalten, und manche Gastgeberin unserer Tage wird ihr zustimmen, wenn sie sagt: "Die halbe Stunde vor dem Essen gilt immer als die große Bewährungsprobe für die Hausfrau, die sie entweder mit fliegenden Fahnen besteht oder dabei einen Teil ihrer Lorbeeren einbüßt." Ganz besonders liegen ihr Picknicks, die erholsamen Landpartien der viktorianischen Zeit, die dem un-

  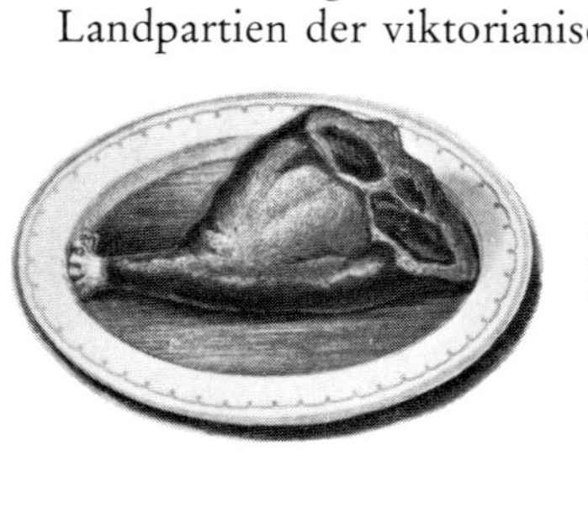 

Mrs. Beetons Rezepte mit genauer Angabe der Zutaten, der Koch- oder Backzeit, der Portionen und ungefähren Kosten galten lange Zeit als mustерhaft. Der viktorianischen Schwäche für Kursivschrift gibt sie nur dort nach, wo sie besonders deutlich sein will – ganz im Gegenteil zur Königin, die dreifach Unterstrichenes und Ausrufungszeichen über alles liebte. Wenn auch einige von Bellas Methoden recht ungewöhnlich erscheinen, bewähren sie sich in der Praxis doch bestens.

★★★★★★★★★★★★★★★★★★★★★

Ox-tail Soup

Alle englischen Kochbücher enthalten herkömmlicherweise zwei Rezepte für Ochsenschwanzsuppe – eine gebundene und eine mit Eiweiß geklärte, für besondere Anlässe. Die hier aufgeführte gebundene Variante ist an sich schon fast eine Mahlzeit.

ZUTATEN: *2 Ochsenschwänze, 2 Scheiben Schinken, 1 Unze Butter, 2 Karotten, 2 weiße Rüben, 3 Zwiebeln, 1 Lauchstengel, 1 Selleriekopf (Selleriegrün), 1 Kräuterbündel, 1 Lorbeerblatt, 12 ganze Pfefferkörner, 4 Nelken, 1 Eßlöffel Salz, 2 Eßlöffel Ketchup, ½ Glas Portwein, 3 Quart Wasser.*

VERFAHREN: *Schneide die Schwänze den Wirbeln entsprechend in Stükke; wasche sie und lege sie mit der Butter in eine Kasserolle, schneide die Gemüse in Scheiben und gib sie mit den Pfefferkörnern, Kräutern und Gewürzen dazu. Gieße mit ½ Pinte Wasser auf und rühre über starkem Feuer, bis sich der Saft bildet. Fülle die Kasserolle nun ganz mit Wasser auf, wenn es kocht, gib das Salz bei. Gut abschäumen und sehr sachte 4 Stunden kochen lassen, bis die Schwänze weichgekocht sind. Nimm die Fleischstücke heraus, schäume die Brühe ab und passiere sie, dicke sie mit Mehl ein und schmecke mit dem Ketchup und dem Portwein ab. Nun gib die Fleischstücke wieder hinein, laß noch 5 Minuten ziehen.*

ZEITAUFWAND: *4½ Stunden.*
Ungefähre Kosten: 1s. 3d. je Quart.
Beste Jahreszeit: Winter.
Reicht für 10 Personen.

OCHSENSCHWANZ-SUPPE

Für 10 Personen

30 g Butter
2 Ochsenschwänze von je etwa 1 kg, den Wirbeln entsprechend in Stücke geschnitten
250 g roher, nicht zu fetter Schinken oder Speck, in Würfeln
2 Karotten
1 großer Lauchstengel
Selleriegrün
} in Scheiben/Streifen geschnitten
1 kleines Büschel Petersilie
1 Teelöffel Thymian
1 Lorbeerblatt
12 Pfefferkörner
4 ganze Nelken
3½ l Wasser
1 Eßlöffel Salz
7 cl Portwein
2 Eßlöffel Tomatenketchup

ZUM BINDEN/MEHLSCHWITZE:

80 g Butter
40 g Mehl

Verwendet man nur halb so viel Wasser, erhält man ein Ragout.

In einem großen Kochtopf die Butter schmelzen, die Schwanzstücke, Schinken, Gemüse und Gewürze (ohne Salz) und ½ l Wasser dazugeben. Bei starker Hitze rühren, bis der Fleischsaft braun eingedickt ist. Das restliche Wasser zugießen und zugedeckt langsam zum Kochen bringen. Gut abschäumen, das Salz beigeben, zugedeckt 4–5 Stunden sanft kochen lassen, bis sich das Fleisch von den Knochen löst. Immer wieder rühren und abschäumen.
Die Schwanzstücke werden sodann herausgenommen und zur Seite gestellt. Die Brühe passieren und, wenn möglich, über Nacht kaltstellen, damit das Fett auf der Oberfläche fest wird und leichter entfernt werden kann. Die Flüssigkeit sollte auf 2½ l reduziert sein; wenn nötig, noch etwas Wasser nachgießen.
Zum Binden der Suppe eine braune Mehlschwitze machen und unter ständigem Rühren mit der Brühe aufgießen und aufkochen. Die Schwanzstücke wieder hineingeben; den Portwein zugeben, wie auch den mit etwas heißer Brühe vermischten Ketchup. Abschmecken, noch 5 Minuten ziehen lassen.

Moulded Pears

Dies Rezept ist eines der ersten, das die im Handel erhältliche Gelatine verlangt; bis dahin hatten die Hausfrauen ihre eigene Gallerte aus Knochen oder Gräten herstellen müssen, die weit weniger verläßlich war als Gelatine.

ZUTATEN: *4 große oder 6 kleine Birnen, 8 Nelken, Zucker nach Belieben, Wasser, ein kleiner Zimtstengel, ¼ Pinte Traubensaft, ein Streifen Zitronenschale, Saft einer halben Zitrone, ½ Unze Gelatine.*

VERFAHREN: *Schäle die Birnen und viertle sie; gib sie in einen Topf mit ¾ Pinte Wasser, Nelken, Zimt und Zukker, um alles angenehm zu süßen; setze den Deckel auf den Topf und backe die Birnen im Ofen bei geringer Hitze, bis sie ganz weich sind; sie dürfen aber nicht auseinanderbrechen. Sind sie gekocht, lege sie in eine Form, die gut angefeuchtet sein muß; koche ½ Pinte des Birnensaftes mit dem Wein, der Zitronenschale, dem passierten Zitronensaft und der Gelatine 5 Minuten über starkem Feuer, passiere dann die heiße Flüssigkeit über die Birnen; stelle die Form kalt, und wenn das Gelee fest ist, stürze sie auf eine Glasplatte.*

Gegenüber:
Eine viktorianische Familie am Teetisch – ein "lebendes Bild", für den Photographen gestellt. Damals wurde der Tee nach dem um sechs oder sieben Uhr eingenommenen Abendessen gereicht.

Nächste Doppelseite:
Die königliche Familien gab das Beispiel für die Picknicks, die sich bald allgemeiner Beliebtheit erfreuten. Mrs. Beeton schwelgte geradezu in den Vorkehrungen für solche Landpartien.

ZEITAUFWAND: *2 Stunden Backzeit für die Birnen bei geringer Hitze.*
Ungefähre Kosten: 1s. 3d.
Reicht für eine Form von einer Quart.
Beste Jahreszeit: von August bis Februar.

BIRNENSULZSPEISE

Für 6 Personen

4 große oder 6 kleine, feste Birnen
5 dl Wasser
120 g Zucker, oder nach Belieben
1 Zimtstengel
7 g Gelantine
Zitronenschale
Saft einer halben Zitrone
2 dl Portwein
1 Form oder Schüssel (etwa 1 1/2 l)

Zum guten Gelingen ist auf feste, vollaromatische Früchte zu achten. Der im Original genannte Traubensaft war sehr süß und meist hausgemacht; Portwein kommt ihm am nächsten und gibt auch eine schöne Farbe.

Den Backofen auf 150° C stellen. Die Birnen – geschält, ohne Kernhaus, geviertelt – mit dem Wasser, Zucker (je nach der Süße der Früchte), Nelken und Zimt in einen Kochtopf oder eine feuerfeste Form geben, fest verschließen und 1–1½ Stunden im Ofen gar werden lassen. Etwas auskühlen, den Saft abgießen. Die Form gut ausschwenken, die Birnen – Innenseite nach oben – hineinlegen; 1,25 dl Birnensaft kalt stellen, über die Gelatine träufeln, 5 Minuten stehen lassen, damit sie weich wird.
Den restlichen Saft mit der Zitronenschale, dem Zitronensaft und dem Portwein 5 Minuten sanft kochen, dann heiß zur Gelatine gießen, rühren, bis sie sich auflöst. Lauwarm werden lassen und durch ein Haarsieb über die Birnen gießen, so daß diese nur eben bedeckt sind. Kalt stellen, bis das Gelee stockt, die restliche Flüssigkeit darauf gießen, wieder kalt stellen, bis es ganz fest ist. Kurz vor dem Anrichten das Gelee sorgfältig mit einem dünnen Messer von den Seiten lösen und auf eine Platte stürzen.

Rhubarb and Orange Jam (to resemble Scotch Marmalade)

Die Verwendung billigen Rhabarbers zum Strecken von Orangen ist ein Beweis für Mrs. Beetons Sparsamkeit. Sie zeigt zudem ihre Zuversicht, daß ihr Rezept der berühmtesten Orangenmarmelade aus Dundee (Schottland) gleichkomme. Tatsächlich ist diese ungewöhnliche Mischung so gut wie jede Zitrusmarmelade.

ZUTATEN: *1 Quart feingeschnittener Rharbarber, 6 Orangen, 1½ Pfund Hutzucker.*

VERFAHREN: *Schäle die Orangen, entferne so viel wie möglich von der weißen Innenhaut, zerteile sie und entferne die Kerne; schneide das Fleisch in Scheiben, gib sie in eine Einkochpfanne, dazu die in Streifen geschnittenen Schalen von 3 Orangen und den Zucker in kleinen Stükken. Ziehe den Rharbarber ab, schneide ihn in dünne Stücke, gib ihn den Orangen bei und rühre alles über kleiner Flamme, bis die Marmelade fertig ist. Immer wieder abschäumen. Die Marmelade in Töpfe füllen, erkalten lassen und verschließen. Sollte der Rharbarber sehr alt sein, koche ihn eine Viertelstunde vor.*

ZEITAUFWAND: *¾–1 Stunde.*
Ungefähre Kosten: 6d. bis 8d. je Pfund Marmelade.
Beste Jahreszeit: Februar bis April.

RHUBARB.

RHABARBER- UND ORANGENMARMELADE

Ergibt zwei ½ l Gläser

6 Navel-Orangen
1 kg Rhabarber, in kleinen Stücken
660 g Zucker
Einmachgläser/Paraffin

Drei der Orangen mit dem Kartoffelschäler schälen. Die weiße Innenhaut mit einem gezähnten Messer lösen. Mit demselben Messer die anderen Orangen sauber schälen, diesen Abfall wegwerfen.
Die Schale der ersten drei Orangen in feine Streifen schneiden. Alle Orangen in Scheiben schneiden, und diese in eine Einmachpfanne mit dickem Boden (nicht Aluminium), zusammen mit dem Rhabarber und der in Streifen geschnittenen Schale geben, langsam erhitzen, umrühren, bis der Rhabarber den Saft abgibt. Den Zukker im Ofen (120° C) erwärmen, dann zu den Früchten geben und unter Umrühren langsam erhitzen, bis der Zucker vergeht. Zum Kochen bringen, ohne umzurühren stark kochen lassen, gelegentlich abschäumen, bis die Marmelade leicht geliert (bis der Tropfen am Holzlöffel hängen bleibt). Vom Herd nehmen, in heiße Gläser abfüllen, auskühlen lassen. Wenn die Masse erkaltet ist, mit Paraffin dekken, mit Papier zubinden und kühl und trocken aufbewahren.

freundlichen englischen Klima zum Trotz mit unendlicher Begeisterung arrangiert wurden. Mrs. Beetons "Speisezettel für ein Picknick mit 40 Personen" verlangt sechs Lamm- und Rindsbraten, einen Schinken, verschiedene gebratene Vögel, mehrere Pasteten und Salate sowie einen gerollten Kalbskopf, nicht zu reden von über 17 Dutzend Puddingen, Kuchen und Broten, dazu ein halbes Pfund Tee. "Eine Flasche *mintsauce*, gut verkorkt", die unentbehrliche englische Beigabe zu Schaffleisch, fehlt ebensowenig wie ein geheimnisvoller großer Meerrettich – sicher nicht an Ort und Stelle zu schaben. Die reichlich bemessenen zehn Dutzend Flaschen alkoholischer und nicht-alkoholischer Getränke machen allerdings die knappe Anweisung "drei Korkzieher mitnehmen" verständlich.

Daß vierzig Personen offenbar als eine ganz nor-

Dickie Doyle: "Das Weihnachtsessen" *(unten). Der Künstler hat alle Einzelheiten festgehalten – den großen Plumpudding, den jungen Mann, der sich heimlich noch ein Gläschen einschenkt, und die Kinder, die an ihrem eigenen kleinen Tisch unter sich sind.*

Mrs. Beeton beschreibt die reichverzierten Tafelaufsätze mit Obst und Süßigkeiten, dazu die reiche Auswahl an Süßspeisen, die schon vor dem Essen auf dem Tisch standen: eine Zurschaustellung des viktorianischen Überflusses.

male Teilnehmerzahl für ein Picknick galten, läßt auf die Größe der damaligen Familien schließen. Mrs. Beetons zwanzig Geschwister waren zwar auch für jene Tage ungewöhnlich, doch mehrere Kinder und eine oder zwei ledige Tanten ergaben bereits einen Familientisch von zehn Personen. Mrs. Beeton zeichnet denn auch ein lebendiges Bild solcher Haushalte. Eine Familie mit einem Jahreseinkommen von 1000 Pfund, sagt sie, kann eine Köchin, ein Stubenmädchen, ein Kindermädchen, eine Magd und einen Diener für insgesamt 60 bis 65 Pfund im Jahr anstellen. "Es ist wünschenswert," schreibt sie, "daß, sofern nicht eine erfahrene, zuverlässige Haushälterin in Dienst

genommen wird, die Dame des Hauses selbst alle Einkäufe besorgt und die Vorräte anlegt." Die Kinder aßen im Kinderzimmer, und Mrs. Beeton empfiehlt für sie ihre einfachsten "Kinderkuchen" und einen eigenen *Christmas Pudding*. Im Gegensatz dazu war Eustache Ude, der französische Chef, der zu Beginn des Jahrhunderts in England arbeitete, überzeugt, die Sitte, Kindern nur einfache Kost zu geben, sei für die Armseligkeit der englischen Küche verantwortlich, "kamen sie doch erst dann an den elterlichen Tisch, wenn ihr Gaumen von der strengen Diät des Kinderzimmers und der Internate völlig abgestumpft war."

Eustache Ude gehörte ganz entschieden einer anderen Welt an als Mrs. Beeton. Wie verschiedene seiner Landsleute arbeitete er für die das Leben genießenden adligen Kreise, die jeweils einen ganzen Stab ausländischer Dienerschaft und bis zu vier

Zu sieben Pence das Dutzend waren Austern ein für alle erschwinglicher Genuß.

Beef-Steaks and Oyster-Sauce

Austern wurden seit langem schon zum Verfeinern von Fleisch- und Geflügelgerichten verwendet; erst später wurden sie dafür zu teuer. Noch in den 1830er Jahren schrieb Sam Weller in den *"Pickwick Papers"*: "Je armseliger ein Ort ist, umso größer scheint die Nachfrage nach Austern. . . . Verflucht will ich sein, wenn ich nicht meine, daß ein Mann, wenn er sehr arm ist, von seinem Zuhause wegläuft und in echter Verzweiflung Austern ißt."

ZUTATEN: *3 Dutzend Austern, Ingredienzen für Austernsauce, 2 Pfund Rindfleisch (Schwanzfederstück), Salz und Pfeffer.*

VERFAHREN: *Mache die Austernsauce und stelle sie dann auf die Seite, aber laß sie nicht weiterkochen. Schneide Steaks von gleicher Dicke und grilliere sie rasch, damit der Saft nicht entweicht, unter öfterem Wenden (etwa 8 Minuten Garzeit), lege sie darauf auf eine sehr heiße Platte, übergieße sie mit der Austernsauce (übrige Sauce separat reichen). Gleich zu Tisch bringen.*

ZEITAUFWAND: *8–10 Minuten, je nach Dicke der Steaks.*
Ungefähre Kosten: 1s. je Pfund.
Reicht für 4 Personen.
Beste Jahreszeit: September bis April.

Oyster Sauce

Es ist amüsant zu sehen, daß Mrs. Beeton an den alten Zopf glaubt, wonach das Umrühren in nur einer Richtung eine Kochmasse leichter mache.

ZUTATEN: *3 Dutzend Austern, ½ Pinte Buttersauce aus 1 Teelöffel Mehl, 2 Unzen Butter, ⅓ Pinte Milch, einige Körner Salz.*

VERFAHREN: *Öffne die Austern sorgfältig, gieße das Austernwasser durch ein Haarsieb in einen emaillierten Kochtopf, gib die Austern hinein und erhitze sie bis zum Siedepunkt – sie sollten dann schön drall sein. Nimm sie sofort vom Feuer, gieße das Wasser wieder durch ein Haarsieb ab und füge genug Milch dazu, um ½ Pinte Flüssigkeit zu erhalten. Vermenge die Butter und das Mehl auf einem Teller zu einer glatten Paste, gib diese in den emaillierten Kochtopf und gieße mit der Milch auf. Rühre in einer Richtung über starkem Feuer und laß es ein oder zwei Minuten kochen. Gib die Austern hinein (mögliche Bärte sind vorher zu entfernen); setze sie in die Nähe des Feuers, damit sie gut heiß werden, aber keinesfalls kochen lassen, sonst werden die Austern hart. Sahne statt Milch macht die Sauce feiner. Nach Belieben kann etwas Cayennepfeffer oder Sardellensauce zum Würzen verwendet werden, doch, wie schon früher gesagt, soll eine einfache Sauce auch einfach und nicht mit stark würzigen Essenzen verdorben sein; darum empfehlen wir, obige Anweisungen genauestens zu befolgen und keine Gewürze zu verwenden.*

Ungefähre Kosten für diese Portion: 2s.
Reicht für 6 Personen. Nie weniger als 6 Austern pro Person rechnen, außer wenn die Gesellschaft sehr zahlreich ist.
Beste Jahreszeit: September bis April.

RINDSSTEAK MIT AUSTERNSAUCE

Reicht für 5 Personen

1 kg Rindfleisch (Rippenstück, Lende) in 2,5 cm dicke Scheiben geschnitten
Salz und Pfeffer
Austernsauce (siehe unten)

Das Fleisch trocknet weniger aus, wenn es vor dem Braten mit Öl oder geschmolzener Butter bestrichen wird.

Zuerst die Sauce zubereiten und warm stellen – sie darf nicht kochen! Die Steaks grillieren, mehrmals wenden und jeweils mit Salz und Pfeffer bestreuen. Auf einer heißen Platte anrichten und mit etwas Sauce übergießen, die restliche Sauce separat dazureichen.

AUSTERNSAUCE

Ergibt etwa 4 dl Sauce

1½–2 Dutzend Austern
1,5 dl Milch
2 Teelöffel Mehl
30 g Butter
Etwas Salz

Mrs. Beetons strikte Anweisung, kein Salz zu verwenden, ist sehr englisch: der Eigengeschmack der Austern ist stark genug, sie müssen aber von bester Qualität sein. Nach Belieben kann jedoch etwas Cayennepfeffer oder Muskatnuß beigegeben werden.

Die Austern in ihrem Wasser nur gerade aufkochen – sie sollten schön drall sein – und etwas abkühlen lassen. Das Wasser absieben und bis auf 2 dl Milch zugießen. Haben die Austern Bärte, sind diese zu entfernen. Mehl und Butter mit einer Gabel oder einem Metallspatel auf einem Teller glatt reiben, in eine Kasserolle mit dickem Boden geben, mit der Milch aufgießen, umrühren, 2 Minuten sacht kochen lassen. Vom Feuer nehmen, die Austern hineingeben, je nach Geschmack etwas Salz hinzufügen.

Scotch Shortbread

ZUTATEN: *2 Pfund Mehl, 1 Pfund Butter, ¼ Pfund zerstoßener Hutzukker, ½ Unze Kümmel, 1 Unze süße Mandeln, einige Streifen Orangeat.*

VERFAHREN: *Schlage die Butter schaumig, rühre langsam das Mehl ein und gib den Zucker, Kümmel und die blanchierten, kleingeschnittenen Mandeln bei. Verarbeite den Teig, bis er glatt ist, und teile ihn in sechs Teile. Lege jeden Teil einzeln auf ein Papier und rolle ihn etwa 2,5 cm dick aus, drücke die Ränder zur Verzierung mit den Daumen etwas ein, mache verschiedene Einstiche in die Oberseite und dekoriere sie mit den Orangeatstreifen. Backe die Kuchen bei guter Hitze 25–30 Minuten.*

ZEITAUFWAND: *25–30 Minuten.*
Ungefähre Kosten: 2s.
Reicht für 6 Kuchen.
Zu jeder Jahreszeit.
Zur Beachtung: Wenn man Kümmel nicht gern hat, kann er weggelassen und dafür mehr Orangeat verwendet werden.

SCHOTTISCHE MÜRBTEIGSCHNITTEN

250 g Butter
375 g Mehl
60 g Zucker (für einen süßeren Teig 120 g)
1 ½ Teelöffel Kümmel oder 30 g Orangeat (in Streifen oder kleingeschnitten)
30 g Mandelsplitter
20 g Orangeat, in Streifen, für die Garnitur

Den Backofen auf 170° C stellen. Die Butter schaumig rühren, Mehl, Zukker, Kümmel/Orangeat und die Mandelsplitter beigeben, zu einer Kugel verkneten, diese auf einem Brett oder einer Marmorplatte weiter verarbeiten, bis der Teig sich von der Unterlage gut löst. Die Masse halbieren, auf zwei Backbleche geben und auf 15×15 cm ausrollen, oder mit der Hand flachdrücken. Die Ränder zur Verzierung mit dem Daumen etwas eindrücken, und die Oberfläche in Streifen einritzen und mit Orangeat garnieren. Im vorgeheizten Ofen etwa 30 Minuten hellgelb backen. Auf dem Blech etwas auskühlen lassen, die Streifen durchschneiden und auf einem Gitter ganz auskühlen. In luftdichten Blechbüchsen aufbewahren.

To Make Good Plain Buns

Dies ist eines der vielen *"Household Management"*-Rezepte, die Backpulver verlangen, das erst einige Jahre zuvor auf den Markt kam. Mrs. Beeton erkannte sogleich die Vorzüge dieses Produktes, das wesentlich verläßlicher war als Backsoda und sofort wirkte, während Hefe einen Teig oft erst nach Stunden aufgehen ließ.

ZUTATEN: *1 Pfund Mehl, 6 Unzen süße Butter, ¼ Pfund Zucker, 1 Ei, etwa ¼ Pinte Milch, 2 kleine Teelöffel Backpulver, einige Tropfen Zitronenessenz.*

VERFAHREN: *Erwärme die Butter (nicht zu stark, damit sie nicht ölig wird); schlage sie mit einem Holzlöffel; rühre langsam das Mehl mit dem Zucker ein und vermische alles gut. Mach die Milch lauwarm, schlage darin das Eigelb mit der Zitronenessenz auf und rühre sie in die Masse ein. Gib das Backpulver bei und schlage den Teig kräftig während 10 Minuten. Fülle ihn in 24 gebutterte Tortenförmchen und backe sie bei starker Hitze 20–30 Minuten.*

ZEITAUFWAND: *20–30 Minuten.*
Ungefähre Kosten: 1s.
Reicht für 12 Brötchen.
Zu jeder Jahreszeit.

EINFACHE SEMMELN (BRÖTCHEN)

180 g Butter
250 g Mehl
120 g Zucker
1,25 dl Milch
2 Eigelbe
Einige Tropfen Zitronenextrakt
1 ½ Teelöffel Backpulver
12 Tortenförmchen

Dieses Rezept unterscheidet sich von der gewöhnlichen Methode. Zusätzlich können Rosinen, frische Heidelbeeren, geriebene Orangenschale und Nüsse verwendet werden.

Die Törtchenformen ausbuttern, den Ofen auf 190° C stellen. Die Butter in Stücke schneiden, diese in eine Schüssel in einen Topf heißen Wassers geben, rühren, bis sie geschmolzen (aber nicht ölig) sind. Nun die Schüssel aus dem Wasser herausnehmen und langsam Mehl und Zukker einrühren. Die lauwarme Milch in die Eigelbe mit Zitronenessenz einrühren, Backpulver zugeben, und den Teig von Hand 10 Minuten, mit dem elektrischen Rührwerk 5 Minuten schlagen. Die 12 Törtchenformen je mit Teig füllen, im vorgeheizten Ofen 30–35 Minuten backen, bis die Semmeln sich fest anfühlen und braun sind. In den Förmchen etwas abkühlen lassen, noch warm mit Butter reichen.

Um die Mitte des 19. Jahrhunderts machte sich das Industriezeitalter auch in der Küche bemerkbar: Der Raum wird durch Gasleuchten erhellt, viele Metallgegenstände sind im Gebrauch, wie der Kohlenkessel und mancherlei Formen; die Feuerstelle ist vergittert und läßt die Entwicklung zum Herd erahnen, aber die Kochtöpfe hängen immer noch über dem Feuer, und der Braten dreht sich an einer mit einem Gewicht beschwerten Schnur, wie in der italienischen Renaissance.

Küchenchefs, darunter einen Franzosen, für die Saucen und einen Engländer für die Braten, beschäftigten. Der berühmteste unter diesen Chefs war Alexis Soyer, der im exklusiven Reform Club der 1840er Jahre den gastronomischen Ton angab. Seine Schafskoteletten "Reform" waren paniert und mit Schinkenwürfelchen gebraten, dazu servierte er eine braune, mit sauren Gurken und Johannisbeergelee abgeschmeckte Sauce. Auch er hatte seine Speisen dem Geschmack seiner Arbeitgeber anpassen müssen, die dauerhafte Mahlzeiten mit viel Fleisch und Wild und dem so typisch englischen *savory*, dem pikanten Nachtisch, als Höhepunkt vorzogen. Soyer war ein Praktiker; er erfand unzählige Küchengeräte und verschiedene Fertigsaucen und schrieb mehrere Kochbücher. Was ihn aber von anderen Küchenchefs ganz besonders unterschied, war sein Mitgefühl für die Minderbemittelten. So verfaßte er ein besonderes Kochbuch unter dem Titel *"Soyer's Shilling Cookery"*, "um den Armen Kenntnis von gesunder, billiger Kost zu geben, damit sie ohne allzu große Anstrengung mit den wenigen Pence, die sie verdienen, leben, und sogar gut leben können, und nicht zu gewissen Zeiten hungern müssen, und zu andern Zeiten wiederum über die Schnur hauen."
Im Vergleich zu ihm wirkt Mrs. Beeton, ganz in die gutbürgerliche Welt der viktorianischen Familie eingebettet, in geradezu anstößiger Weise selbstgefällig. Wie ihre Vorgängerin Mrs. Glasse hielt sie sich unerschütterlich an den Wahlspruch: "British is Best". Auch die englische Königin schien ganz nach dem Wahlspruch "British is Best" zu leben, wenn man auf die Schriften ihres Koches Charles Francatelli abstellt, der Speisen *à l'anglaise*, d.h. einfach nur gekocht, bevorzugte. Dafür waren Süßspeisen seine Stärke und in *"The Royal Confectioner"* (1856) befürwortet er die merkwürdige, auch von Mrs. Beeton beschriebene Sitte, den Nachtisch schon vor Beginn des Diners zu Tisch zu bringen, und meint: "Diese Mode, gepaart mit Verstand, hat eine ebenso nützliche wie reizende Neuerung geschaffen."
Wie groß die Meisterschaft dieser französischen Köche auch war, Mrs. Beetons Gründlichkeit und die Sachkenntnis, die sie weiterzugeben wußte, haben jene ausgestochen. *"Household Management"* erwies sich sogleich als Bestseller, den sich

Zur Zeit der großen Kupferkessel wurden die großen Puddinge oft im Waschtrog gekocht.

Christmas Plum-Pudding (Very Good)

Der Plumpudding für Weihnachten sollte einige Wochen im voraus gemacht werden, und nach alter Tradition helfen alle Familienmitglieder dabei, die Masse umzurühren. Es werden kleine Juxgegenstände – ein Knopf für den Junggesellen, ein Fingerhut für die alte Jungfer, eine Geldmünze, ein kleines Hufeisen – eingebacken, die dem jeweiligen Finder die Zukunft deuten. Mrs. Beetons Ratschlag, doch verschiedene Puddings gleichzeitig zu bereiten, zeugt von ihrem praktischen Sinn.

ZUTATEN: *1½ Pfund Weinbeeren, ½ Pfund Korinthen, ½ Pfund Zitronat/Orangeat usw. gemischt, ¾ Pfund Brotkrumen, ¾ Pfund Nierenfett, 8 Eier, 1 Weinglas Branntwein.*

VERFAHREN: *Entkerne die Weinbeeren und halbiere sie, nicht verhacken; wasche, verlese und trockne die Korinthen und verhacke das Fett sehr fein; schneide Orangeat und Zitronat in schmale Streifen und reibe das Brot zu feinen Krumen. Vermische diese Trockenzutaten gut, gib dann die zerklopften Eier und den Branntwein bei, verrühre alles sehr gut und drücke die Masse in eine ausgebutterte Form; binde ein bemehltes Tuch fest darum und koche 5 oder 6 Stunden. Der Pudding kann auch ohne Form nur in einem Tuch gekocht werden, braucht aber ebensoviel Zeit. Da der Weihnachtspudding meist einige Tage im voraus gemacht wird, hänge ihn auf, wenn er aus dem Kochtopf kommt, und stelle ein Gefäß darunter, um etwa auslaufendes Wasser aufzufangen. Am Tag, wenn er aufgetragen werden soll, stecke ihn nochmals während zwei Stunden in kochendes Wasser; stürze ihn dann aus der Form und reiche ihn mit Branntweinsauce. Am Weihnachtstag wird üblicherweise ein Stechpalmenzweig in den Pudding gesteckt, ungefähr ein Weinglas Branntwein darüber gießen, der im Moment des Auftragens angezündet wird, so daß der Pudding von Flammen umgeben zu Tisch kommt.*

ZEITAUFWAND: *Zuerst 5–6 Stunden, nochmals 2 Stunden vor dem Auftragen.*
Ungefähre Kosten: 4s.
Reicht für 7–8 Personen.
Gehört zum Weihnachtsessen am 25. Dezember, wird bei weiteren festlichen Anlässen bis März gereicht.
Zur Beachtung: Fünf oder sechs solche Puddings sollten gleichzeitig gemacht werden, da sie sich wochenlang halten, und sollten unerwartet Gäste kommen, sind diese Puddings ein willkommenes, schnell zubereitetes Gericht, da sie nur noch durchgewärmt werden müssen.

WEIHNACHTS-PUDDING

Für 10 Personen

250 g Weißbrot
750 g Rosinen
250 g Korinthen
250 g Zitronat/Orangeat
375 g Rindsnierenfett, verhackt
8 Eier, verklopft
1,5 dl Branntwein

ZUM ANRICHTEN:

1,5 dl Brantwein
Stechpalmenzweig
Eine feuerfeste Form oder Schüssel (2 Liter)

"Einige Tage im voraus", wie Mrs. Beeton angibt, ist allzukurz, denn der Plumpudding wird, wie etwa Königskuchen, im Geschmack immer besser und läßt sich monatelang aufbewahren. Die meisten modernen Rezepte geben noch 125 g Zucker und Gewürze bei.

Die Form ausbuttern. Die Brotkruste wegschneiden und frische Krumen machen. In einer großen Schüssel werden die Rosinen, Korinthen, Orangeat/Zitronat, Brotkrumen und das Fett gut vermengt, die Eier und der Branntwein zugegeben; gut verrühren. Die Masse mit einem Löffel in die Form füllen und jeweils gut andrükken.
Die Form wird mit bebuttertem Papier (Butterseite nach unten), darüber Folie, zugebunden. Es empfiehlt sich, in diesen Deckel eine Falte zu legen, damit er sich ausdehnen kann, und ihn 5 cm über den Formrand reichen zu lassen.
Die Form im Wasserbad 5–6 Stunden kochen, wenn nötig kochendes Wasser nachgießen (so daß der Pudding immer ganz gedeckt ist). Wenn der Pudding fertig ist, wird er in der Form herausgenommen; auskühlen lassen. Papier und Folie durch frische ersetzen, an einem trockenen Ort aufbewahren.

ZUM ANRICHTEN: Den Pudding in Wasser oder Dampf nochmals 2 Stunden kochen. Dann auf eine heiße Platte stürzen, mit dem Stechpalmenzweig schmücken, mit Branntwein übergießen. Anzünden und sofort mit Branntweinsauce zu Tisch bringen.

Plum-Pudding Sauce

Wie Mrs. Beeton sagt, ist dies eine besondes reichhaltige, köstliche Sauce, eine stark alkoholhaltige Variante der üblichen *hard sauce*.

ZUTATEN: *1 Weinglas Branntwein, 2 Unzen ganz frische Butter, 1 Glas Madeira, zerstoßener Zucker nach Belieben.*

VERFAHREN: *Gib den zerstoßenen Zucker mit einem Teil des Branntweins und der Butter in eine Schüssel; stelle diese neben den Herd, damit Butter und Zucker sich auflösen; darauf füge den restlichen Branntwein und den Madeira bei. Die Sauce wird entweder über den Pudding gegossen oder dazugereicht. Dies ist eine ganz ausgezeichnete, köstliche Sauce.*
Ungefähre Kosten: 1s. 3d. für die angegebene Portion.
Reicht für einen Pudding für 6 Personen.

BRANNTWEINSAUCE

Ergibt etwa 1 Tasse (250 g), genügend für 6 Personen.

7 cl Branntwein
80 g Butter
80 g Zucker
7 cl Madeira

Butter und Zucker mit der Hälfte des Branntweins unter Umrühren leicht erhitzen, bis der Zucker geschmolzen ist. Nicht zu heiß werden lassen, sonst wird die Butter ölig. Vom Herd nehmen, den restlichen Branntwein und den Madeira einrühren. Die Sauce über den Pudding gießen oder getrennt reichen.

jeder Verleger wünscht, und Samuel Beeton wußte genau, was er damit in der Hand hatte. Ohne jede Werbung verkaufte sich das Buch ganz von selbst, und der Umsatz stieg von Jahr zu Jahr. Das Glück war vollkommen, als Isabella einem gesunden Sohn das Leben schenkte. Sie überarbeitete "*Household Management*" und war mit der neuen Ausgabe im Januar 1865 fertig. Zwei Wochen später starb sie nach der Geburt ihres vierten Kindes an Kindbettfieber. Samuel Beeton war ein geschlagener Mann; finanziell ging es ihm immer schlechter, denn ohne die feste Hand seiner Frau war er verloren. 1886 machte er Konkurs und mußte die Urheberrechte dem Verlagshaus Ward, Lock and Tyler verkaufen. Unter dem neuen Besitzer wurde "*Household Management*" zu einem Dauererfolg, weil es mit der Entwicklung Schritt hielt. Um die Jahrhundertwende ließ z.B. Hermann Senn, der das Buch als Berufskoch überarbeitete, viele von Mrs. Beetons eher einfachen Speisen fallen und ersetzte sie durch köstliche kleine Gerichte und Beigaben, ganz im Stil der neuen Zeit. Das Beispiel für das weitere Vorgehen war gegeben, und in der letzten Ausgabe von 1960, die Dutzende von Neudrucken erfahren hat, ist von der ursprünglichen Verfasserin lediglich noch der Name übriggeblieben. Glücklicherweise sind uns Wissen und Können der echten Mrs. Beeton doch noch zugänglich, und zwar in einer Faksimile-Ausgabe von Jonathan Cape, die 1968 erschien. Geschrieben zu der Zeit, als die "geliebte Königin" das stolze Symbol englischer Vorherrschaft war, wirft "*Household Management*" Licht auf die hellen und die dunklen Seiten des viktorianischen Zeitalters. Mrs. Beeton kann unausstehlich eingebildet wirken, wenn die Schulmeisterei mit ihr durchbrennt, und jede Frau, die ihren Normen entspräche, wäre gewiß die Vollkommenheit in Person. Doch nichtsdestoweniger sind ihre Rezepte fesselnd, ihre Anekdoten und Ausdrucksweisen amüsant, die Einzelheiten, die sie gibt, geradezu überwältigend.

Fannie **Farmer**

1857–1915

Miß Farmer, kurz nach Eröffnung ihrer Schule. Darunter das Titelblatt zur Faksimile-Ausgabe von "The Boston Cooking-School Cook Book".

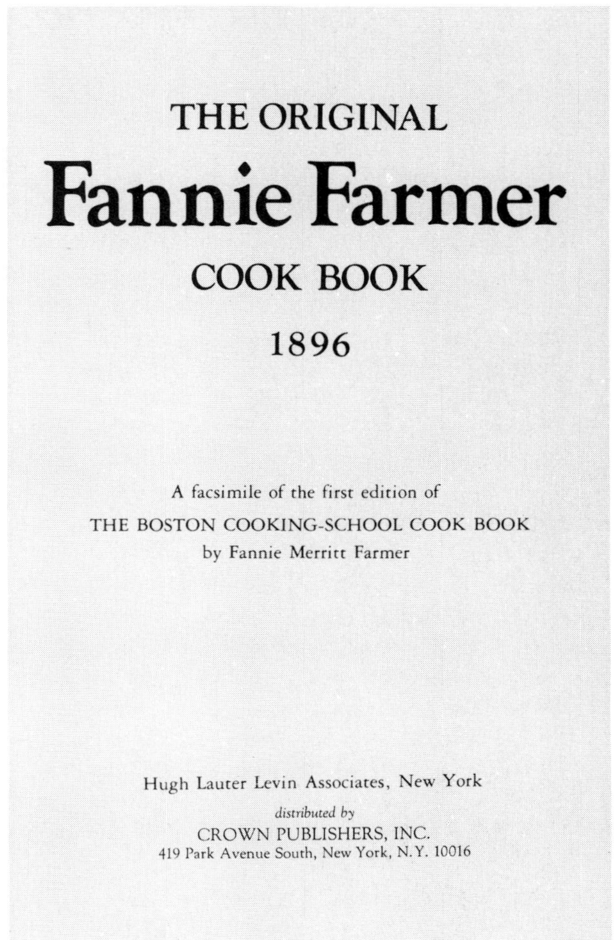

THE ORIGINAL

Fannie Farmer

COOK BOOK

1896

A facsimile of the first edition of

THE BOSTON COOKING-SCHOOL COOK BOOK

by Fannie Merritt Farmer

Hugh Lauter Levin Associates, New York

distributed by

CROWN PUBLISHERS, INC.

419 Park Avenue South, New York, N.Y. 10016

Fannie Farmer, 1857 in Boston geboren – in einer Stadt, von der viele Bürger behaupteten, sie sei der "Nabel des Universums" –, war die älteste der vier Töchter von John Franklin Farmer, "einem stattlichen Mann mit viel Charme, jedoch wenig praktischem Talent", um ihn mit dem Worten seiner Großnichte Wilma Lord Perkins zu beschreiben. Die Farmers waren ein "unverfälschtes Neu-England Geschlecht, unitarisch und pedantisch", eine warmherzige Familie, die zusammenhielt. Mit dreizehn Jahren erlitt Fannie einen Schlaganfall, was all ihre Hoffnungen auf eine College-Ausbildung zunichte machte. Eine Zeitlang hatte sie eine Anstellung als Kindermädchen. Aber jedermann konnte sehen, daß ihr Können und ihre Entschlußkraft sie für eine verantwortungsvollere Aufgabe vorherbestimmten. Fannies verheiratete Schwester entdeckte eine Lehrerinnenschule, die nicht nach Reifezeugnissen fragte; so kam es, daß sich Fannie Farmer 1887 mit 30 Jahren in der Boston Cooking School für einen Zwei-Jahreskurs eintrug. Nach dem Abschlußexamen blieb sie dort als Assistentin der Vorsteherin. Als diese ein Jahr später verstarb, wählte der Vorstand Fannie Farmer zu ihrer Nachfolgerin. Trotz ihrer körperlichen Behinderung erwies sich Fannie Farmer als eine energische und fähige Direktorin. Sie ermutigte ihre Schülerinnen, sich auch an neue Speisen zu wagen; sie selbst erprobte ständig neue Erzeugnisse, und es überraschte niemanden, daß ihre große Leidenschaft der Krankenkost galt. "Als Lehrerin", sagt Mrs. Perkins, "war Fannie unvergleichlich, wenn sie auch oft anstrengend für die ihr ergebenen Schülerinnen war. Diese seufzten, wenn ihre Lehrerin immer wieder fragte: "Könnte man es nicht noch besser machen?", nachdem ein Rezept bereits zum wiederholten Male ausprobiert worden war.

Fannie Farmer betrachtete, von Genauigkeit besessen, schon bald das von ihrer Vorgängerin, Mrs. Lincoln, verfaßte Schulbuch als völlig ungenügend. Es enthielt viel zu wenige Rezepte, um als ein umfassendes Werk gelten zu können, und es gab auch zu wenig Anweisungen, wie Fannie meinte. So schrieb sie in harter Arbeit einen Ersatz für dieses Buch, und ihr Neffe, Dexter Perkins, damals ein sechsjähriger Junge, erinnert sich, wie seine Tante im Zimmer hinkend auf und ab ging, während sie seiner Mutter diktierte. Nach alter Väter Sitte zog

Gegenüber:
Eine Lehrerinnenklasse der Bostoner Kochschule stellt sich mit den Geräten ihres Berufs dem Photographen. Man beachte den zweckmäßigen Tisch, der sich zum Essen und Arbeiten verstellen läßt.

In diesem weißen Schindelhaus verlebte Fannie Farmer ihre Kindheit (unten). Fannie wurde, wie ihre Mutter, in Boston geboren. Zum Ergötzen der Familie betrachtete die Mutter diesen Geburtsort als besonders "distinguiert". Die Küche (rechts) bestand aus nicht viel mehr als dem einfachen Holz- oder Kohlenherd.

sich Fannie an dem Tag, da sie ihr Manuskript zu dem von ihr selbst ausgesuchten Bostoner Verlagshaus (Little, Brown) brachte, besonders sorgfältig an, und vergaß auch die weißen Handschuhe nicht. Der Verleger lehnte zunächst ab, ging dann aber schließlich auf ein Geschäft ein, wenn er auch gewisse Vorbehalte machte. Fannie sollte die Herstellungskosten für das Buch übernehmen, der Verlag würde den Druck und den Verkauf besorgen. Wie Mrs. Perkins berichtet, blieb das Buch Fannie Farmers Eigentum, so daß keine Tantiemen bezahlt wurden. Seit dem ersten Druckauftrag von 3000 Exemplaren im Jahre 1896 sind elf Auflagen mit zusammen etwa drei Millionen Exemplaren erschienen. Der Verleger hat seine Bedenken bitter bereut. Als Fannie 1915 starb, hinterließ sie ein Vermögen von $ 161000. Mehr als die Hälfte davon stammte von den Urheberrechten. Das war zu jener Zeit sehr viel Geld.

Der Grund des Erfolges von *"The Boston Cooking-School"* ist klar. Fannies einfachen Anleitungen kann jeder Anfänger folgen, und es ist unnötig zu erwähnen, daß ihre Mengenangaben peinlich genau sind. Die Rezepte reichen von allgemein Beliebtem (z.B. Eierkuchen) bis zu Spezialitäten aus Neu-England (z.B. gebackene Bohnen und Muschelsuppe). Eine besondere Betonung liegt auf Kuchen und Süßspeisen. Fannie gibt klare Anweisungen, wie

man gutes Brot bäckt (eine "Angelegenheit von nicht geringer Bedeutung"). Ihre Anweisungen zum Braten, Sieden usw. sind äußerst ausführlich, und sie hat ein großes Interesse für die ernährungswissenschaftlichen Prinzipien, die der Kochkunst zugrunde liegen.

Während siebzig Jahren hatten Mäßigkeit und Sparsamkeit den amerikanischen Haushalt beherrscht, nämlich seit Lydia Child 1829 *"The American Frugal Housewife"* geschrieben und es all jenen gewidmet hatte, "die sich ihrer Sparsamkeit nicht schämen". Mrs. Childs Zeitgenossin, die nicht weniger einflußreiche Eliza Leslie, nahm es leichter, jedoch ist das halbe Dutzend ihrer Bücher ebenfalls auf Anstand und Tugend ausgerichtet. Beide Damen wußten genau, daß die Wechselfälle der amerikanischen Wirtschaft – bankrotte Banken, Mißernten – den Mittelstand gefährdeten. Diesen zur Selbsthilfe mahnenden Moralpredigten gab Catharine Beecher, deren Schwester "Onkel Toms Hütte" schrieb, einen eher militanten Ton. Die beiden Schwestern gründeten mehrere Mädchenschulen. 1845 veröffentlichte Catharine *"A Treatise on Domestic Economy for Use in the Home"*, ein Pionierwerk der Hauswirtschaft. "Laßt die jungen Frauen dieser Nation herausfinden, daß Hauswirtschaft in den Schulen auf gleicher, wenn nicht höherer Ebene steht als Chemie, Philosophie und Mathematik, und sie werden erröten, wenn sie ihre Unkenntnis der fundamentalsten Grundsätze entdecken", verkündete sie.

Diese bekehrungseifrigen Damen waren tätig in einer Zeit, die für die Stellung der amerikanischen Frauen erhebliche Veränderungen brachte; nach

Fannie Farmers Rezepte unterscheiden sich nicht stark von den heutigen. Ihre Anweisungen sind kurz und bündig und müssen kaum abgeändert werden. Merkwürdigerweise gibt sie, die doch in den Mengenangaben so genau ist, selten an, für wie viele Personen das Rezept reicht. Ihre Unbestimmtheit hinsichtlich der Ofenhitze und der Backzeiten ist möglicherweise auf die besondere Empfindlichkeit der Holz- und Kohlenherde zurückzuführen. Die späteren Auflagen berücksichtigten die Fortschritte in der Kücheneinrichtung.

★★★★★★★★★★★★★★★★★★★★★

Devilled Scallops

Die Vorliebe der Amerikaner für das 'Do-it-yourself'-Kochen zeigte sich schon früh, und Fannie Farmers *"Chafing Dish Possibilities"* (1898) verkaufte sich gut. Dieses Rezept zeigt, wie sparsam sie mit Würze umgeht – selten schreibt sie mehr als Salz, Pfeffer, Senf, Zwiebeln, Schalotten und ein paar Kräuter, wie Petersilie, Thymian und Lorbeerblätter, vor.

Säubere eine Pinte Jakobsmuscheln, koche sie rasch auf und behalte den abgegossenen Sud. Laß drei Eßlöffel Butter zergehen, gib zwei Eßlöffel Mehl mit einem halben Teelöffel Salz, einem Viertel Teelöffel Senf und ein paar Körnchen Cayennepfeffer bei. Gieße langsam den zurückbehaltenen Sud dazu. Wenn die Sauce anfängt, dick zu werden, lege die Jakobsmuscheln hinein. Reiche bebutterte Schwarzbrotscheiben dazu.

JAKOBSMUSCHELN MIT TEUFELSAUCE

Für 2 Personen

250 g Jakobsmuscheln mit Saft
3 Eßlöffel Butter
2 Eßlöffel Mehl
1/4 Teelöffel Salz
1/4 Teelöffel Senfpulver
1 Prise Cayennepfeffer
8 dünne Scheiben Schwarzbrot, mit Butter bestrichen

Muschelsaft mit Wasser auf 2 dl ergänzen. Das Muschelfleisch mit der Flüssigkeit in einer Kasserolle oder Pfanne kurz aufkochen. Den Saft abgießen und behalten. Mit Butter und Mehl eine helle Mehlschwitze bereiten, Salz, Senf und Cayenne einrühren und schaumig aufkochen. Die Flüssigkeit zugeben, gut umrühren, eindicken lassen. Die Muscheln in die Sauce geben, allseitig bedecken und erhitzen. Sofort auftragen, die bebutterten Brotscheiben dazureichen.

Glazed Sweetbreads Lucullus

Ausländische Küche war nicht Fannies Stärke – sie verkocht Nudeln zu einem Mus und spricht von den *tournedos à la française* als "tornadoes". Zu ihrer Zeit jedoch schätzten die Amerikaner noch Innereien, die heute fast nur noch von Liebhabern genossen werden: Kalbsbrieschen (Milken), Kutteln und Hirn. In dieser Hinsicht waren die damaligen Eßgewohnheiten den europäischen näher als die heutigen. Im folgenden Rezept verkürzt Fannie die Anleitung in einer Weise, die einen französischen Küchenchef entsetzen würde. Dazu verwendet sie Artischockenböden aus der Büchse! Das fertige Gericht gibt ihr aber recht.

Häute Kalbsbrieschen und blanchiere sie in Sherry, bis sie drall sind – etwa eine halbe Stunde. Während des Kochens zugedeckt lassen, zweimal wenden. Auskühlen und in Scheiben schneiden. Eineinhalb Eßlöffel Butter schmelzen und eineinhalb Teelöffel Fleischextrakt einrühren. Kalbsbries in der Sauce unter mehrmaligem Wenden glasieren. Die Artischockenböden abtropfen lassen und erwärmen, dann auf runde, in Butter geröstete Brotscheiben legen. Darauf kommen die Kalbsbriesscheiben; alles mit der Lucullus-Sauce, den gehackten, sautierten Champignons und einer Tasse Tomatensauce übergießen.

GLASIERTE KALBSBRIESCHEN LUCULLUS

Für 4 Personen

750 g Kalbsbrieschen (Milken)
2 dl Sherry
40 g Butter
1/2 Teelöffel Fleischextrakt oder 1,25 brauner Fond, eingedickt auf 1/2 Teelöffel
4 Artischockenböden aus der Büchse oder tiefgefroren, gekocht

FÜR DIE CROUTONS:

4 Scheiben Brot
2 Eßlöffel Öl
2 Eßlöffel Butter (30 g)

FÜR DIE LUCULLUS-SAUCE:

250 g gehackte Pilze (Champignons)
1 Eßlöffel Butter
2,5 dl Tomatensauce
Salz und Pfeffer

Fannie Farmer sagt nicht, was sie mit dem Sherry macht, nachdem die Kalbsbrieschen darin gekocht wurden, – es schmeckt aber ausgezeichnet als Saucenbeigabe. Die Tomatensauce, die sie verwendete, stammte

"Ein Platz für alles, und alles an seinem Platz", war die Idee dieses eingebauten Küchenschranks von 1912. Das Mehl gelangte vom Glasbehälter (oben links) in ein Sieb. In der Mitte war das ausziehbare Teigbrett; links unten der Brotkasten. Das Ungetüm zu reinigen muß ein Alptraum gewesen sein!

sehr wahrscheinlich aus der Büchse. Kalbsbrieschen 2–3 Stunden in kaltes Wasser einlegen, abtropfen und nachspülen. Blanchieren in kaltem, zum Kochen gebrachtem Wasser und 2 Minuten leicht kochen lassen. Wasser abschütten, nachspülen, abhäuten. In eine kleine Pfanne mit dem Sherry legen, zudecken und 25–30 Minuten ziehen lassen, bis sie weich sind. Den Sherry abgießen, evtl. zurückbehalten. Die Brieschen zwischen zwei Teller pressen und auskühlen, dann in dicke Scheiben schneiden.

DIE CROUTONS: Von Brotscheiben werden große, runde Stücke ausgeschnitten und in Öl und Butter beidseitig braun geröstet; auf Papier abtropfen und warm halten.

DIE SAUCE: Die gehackten Pilze in Butter über kleinem Feuer dünsten, bis alle Feuchtigkeit verdampft ist. Die Tomatensauce und den Sherry (nach Belieben) hinzugeben. Zum Kochen bringen, mit Salz und Pfeffer abschmecken.

Die Artischockenböden mit 1 Eßlöffel geschmolzener Butter in einer Pfanne erhitzen, aber nicht braun werden lassen. In einer Bratpfanne die restlichen 1½ Eßlöffel Butter schmelzen, die Brieschen zugeben und in mittlerer Hitze unter mehrmaligem Wenden dünsten, bis sie goldbraun glasiert sind. Auf jeden Croûton einen Artischockenboden legen, darüber die Briesscheiben, und auf einer Platte anrichten. Löffelweise mit der Sauce übergießen.

Boston Baked Beans

Dieses Gericht ist aus der Kolonialzeit übernommen, als Bohnen, Schweinefleisch und Melasse in der Küche reichlich vorhanden waren. In puritanischen Haushaltungen wurden die Bohnen am Samstag gebacken, um sie am Abend frisch zu Tisch bringen zu können. Zum Frühstück am Sonntag wurden sie aufgewärmt und zum Mittagessen kalt gegessen. Somit hielt sich die Köchin an die Vorschrift, am Sabbat nicht zu arbeiten.

Verlese ein Quart Bohnen, übergieße sie mit kaltem Wasser und weiche sie über Nacht ein. Laß sie am Morgen abtropfen, übergieße sie mit frischem Wasser, erhitze langsam (das Wasser darf nicht zum Sieden kommen) und gare sie, bis die Häutchen platzen – was leicht festgestellt wird, wenn ein paar Bohnen auf die Löffelspitze genommen und angeblasen werden; platzen die Häutchen, sind die Bohnen gar. Bohnen abtropfen lassen, das Bohnenwasser wegwerfen, aber nicht ins Spülbecken, sondern vors Haus. Brühe die Schwarte von einem fetten halben Pfund gepökeltem Schweinefleisch, schabe sie ab, schneide davon eine dünne Scheibe (etwa ¼ Zoll) und lege sie auf den Boden des Kochtopfes. Mach in die restliche Schwarte Kerben im Abstand von einem Viertelzoll und ein Zoll tief. Gib die Bohnen in den Topf und decke das Schweinefleisch mit den Bohnen zu, die Schwarte nach oben und noch sichtbar. Mische einen Eßlöffel Salz, einen Eßlöffel Melasse und drei Eßlöffel Zucker; gieße eine Tasse kochendes Wasser über die Bohnen, fülle kochenes Wasser nach, bis die Bohnen bedeckt sind. Schließe den Bohnentopf, stelle ihn in den Ofen und backe ihn langsam sechs bis acht Stunden; während der letzten Stunde Deckel weg, damit die Schwarte braun und krustig wird. Gib nach Bedarf Wasser zu. Viele halten die Bohnen für leichter verdaulich, wenn die Würze einen halben Eßlöffel Senf enthält. Wenn mageres Schweinefleisch vorgezogen wird, verwende weniger Salz.

Der gute Ruf, den die Boston Baked Beans *haben, wird dem irdenen Bohnentopf mit dem schmalen Oberteil und den bauchigen Seiten zugeschrieben, im welchem sie gekocht werden sollen.*
Yellow-eyed beans *('gelbäugige Bohnen') schmecken sehr gut gebacken.*

GEBACKENE BOHNEN BOSTONER ART

Als Beilage für 10–12 Personen

1 kg getrocknete Wachtelbohnen
250 g fettes gepökeltes Schweinefleisch
1 Eßlöffel Salz
1 Eßlöffel Melasse
3 Eßlöffel Zucker
1 ½ Teelöffel Senfpulver (nach Belieben)
5-Liter-Topf oder tiefe Kasserolle

Die Bohnen verlesen, mit kaltem Wasser übergießen und über Nacht aufquellen lassen. Abtropfen und in einen Topf geben, mit Wasser überdecken, Deckel darüber, langsam aufkochen, und 2½ Stunden ziehen lassen. Wenn nötig, Wasser nachgießen.
Den Ofen auf 120° C stellen. Das Schweinefleisch in kaltem Wasser aufstellen, zum Kochen bringen. Abtropfen und in die Schwarte tiefe Kerben in 1 cm-Abständen einschneiden. Eine dünne Scheibe vom untern Teil wegschneiden. Die Bohnen abtropfen, das Wasser weggießen. Auf den Boden des Topfes die Schwartenscheibe legen, die Bohnen darüber und das Fleisch in die Bohnen eingraben, mit der Schwarte nach oben und sichtbar. Der Topf sollte fast voll sein. Salz, Melasse, Zucker und Senf – wenn verwendet – mischen und mit einer Tasse kochendem Wasser über die Bohnen gießen. Mehr kochendes Wasser dazugeben, zudecken und im vorgeheizten Ofen 6–8 Stunden backen, während der letzten 2 Stunden ohne Deckel, damit die Schwarte knusprig wird.

Für Fannie Farmer stand Kochen an erster Stelle. Auszug aus einem Brief an eine Schülerin vom 19. November 1912, der von nichts anderem handelt (unten links).

Eine von einundfünfzig Speisenfolgen für verschiedene Gelegenheiten aus Fannie Farmers 1905 veröffentlichtem Werk "A Book for Good Dinners". *Stets setzte sie einen kurzen Denkspruch voran (unten rechts).*

der weitgehenden Eroberung des Kontinentes war die Frau mit ihrem Mann nicht mehr den Abenteuern der Pionierzeit ausgesetzt. Die Familie, die bis anhin in Zeiten der Not Lebensmittel, Bekleidung, Seife und Kerzen selbst hergestellt hatte, wurde jetzt in den meisten Gegenden Teil einer eher städtischen Gemeinschaft. Dies verlangte von den Hausfrauen geistige Regsamkeit und Anpassungsfähigkeit an die Erfordernisse und Möglichkeiten des Stadtlebens. Lydia Child und Eliza Leslie mißbilligten untätige, verschwenderische Frauen und versuchten, sie zur Häuslichkeit zu erziehen, wobei sie die Bedeutung und die Würde ihrer Pflichten unterstrichen. Catharine Beecher ging noch weiter und gab mit der Bezeichnung *domestic scientist* ("häusliche Gelehrte") dem Le-

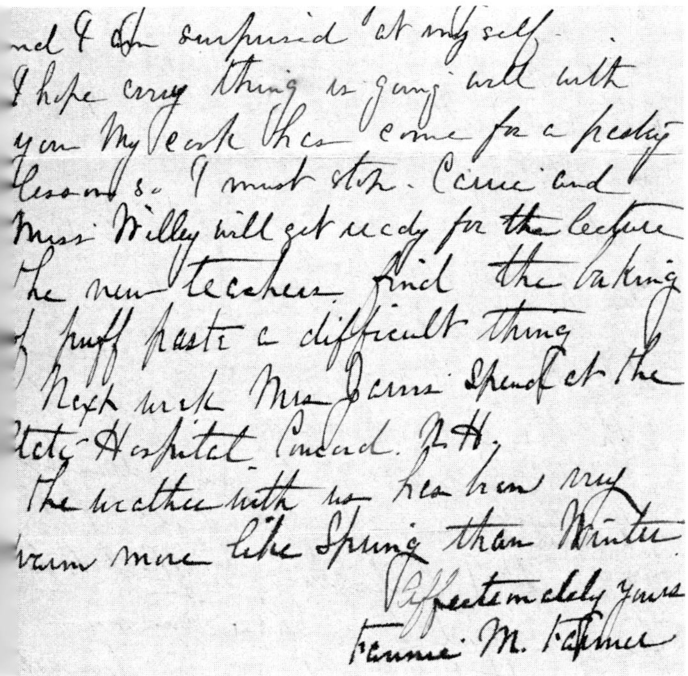
nd I am surprised at myself.
I hope every thing is going well with
you. My work thus come for a pastry
lesson so I must stop. Carrie and
Miss Willey will get ready for the lecture
The new teacher find the baking
of puff paste a difficult thing
Next week Mrs ... spend at the
State Hospital Concord N.H.
The weather with us has been m
warm more like Spring than Winter
Affectionately yours
Fannie M. Farmer

ben der Hausfrau gar einen wissenschaftlichen Anstrich. Die Überzeugung, daß Haushaltführung ein wichtiges Schulfach darstelle und nicht nur etwas, das man zu Hause aufschnappt, geht deutlich aus dem *"Boston Cooking-School Cook Book"* hervor, das eindeutig dazu bestimmt war, sowohl als Schul- wie als Kochbuch studiert zu werden.

Nach elf Jahren Führung der Bostoner Kochschule

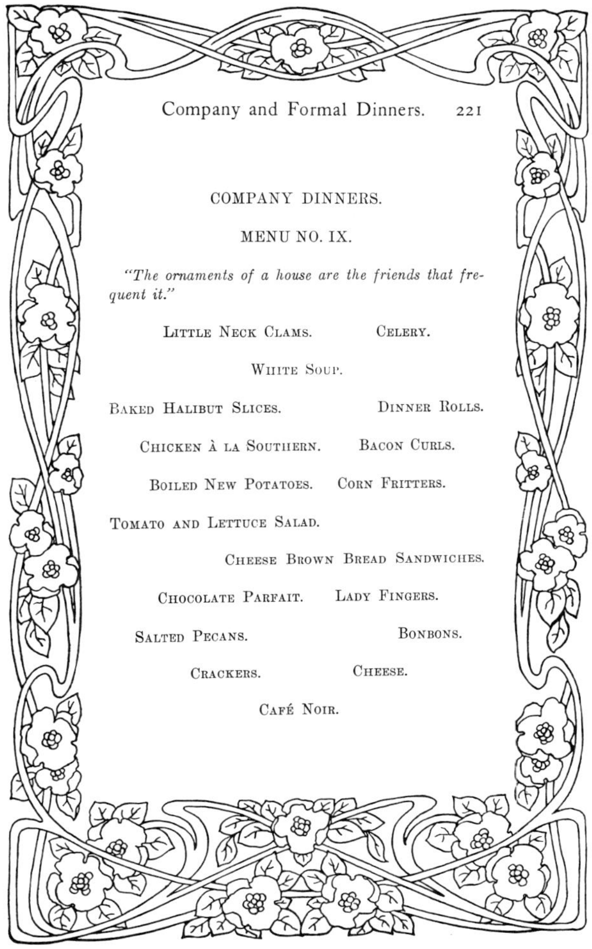
Company and Formal Dinners. 221

COMPANY DINNERS.

MENU NO. IX.

"The ornaments of a house are the friends that frequent it."

LITTLE NECK CLAMS. CELERY.

WHITE SOUP.

BAKED HALIBUT SLICES. DINNER ROLLS.

CHICKEN À LA SOUTHERN. BACON CURLS.

BOILED NEW POTATOES. CORN FRITTERS.

TOMATO AND LETTUCE SALAD.

CHEESE BROWN BREAD SANDWICHES.

CHOCOLATE PARFAIT. LADY FINGERS.

SALTED PECANS. BONBONS.

CRACKERS. CHEESE.

CAFÉ NOIR.

wurden die Ausbildungsvorschriften für Lehrkräfte so lästig, daß Fannie ihre eigene "Miss Farmer's School of Cookery" eröffnete. Sie war eine eindrucksvolle Erscheinung mit ihren blauen Augen, dem Pincenez, dem roten, an den Schläfen leicht ergrauenden Haar; "schlank und mit gutem Korsett", erinnerte sich 1912 eine Schülerin. Fannie stand nunmehr in hohem Ansehen und ihre zweimal in der Woche stattfindenden Vorträge wurden von über zweihundert Personen besucht. Später, als sich ihr Gesundheitszustand wieder verschlimmerte, redete sie vom Rollstuhl aus, eine Decke über die spitz hervorstehenden Knie gelegt.

Zwischen all diesen Tätigkeiten, die selbst eine gesündere Person überfordert hätten, fand Fannie noch die Zeit, ein halbes Dutzend anderer Kochbücher zu schreiben, darunter ihr Lieblingsbuch

"Food and Cookery for the Sick and Convalescent" – das Thema ihrer Vorlesungen an der Harvard Medical School – und *"A New Book of Cookery"*, 1912 erschienen. Letzteres zeigt eine andere, anspruchsvollere Seite ihres Kochens, vielleicht das Ergebnis vieler Besuche in New Yorker Restaurants mit ihrer Familie, wo sich jeder etwas Anderes auf der Speisekarte aussuchte und sorgfältig prüfte, um das Rezept zu erraten. Gerichte wie pochierte Eier in Gelee, Kalbsbrieschen (Milken) Lucullus und Coupe Caruso gehörten eindeutig zur französischen Küchentradition, die bei Delmonico, im Astor, im Knickerbocker und im Waldorf, wo der legendäre Oscar herrschte, en vogue war.

Fannie zeigt hier eine mit Zucker gestrichen volle Maßtasse, die genau ihren Anweisungen entspricht. Rechts versucht sich eine noch unsichere junge Schülerin in einer Orangensulzspeise.

Amerika war zur Jahrhundertwende ein Land mit auffallendem Konsum. Dies betrifft nicht nur den ungeheuerlichen Appetit Diamond Jim Bradys, dessen Magen sich als sechsmal zu groß herausstellte. Wie hochmütig die Bostoner auch immer auf die New Yorker und den französischen Geschmack herunter geschaut haben mögen, die wohlhabenderen Leser Fannie Farmers verzehrten jedenfalls große Speisemengen. Ihr typisches Familienessen-Menü verlangte Suppe, Braten, ein Entrée oder Vorspeise, Gemüse, Salat und eine Süßspeise. Solch überreiche Kost war für den amerikanischen Mittelstand bezeichnend, obwohl Herkunft und örtliche Gebräuche die Auswahl der Gerichte stark beeinflußten. Kein anderes Land hat eine so große und reiche Auswahl regionaler Kochbücher wie die Vereinigten Staaten – ein Erbe, das auf das Jahr 1824 zurückgeht (als Mrs. Randolph ihren Klassiker *"The Virginia Housewife"* schrieb) und heute noch immer blüht – man denke nur an die vielen Erzeugnisse lokaler Klubs und Kirchgemeinden.

Celery and Cabbage Salad

Zu Ende des 19. Jahrhunderts hatten sich die Städter in Amerika daran gewöhnt, durch die Eisenbahn mit Frischgemüse aus den Südstaaten und Kalifornien versorgt zu werden. "Salate gehören zu fast jeder Mahlzeit", sagte Fannie.

Entferne die Außenblätter eines festen, weißen Kohlkopfes und schneide den Strunk bis zu den Blätteransätzen weg. Höhle mit einem scharfen Messer die Mitte des Kohles bis auf eine dünne Außenwand aus, schneide das Herausgenommene ganz fein. Laß es eine Stunde in kaltem oder Eiswasser stehen, dann abtropfen lassen und in einem Tuch so trocken wie möglich auswinden. Mische zu gleichen Teilen Stangensellerie hinzu, ebenfalls in feine Stückchen geschnitten. Vermische alles mit der Sahnesalatsauce und fülle den hohlen Kohlkopf damit. Gib ihn auf eine gefaltete Serviette, deren Falten mit Selleriespitzen und Petersilie garniert werden.

Cream Dressing

½ Eßlöffel Salz
1 Eßlöffel Senf
1¼ Eßlöffel Zucker
1 Ei, verklopft
2½ Eßlöffel geschmolzene Butter
¾ Tasse Sahne
¼ Tasse Essig

Mische die Zutaten in der angegebenen Reihenfolge, rühre den Essig langsam ein. Koche über siedendem Wasser unter ständigem Rühren, bis die Sauce eindickt. Gib sie durch ein Sieb und stelle sie kalt.

KRAUTSALAT MIT STANGENSELLERIE

Für 12–14 Personen

1 kleiner, fester Grünkohl (Krautkopf)
5–6 Selleriestengel
Ein paar Zweige Petersilie
Gekochte Salatsauce (siehe unten)

Die äußeren Blätter vom Kohl entfernen und den Stiel bis zur Blattnarbe wegschneiden. Mit einem scharfen Messer das Innere des Kohls bis auf eine dünne Blattwand aushöhlen. Die Blätter fein schneiden und eine Stunde in Eiswasser legen. Die Selleriestengel dünn aufschneiden, die Kopfblättchen zurückbehalten. Den Kohl abtropfen lassen, in ein dünnes Tuch oder ein saugfähiges Papier wickeln und auswinden. Den Sellerie dazutun und mit der gekochten Salatsauce vermischt in den ausgehöhlten Kohl füllen, mit Petersilie dekorieren. Den Kohl auf eine gefaltete Serviette auf einer Platte anrichten und die Serviettenfalten mit den Selleriekopfblättchen und weiterer Petersilie garnieren.

GEKOCHTE SALATSAUCE:

Ergibt etwa 3 dl

½ Eßlöffel Salz
1½ Teelöffel Senf
4 Teelöffel Zucker
1 Ei, verklopft
40 g geschmolzene Butter
2 dl Sahne
7 cl Essig

Im Wasserbad Salz, Senf und Zucker, das Ei, geschmolzene Butter und Sahne mit einem Holzlöffel zusammenrühren. Langsam auch den Essig dazugeben. Ständig umrühren, bis die Sauce so stark eindickt, daß sie am Löffelrücken kleben bleibt. Vom Feuer nehmen, durchsieben und unter gelegentlichem Umrühren auskühlen lassen.

Entire Wheat Bread

Vollkornmehl war aus Weizenschrot und enthielt noch den proteinreichen Keim, der heute ausgemahlen oder ausgesiebt ist. Als Invalide interessierte sich Fannie natürlich mehr als nur zufällig für die Ernährung, und als Lehrerin betonte sie die Wichtigkeit von Protein in der "diätetischen Küche" (Die Vitamine wurden ja erst im 20. Jahrhundert entdeckt).

2 Tassen gekochte Milch
¼ Tasse Zucker oder
⅓ Tasse Melasse
1 Teelöffel Salz
¼ Hefewürfel, in
¼ Tasse lauwarmem Wasser aufgelöst
4⅓ Tassen Vollkornmehl

Gib die süßen Zutaten und Salz in die kühle Milch, und, wenn sie lauwarm ist, gib die aufgelöste Hefe und das Mehl dazu, schlage oder knete alles gut durch, lege den Deckel darauf und lasse die Masse auf das doppelte Volumen aufgehen. Knete sie wieder und lege sie in eine gebutterte Brotform, bis sie halbvoll ist. Laß sie aufgehen und backe sie. Vollkornbrot sollte während des zweiten Aufgehens nicht mehr das doppelte Volumen erreichen.

VOLLKORNBROT

Für 1 großes oder 8 kleine Brote

15 g Preßhefe oder 1 Päckchen Trockenhefe
1 dl lauwarmes Wasser
5 dl Milch
60 g Zucker oder 1 dl Melasse
2 Teelöffel Salz
600–650 g Vollkornmehl
1 Ei, verklopft mit
½ Teelöffel Salz (zur Glasur freigestellt)
22 × 12 × 10 cm-Brotform oder
8 kleine, tiefe Förmchen

Die Hefe in das warme Wasser streuen oder krümeln, während 5 Minuten stehen lassen, bis sich sich aufgelöst hat. Die Milch aufkochen, bis sie lauwarm ist; auskühlen und Zucker oder Melasse mit Salz einrühren. 450 g Mehl in eine Schüssel geben, in der Mitte eine Grube lassen, und Milch und Hefemischung dreingeben. Mit der Hand umrühren und langsam das Mehl einkneten. Restliches Mehl auf ein Brett streuen. Den Teig auf dem Brett während 5 Minuten weiterkneten, bis der Teig glatt und elastisch ist, wenn nötig mehr Mehl zugeben. Den Teig in eine eingefettete Schüssel legen und darin drehen, so daß auch die obere Seite gefettet ist. Mit feuchtem Tuch zudecken. Zum Aufgehen an einen warmen Ort stellen, 1–1½ Stunden oder bis die Masse das doppelte Volumen hat.
Die Brotformen einfetten, den Ofen für kleine Brote auf 205° C stellen, oder auf 190° C für ein großes Brot. Den Teig nochmals kneten, damit alle Luft rausgeht. Zu einem großen Laib oder 8 kleinen Broten formen und die Backformen halb füllen. Zudecken und nochmals während 25–35 Minuten aufgehen lassen, oder bis der obere Rand fast erreicht ist. Mit Ei bestreichen. Im vorgeheizten Ofen die kleinen Brote 30–35 Minuten, das große 55–60 Minuten backen. Ist das Brot ausgebacken, tönt es hohl, wenn man auf die Unterseite klopft. Auf einem Gitter auskühlen.

Cream Pie

Es handelt sich um ein Torte, die in Lagen gebacken wird. Dies ist ein typisches Fannie Farmer-Kuchenrezept. Sonst besonders genau mit den Mengenangaben in Löffeln und Tassen, gab sie erst in späteren Auflagen die Größe einer Kuchenform oder die Backtemperaturen an.

⅓ Tasse Butter
1 Tasse Zucker
2 Eier
½ Tasse Milch
1¾ Tasse Mehl
2½ Teelöffel Backpulver

Rühre die Butter schaumig, gib langsam Zucker und die gut verklopften Eier dazu. Mische und siebe das Mehl und Backpulver abwechslungsweise mit Milch zur ersten Mischung. Backe Tortenböden in einem runden Kuchenblech, baue die Torte auf, mit jeweils Füllung zwischen den Lagen, streue Puderzucker über die oberste Lage.

French Cream Filling

Fannie ließ es sich nicht nehmen, bei Gelegenheit auch einmal gute Produkte oder Geräte namentlich zu nennen. So war der Dover Eierbesen eines ihrer Lieblingsgeräte beim Kochen.

¾ Tasse Sahne
¼ Tasse Milch
¼ Tasse Staubzucker
1 Eiweiß
½ Teelöffel Vanille

Verdünne die Sahne mit Milch und schlage sie mit dem Dover Eierbesen steif. Gib Zucker, das steif geschlagene Eiweiß und Vanille dazu.

BOSTONER SAHNETORTE

Ergibt eine 22 cm-Torte

80 g Butter
220 g Zucker
2 Eier, verklopft
220 g Mehl
2 ½ Teelöffel Backpulver
1,25 dl Milch
Französische Crème-Füllung
(siehe unten)
Staubzucker
3 Kuchenbleche, 22 cm

Ofen auf mittlere Hitze (175° C) einstellen, die Kuchenbleche einfetten und mit Mehl bestäuben. Die Butter schaumig rühren, langsam den Zukker zugeben und bis zur glatten Masse gut weiterrühren. Nach und nach die Eier hineinschlagen und weiter schlagen, bis die Mischung leicht und luftig ist. Mehl mit dem Backpulver sieben und in drei Teilen in die Eiermasse rühren, dazwischen Milch zugeben. Die Masse für die drei Formen dreiteilen und gleichmäßig über den Backboden verteilen. Im vorgeheizten Ofen 25–30 Minuten backen, bis die Masse "zurückschnellt", wenn man den Finger hineindrückt, und sich leicht von den Blechseiten lösen läßt. Die Kuchen zum Auskühlen auf ein Gitter legen. Kurz vor dem Servieren lagenweise mit der Crèmefüllung bestreichen. Die Oberfläche gut mit dem Staubzucker bestreuen und auf eine Platte stellen.

FRANZÖSISCHE SAHNEFÜLLUNG:

2,5 dl Sahne
30 g Staubzucker
½ Teelöffel Vanille
1 Eiweiß

Sahne schlagen, bis sie steht; Zucker und Vanille darunterziehen und steif schlagen. Das Eiweiß ebenfalls steif schlagen und unter die Schlagsahne ziehen.

Fudge

Schmelze einen Eßlöffel Butter, gib eine halbe Tasse Milch und ein und eine halbe Tasse Zucker dazu, rühre um, bis der Zucker sich auflöst, gib dann fünf Eßlöffel Kakao oder zwei Tafeln ungesüßte Schokolade dazu. Rühre ständig, bis die Schokolade geschmolzen ist. Erhitze bis zum Siedepunkt und lasse 12 Minuten kochen, öfters umrühren, damit nichts anbrennt. Mache die Flamme aus, rühre einen Teelöffel Vanille ein und schlage die Mischung sahnig. Gieße sie in eine ausgebutterte Pfanne und markiere Viereckchen.

SCHOKOLADEN-KARAMELLEN

Ergibt etwa 750 g

60 g Butter
2,5 dl Milch
660 g Zucker
75 g Kakaopulver oder 125 g ungesüßte Schokolade, in kleinen Stückchen
2 Teelöffel Vanille
1 viereckiges Kuchenblech, 20 cm

Blech ausbuttern, Butter in einer großen Kasserolle schmelzen und Milch und Zucker zugeben. Unter ständigem Rühren über kleinem Feuer sorgfältig kochen, bis sich der Zucker auflöst. Kakaopulver oder Schokolade einrühren und auf kleinem Feuer weiterrühren, bis der Kakao aufgelöst oder die Schokolade geschmolzen ist. Zum Kochen bringen und während 12 Minuten kochen, gelegentlich umrühren (Anbrennen verhindern!), bis die Mischung, zu einer weichen Masse gefestigt, zusammenhält (115° C auf dem Zuckerthermometer). Vom Feuer nehmen und Vanille zugeben. Die Karamelmasse 1–2 Minuten schlagen, bis sie steifer wird. Nicht zu viel schlagen, sonst erhärtet sie. Schnell auf das vorbereitete Blech gießen und auskühlen lassen. Mit dem Messer Viereckchen einkerben.

Sogar Fannie Farmers "*Boston Cooking-School Cook Book*", das seit seinem ersten Erscheinen 1896 überall großen Anklang gefunden hatte, gehörte eigentlich zu Neu-England, genauso wie Amelia Simmons "*American Cookery*", das hundert Jahre älter war.

Im Laufe dieser hundert Jahre hatte die amerikanische Durchschnittsküche eine Veränderung erfahren. Verschwunden waren die großen offenen, so viel Holz verschlingenden Feuerstellen, und an ihrem Platz stand nun ein Gußeisenherd mit einem Backrohr und einem Aufsatz, um die Töpfe zu wärmen. In der Erstausgabe des "*Boston Cooking-School Book*" spricht Fannie nur von Kohle und Holz als Brennmaterial, obwohl die Boston Gas Company schon 1875 einen Ausstellungsraum eröffnet hatte. In den Tagen vor den Thermostaten wurde die Hitze des Ofens einfach mit der Hand geprüft. Eine Schülerin berichtet, wie Fannie Farmer, die goldene Uhr in der einen Hand, die Zeit 'stoppte', wenn sie die andere Hand aus dem Ofen ziehen mußte: 20–30 Sekunden war die Toleranz für einen 'schnellen' Ofen, 45–60 Sekunden für einen 'langsamen'. In den Ofen kamen jahraus, jahrein in Brutkästen aufgezogene Hühnchen und mit neuen Futtermitteln erzeugtes Fleisch von Großvieh. Früchte und Gemüse, die nunmehr mit Güterzügen die amerikanischen Großstädte erreichten, kamen eher frischer vom Kolonialwarenhändler in die Küche als aus den eigenen Lagerkellern. Schiffe landeten nicht mehr in Boston, um Eis vom Wenham-See nach allen Enden der Welt zu bringen; die Technik der künstlichen Eisherstellung war erfunden und der eigene Eiskasten im Kommen.

Dreißig Jahre früher hatte sich in England Mrs. Beeton mit ähnlichen Neuerungen in der Haushaltführung beschäftigt, und es bestehen viele Parallelen zwischen ihrem und Fannie Farmers Buch. Beide Frauen schrieben für den Bedarf solcher Familien, die Wohlleben mit Sparsamkeit verbinden mußten. Beide waren darauf bedacht, die Grundlagen des Kochens einem großen Leserkreis zu vermitteln. Aber wo Mrs. Beeton schwatzhaft wird und in die Vergangenheit abschweift, bleibt Miß Farmer streng bei der vorgenommenen Aufgabe. In einer Welt der wachsenden Mechanisierung und Gleichförmigkeit wurde das Kochen zu einer mora-

Zwei Aufnahmen aus Fannie Farmers Schule in "L'Amérique moderne" *von Jules Huret, der dazu schreibt: "Die Zubereitung von Suppen und Braten werden ebenso gelehrt wie Nahrungsmittelkunde, Tischdecken und Servieren".*

lischen Erziehung, und es war die Pflicht jeder verantwortungsbewußten Hausfrau, sich anzupassen, ob sie nun reich war oder arm. "Es ist mein Wunsch", schrieb Fannie als Einführung zu *"The Boston Cooking-School Cook Book"*, "daß dieses Buch nicht nur als eine Aufzählung von erprobten Rezepten angesehen wird, sondern daß es auch durch seine zusammengefaßten wissenschaftlichen Erkenntnisse das Interesse erwecken möge, sich tiefere Gedanken über das Essen zu machen". Soweit hätte Carème ihr sicher beigestimmt. Er wäre allerdings erstaunt gewesen, in welche Richtung Fannie Farmer geleitet wurde. Das amerikanische Beharren auf Genauigkeit beim Kochen ist das ge-

naue Gegenstück zum freien Gestaltungsdrang der Franzosen, deren Küchenchefs selten Zutaten abmessen, dafür aber auf ihre Erfahrung und ihren Spürsinn vertrauen, die richtigen Zutaten in der richtigen Menge zusammenzumischen. Das gilt auch heute noch: Während die meisten Amerikanerinnen nach Kochbüchern verlangen, die ein schrittweises Vorgehen geben, scheint die französische Hausfrau mit ein paar beiläufigen Bemerkungen auszukommen.
Es war auch Fannie Farmer, die mit den Überresten des schwerfälligen europäischen Systems, das die Zutaten mit Gewichten maß, aufräumte, und den Amerikanerinnen an seiner Stelle entschlossen das Gleichmaß des Hohlraumes verordnete.

Obwohl achtzig Jahre vergangen sind, hat "Fannie Farmer" noch immer eine riesige Anhängerschaft. Durch eine erste Überarbeitung, die Fannie selber vornahm, um die Benützung von Gas und Elektrizität miteinzubeziehen, wurde das Buch wieder auf den neuesten Stand gebracht. Die letzten Ausgaben erwähnen Tiefkühler, Fleischthermometer und Mixer, und obschon der ursprüngliche Inhalt auf 3000 Rezepte verdoppelt wurde, ist dieses Buch viel besser angekommen als das von Mrs. Beeton, zweifellos deshalb, weil die eigene Familie weiterhin die Herausgabe betreut. Fannie Farmer mag ihre Grenzen als praktische Köchin gehabt haben – seltsamerweise hielt die Familie weniger von ihrer Kochbegabung als von derjenigen ihrer Schwester May oder der Haushälterin der Familie; ihr Organisationstalent, ihre Gabe, anderen Ideen weiterzugeben und ihr geistiges Erfassen des Kochens als einer Wissenschaft jedoch waren außergewöhnlich. Ihr Sinn für Genauigkeit hatte einen nicht abzuschätzenden Einfluß auf das moderne amerikanische Kochen und trug ihr den Spitznamen "Mutter des gestrichenen Maßes' und einen dauerhaften Platz in der Geschichte der Kochkunst ein.

Gegenüber:
"Die Bostoner Kochschule ist eine nützliche Einrichtung", berichtet Jules Huret etwas spitz. "Sie nimmt Bauernmädchen auf, die Dienstmädchen werden möchten, und Millionärstöchter, die lernen wollen, wie man jenen befiehlt."

Um 1910 besuchte ein Franzose Fannie Farmer's Schule in Boston. Er berichtete:
"Die zweite Schule, die ich sah, war eine Kochschule. Eine Frau mietete irgendwo ein paar Zimmer, ließ eine luxuriöse Broschüre auf Büttenpapier drucken – et voilà, eine neue Schule. Die Leiterin – Miß Farmer – ist eine Frau in den Vierzigern, quicklebendig, blond, mit blitzender, goldgeränderter Brille auf der Nase, ein nettes, kleines Spitzenhäubchen auf dem Kopf, ein Mieder aus weißem Piqué, eine weiße Schürze. Sie erklärt ihr System, das sehr einfach ist. Irische Mädchen kommen aus ihrer Heimat, können nichts und suchen eine Beschäftigung. Für 3 oder 4 Dollars stellt Miß Farmer sie für 2 Wochen in die Küche und macht aus ihnen Köchinnen. Aber das ist nicht alles: Sie lehrt ihnen auch das Servieren am Tisch, weist sie an, die Zähne zu putzen, die Fingernägel zu pflegen und die Haare zu bürsten, und zeigt ihnen, wie man Brosamen vom Tisch aufnimmt, usw. Die Schule wurde aber für einen anderen Zweck gegründet: jungen Mädchen der mittleren und oberen Bürgerschicht beizubringen, wie man selber kocht und den Haushalt führt. Sie melden sich in Gruppen von acht, dies entspricht einer Klasse. Sie zahlen 1 Dollar oder 1,50 Dollar pro Unterrichtsstunde. Es gibt 6 Kurse, jeder zu 10 Stunden.
Ich sah diese Mädchen ihre Häubchen aufsetzen, ihre Schürzen umbinden; Hausfrau zu spielen schien ihnen Spaß zu machen. "Sie kommen zu mir, gleich nachdem sie sich verlobt haben", sagt mir Miß Farmer, "und Sie sehen, sie machen die Arbeit selbst, bereiten den Lunch, servieren ihn abwechslungsweise und essen ihn. Es gibt keine bessere Lehrmethode."
Ich frage Miß Farmer, ob ihre Schülerinnen die ganzen 60 Stunden besuchen. "Die meisten", sagt sie, "Es gibt doch viel zu lernen! Im ersten Kurs zeigen wir ihnen, wie man Feuer macht, wie man einen Gasherd benützt, wie man Kartoffeln und Eier kocht, Brot und Äpfel bäckt, wie man Kaffee filtert, wie man Brotteig macht, einfache Suppen und Puddinge. Der zweite und dritte Kurs dient der Weiterbildung im Kochen. Der 4. Kurs gehört dem Gebäck, den Salaten und den Desserts. Im 5. Kurs lernen die Schülerinnen das Servieren, denn bevor man anderen befiehlt, muß man selber wissen, wie es gemacht wird. So lernen meine Mädchen auch Tische abräumen, Böden polieren, aufwaschen und abstauben, Butterbällchen drehen, Teller, Tassen und Gläser im Schrank versorgen, Silber putzen, Tische für alle Arten von Anlässen dekorieren, russischen, englischen Tee und Eistee kochen, Gäste bewirten, Sandwiches zubereiten, verschiedene Weine und Liköre auswählen – mit einem Wort, sie erlernen die französische Kunst der Servierens. Der sechste Kurs behandelt die Krankenkost. Ich gehe mit den Schülerinnen in ein Spital, wo ich ihnen in der allgemeinen Abteilung praktische Anleitungen gebe. Dann bringe ich ihnen das Einkaufen bei, und wie man Vorräte anlegt. Dabei lernen sie die Preise vergleichen. Von Zeit zu Zeit helfen uns französische Küchenchefs – von den besten Hotels in Boston oder einem Übersee-Passagierdampfer. Der Chef der MS "Touraine" beispielsweise kam verschiedene Male und gab meinen Mädchen Stunden."

"L'Amerique moderne", von Jules Huret, Paris 1911

Auguste Escoffier

1846–1935

Mehr als 70 Jahre nach seinem Erscheinen bleibt Escoffiers "Le Guide culinaire" *das maßgebende Handbuch der französischen Berufsküche. Links eine der seltenen Photographien des Privatmannes Escoffier.*

Escoffier ist als "Kaiser der Köche und Koch der Kaiser" bezeichnet worden. In den dreißig Jahren vor dem ersten Weltkrieg galt er als der unbestrittene Führer in allen kulinarischen Belangen. Es war die Zeit, als gekrönte Häupter (allen voran der Prinz von Wales, der spätere Eduard VII.), in Begleitung bekannter Schönheiten die mondänen Kurorte Europas bereisten und als zwischen St. Petersburg und Cannes die Kurswagen der Compagnie des Wagons-Lits verkehrten. Escoffier war aber auch der große Reformer und Erzieher, der die moderne französische Küche schuf, indem er die gekünstelte *haute cuisine* eines Carême auf das Wesentliche reduzierte.

Ob London, Paris, Cannes, Monte Carlo, Nizza oder Luzern, überall führte er zwischen 1880 und 1914 jeweils die beste Küche. Die Pariser Restaurants spielten jetzt eine bedeutende Rolle. Die großen Chefs arbeiteten nicht mehr in Privathäusern, sondern die vornehme Gesellschaft traf sich in deren Restaurants und Hotels. Im Café Anglais, dessen Chef Dugléré die bekannte *Seezunge Dugléré* schuf, "soupierte man bis Mitternacht und spielte Bakkarat bis zum Morgengrauen, und die russischen Großfürsten zertrümmerten die Glaswände mit knallenden Champagnerkorken."

Der Schweizer Hotelpionier César Ritz war für Escoffier der ideale Partner. Sie arbeiteten während beinahe 40 Jahren in fünf der berühmtesten Hotels Europas zusammen.

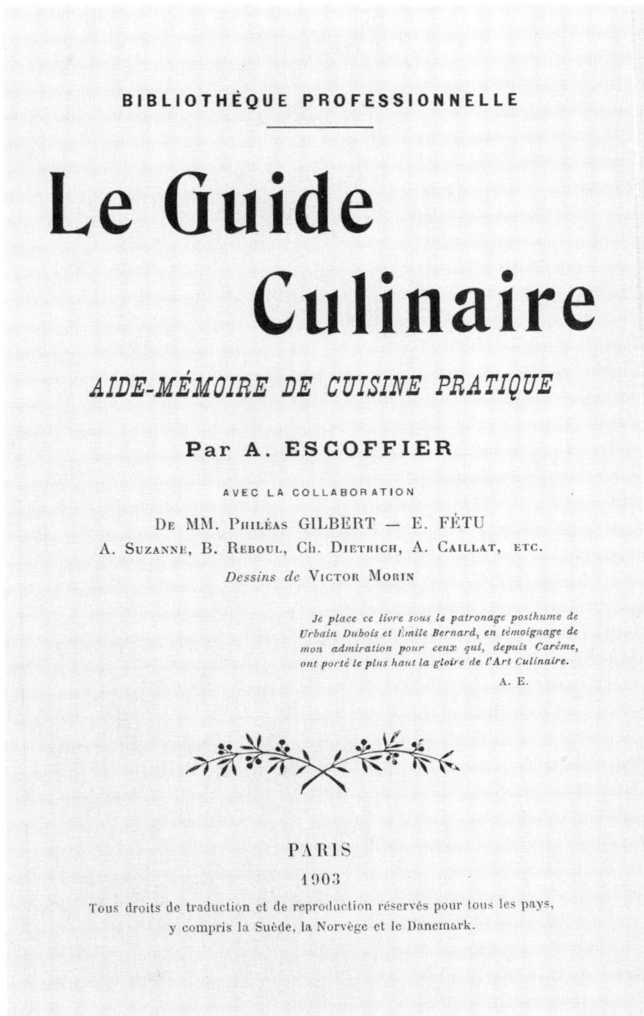

BIBLIOTHÈQUE PROFESSIONNELLE

Le Guide Culinaire

AIDE-MÉMOIRE DE CUISINE PRATIQUE

Par A. ESCOFFIER

AVEC LA COLLABORATION

DE MM. PHILÉAS GILBERT — E. FÉTU

A. SUZANNE, B. REBOUL, Ch. DIETRICH, A. CAILLAT, ETC.

Dessins de VICTOR MORIN

Je place ce livre sous le patronage posthume de Urbain Dubois et Émile Bernard, en témoignage de mon admiration pour ceux qui, depuis Carême, ont porté le plus haut la gloire de l'Art Culinaire.

A. E.

PARIS

1903

Tous droits de traduction et de reproduction réservés pour tous les pays, y compris la Suède, la Norvège et le Danemark.

Gegenüber:
"Le Dîner" *von Albert Guillaume. Die ganze Heiterkeit und Lebenslust der* belle époque *sprechen aus diesem Bild. Escoffier schilderte einmal belustigt das Mißgeschick, das einem unerfahrenen Kellner widerfahren war. Der Unglückliche leerte eine Schüssel Erbsen in den Schoß einer Dame, verlor völlig die Nerven, entschuldigte sich stotternd, in gebrochenem Englisch, und begann, jede einzelne Erbse sorgfältig einzusammeln, bis er vom erzürnten Gemahl seines Opfers zu Boden geschlagen wurde.*

Escoffiers Leistungen sind untrennbar mit dem Wirken von César Ritz verbunden. Die schicksalhafte Begegnung mit dem schweizerischen Hotelpionier fand 1880 in Monte Carlo statt. Escoffier, damals 34 Jahre alt, hatte wohl eine hervorragende Schulung hinter sich, doch noch keinerlei Beweise für seine große Begabung geliefert. Nach einer sechsjährigen Lehre bei seinem Onkel (in dessen Restaurant in Nizza, unweit Escoffiers Geburtsort Villeneuve-Loubet) war er 19jährig nach Paris gegangen, wo er zunächst fünf Jahre im bestbekannten Le Petit Moulin arbeitete. Später gab er zu, wie schwer es für ihn gewesen war, auszuhalten. Der sehr empfindsame junge Mann ertrug den ständigen Lärm und den vulgären Ton, der in der Küche herrschte, nur schlecht, dazu war er klein von Gestalt und mußte Spezialschuhe tragen, um in der Nähe der dampfenden Herde nicht zu ersticken.

Der elegante Speisesaal des Londoner Hotels Savoy bildete den passenden Rahmen für Escoffiers Kochkunst.

Kurz nach Kriegsende kehrte Escoffier nach Paris zurück, übernahm während sechs Jahren die Leitung des Petit Moulin und war anschließend in verschiedenen führenden Restaurants tätig. Mitten in Monto Carlos Wintersaison verlor César Ritz im

La bonne cuisine est la base du véritable bonheur

A. Escoffier

Mai 1911

Während der Belagerung von Paris 1870 wurde in den Strassen Katzen-, Ratten- und Hundefleisch öffentlich verkauft; auch die Bestände des Tierparks fielen der Hungersnot zum Opfer.

Grand Hotel seinen Chefkoch Giroix an seinen großen Rivalen, das Hôtel de Paris. Da berief er Escoffier, und damit begann eine beispiellose Zusammenarbeit. Während der folgenden sechs Jahre teilte Escoffier seine Zeit zwischen dem Grand Hotel Monte Carlo und Ritz' Grand Hotel National in Luzern, beides Häuser, zu deren Gästen der Kaiser von Österreich und der Prinz von Wales – für den Escoffier *Poulet Derby* kreierte – gehörten. Ritz

Oben:
Auf einer Speisekarte aus dem Jahr 1920 finden sich Notizen von Escoffiers Hand. Er war ständig damit beschäftigt, neue Rezepte festzuhalten, wie hier für velouté germiny *und* filet de sole portugaise.

Unten:
Inserat einer englischen Firma für Küchengeräte. Viele der damals in Hotelküchen gebräuchlichen Utensilien werden auch heute noch verwendet.

Menu Juin 1920
Melon cantaloup
Velouté Germiny
Filets de sole Portugaise
Selle d'agneau
Pommes nouvelles
Petits pois à l'Anglaise
(517) Cailles froides à la Richelieu
Coeurs de Romaine
Fraises au Curaçao
Crème Chantilly
A. Escoffier
Propositions pour 6 personnes
Velouté Germiny
Filet de sole Portugaise
6 personnes

vermochte wie kein Zweiter so illustre Kundschaft anzuziehen. Er war nicht nur stets elegant, sondern besaß die Gabe der persönlichen Ansprache. Jeder Gast fühlte sich bei ihm zuhause und ließ sich gerne durch seinen Chefkoch verwöhnen.
Escoffier schaffte die überladenen Garnierungen aus dem 18. Jahrhundert ab und ersetzte sie durch einfach gekochtes Gemüse und gehackte Petersilie, wobei er betonte, daß alles genießbar sein müsse. Vorbei war die Zeit der mit Trüffeln, Hahnenkämmen und Krevetten gespickten Zierspießchen, verschwunden auch der Sockel, auf denen die Speisen so wirkungsvoll aufgebaut waren. Speisen sollten wie Speisen aussehen, meinte er. Denselben Abscheu empfand er vor der allzu starken Verwendung aromatisch und geschmacklich verschiedener Ingredienzen, die sich gegenseitig verdarben; er bemühte sich vielmehr, die völlige Übereinstimmung einiger weniger zu erreichen. Seine Seezunge z.B., in Wein pochiert, erhitzt er in einer mit Schalotten und Thymian abgeschmeckten Sauce, der ganz zuletzt Austern beigegeben werden. Escoffier erklärte jeweils, solche Vereinfachungen bedeuteten eine Weiterentwicklung, keinesfalls eine Rückbildung der Kochkunst.
1889 übernahmen Ritz und Escoffier das Hotel Savoy in London. Ihr Ruf und Ansehen war ohnegleichen und zog sogleich die Rothschilds, die Vanderbilts, die Morgans, die ganze internationale Gesellschaft in das neue Haus. Escoffier war voll ausgelastet und mit hunderterlei neuen Rezepten beschäftigt. Nur einige seien hier genannt: *Coupe Yvette, Poularde Adelina Patti, Consommé favori de Sarah Bernhardt* und *Salade Tosca.*
Ritz hatte mit seinem Charme die Damen der englischen Gesellschaft erstmals dazu gebracht, auswärts zu dinieren. Auch stadtbekannte Schönheiten, z.B. Lily Langtry, wurden oft im Savoy gesehen, und Nellie Melba stieg stets bei ihm ab, wann immer sie in Covent Garden, dem Hotel gegenüber, sang. Es war nach einer Lohengrin Vorstellung, als Escoffier zum ersten Mal *pêches Melba* servierte, die seither weltbekannten, kurzaufgekochten Pfirsiche auf Vanilleneis, die er aus Anlaß einer Wagner-Oper in einem aus Eis gehauenen Schwan auftragen ließ. (Erst viel später krönte Escoffier die Speise mit der frischen Himbeersauce.)
Als Ritz 1896 sein Hotel an der Place Vendôme eröffnete, wiederholten sich die Ereignisse, denn ganz Paris strömte hin, von Escoffiers sagenhafter Küche angezogen. Drei Jahre später war Escoffier wieder in London, diesmal in Ritz' neuem Carlton-Hotel. Hier endlich fand er Zeit, seine Rezepte zu sammeln und seine Ideen festzuhalten, die dann 1902 im *"Guide culinaire"* erschienen.

Escoffiers Rezepte mit ihren vielen Kreuzverweisen sind ohne beträchtliche Kocherfahrung schwer zu befolgen. Unsere Auswahl beschränkt sich auf einfachere Anweisungen aus *"Ma Cuisine"*.

★★★★★★★★★★★★★★★★★★★★★

Purée Crécy

Diese Karottensuppe zeigt, wie Escoffier auch einfache Zutaten sehr sorgfältig zubereitet. Ein *tamis* ist ein Stoff- oder Drahtsieb zum Durchpassieren von Suppen und Saucen.

5 bis 6 Karotten (500–600 g) ganz fein in eine Kasserolle schneiden, in der 2 Eßlöffel Butter geschmolzen wurden, dazu eine verhackte Zwiebel geben. Mit einer Prise Salz und einer kleinen Prise Zucker abschmecken. Mit einem Liter Kraftbrühe aufgießen: 125 g gut gewaschenen Reis beigeben und sachte kochen lassen. Durch einen feinen tamis *passieren; das Püree mit kochender Kraftbrühe zu Suppe verdünnen und zuletzt zwei Eßlöffel Butter einrühren.*

BEILAGE: *kleine in Butter geröstete Brotwürfel.*

ANMERKUNG: *Für* crème Crécy *vor dem Anrichten 2 dl kochende Sahne je Liter Püree beigeben.*

Die Brotwürfel können durch einige Löffel Reis oder in Kraftbrühe gekochte Perltapioka ersetzt werden.

22. Tamis pour purée (v. p. 17).

KAROTTEN-CREMESUPPE (GEBUNDENE KAROTTENSUPPE)

Für 6 Personen

30 g Butter
5–6 mittlere Karotten
(500–600 g), fein geschnitten
1 mittlere Zwiebel, feingehackt
1 kleine Prise Zucker
Salz
1–1¼ l Rinds- oder Hühnerbrühe
125 g Reis

ZUM FERTIGMACHEN:

2 dl dicke Sahne
30 g Butter

FÜR DIE BROTWÜRFEL:

3 Brotscheiben, in kleinen Würfeln
(ohne Rinde)
60 g Butter
7 cl Öl

In einer Kasserolle mit dickem Boden die 30 g Butter schmelzen, die Karotten, die Zwiebel, Salz und Zucker beigeben. Zugedeckt sacht 5–7 Minuten kochen lassen, bis die Buttter aufgesaugt und die Gemüse weich sind. 1 l Brühe und den Reis zugeben, zum Kochen bringen, zugedeckt 25–30 Minuten sacht kochen.

FÜR DIE BROTWÜRFEL: Die Brotwürfel in Butter und Öl allseitig goldbraun rösten, auf Papier abtropfen und warm stellen.
Die Masse im Mixer pürieren oder durch ein Sieb streichen, wieder in die Kasserolle geben, nur eben zum Kochen bringen, wenn nötig mehr Brühe zugeben, damit die Suppe die Konsistenz dünner Sahne hat. Nun die dicke Sahne einrühren, nur eben zum Kochen bringen und abschmekken. Vom Herd nehmen, die Butter einrühren. Die Brotwürfel separat dazureichen.

145. Bassin à blancs d'œufs avec son fouet (v. p. 14).

Oeufs pochés bourguignonne

Zu Escoffiers Zeit war die von Carême eingeführte Sitte, gewisse Speisen nur zu gewissen Mahlzeiten zu reichen, eine feste Regel geworden, die heute noch für klassische Speisenfolgen gilt. Eine Eierspeise wie diese, auch *hors d'œuvres (antipasti)*, und kalte Gericht wie Roastbeef oder Hummersalat, werden z.B. nur zu Mittag gereicht. Abends kommt mindestens eine Suppe auf den Tisch; früher folgte einer gebundenen oft noch eine klare Suppe. Die Bezeichnung *bourguignonne* weist gewöhnlich auf Rotwein hin – für eine Eierspeise ungewöhnlich als Zutat, aber das Ergebnis spricht dafür.

Anzahl Eier: vier. Einen Liter Rotwein mit einem Kräutersträußchen aus einem halben Lorbeerblatt, Petersilie und Thymian, eine Viertel Knoblauchzehe und zwei Zwiebelscheiben 5–6 Minuten kochen, durch ein feines Sieb seihen, in den Kochtopf zurückgeben und die Eier darin pochieren; abtropfen und auf in Butter geröstete Brotscheiben legen. Den Wein stark kochen, bis auf ½ Liter reduzieren; vom Feuer nehmen und mit einem knappen halben Eßlöffel Mehl, mit einem Eßlöffel Butter vermischt, binden. Die Eier leicht mit der Sauce bedecken.

POCHIERTE EIER BURGUNDER ART

Für 2 Personen als Hauptgericht, für 4 Personen als Vorspeise

1 l roter Burgunder
Kräutersträußchen (1/2 Lorbeerblatt, 2 Thymianzweiglein und 2–3 Petersilienstengel)
1 kleine Knoblauchscheibe
2 Zwiebelscheiben
4 Eier
Salz und Pfeffer
Bindemittel: 30 g Butter und 8 g Mehl (1 Eßlöffel)

FÜR DIE BROTSCHEIBEN:

4 Scheiben Weißbrot
Butter (etwa 40 g)

In einem niederen Kochtopf den Wein mit dem Kräutersträußchen, Knoblauch und Zwiebel aufkochen, 5 Minuten sacht kochen und sieben. Den Wein wieder in den Kochtopf geben und nochmals zum Kochen bringen. Ein Ei nach dem anderen sorgfältig in den springend kochenden Wein aufschlagen, so daß das Ei sich dreht und das Weiß den Dotter umhüllt. Die Hitze zurücknehmen und 2–3 Minuten pochieren. Auf Papier abtropfen. Den Wein auf die Hälfte einkochen.

DIE BROTSCHEIBEN: Sie weden in der Butter auf beiden Seiten goldbraun geröstet.
Die Eier und die Brotscheiben können bis zu einer Stunde im voraus bereitet und bei Zimmertemperatur aufbewahrt werden.

ZUM FERTIGMACHEN: Die Eier auf die Brotscheiben legen und im mittelheißen Ofen (190° C) 4–5 Minuten erhitzen. Den Wein zum Kochen bringen, und die Butter/Mehlmischung stückweise hineinschlagen, um die Sauce leicht zu binden. 2–3 Minuten sacht kochen, abschmecken und über die Eier löffeln. Restliche Sauce dazureichen.

Filets de sole Otéro

Unzählige seiner kulinarischen Schöpfungen benannte Escoffier nach berühmten Persönlichkeiten. Dieses Fischgericht ist einer berühmten Schönheit, La Belle Otéro genannt, der Geliebten des Prinzen von Wales (des nachmaligen Eduard VII.), gewidmet.

Im Ofen werden große Kartoffeln vorausgebacken, eine je Seezungenfilet. Wenn sie gar sind, der Länge nach ein Stück Haut abschneiden und die Kartoffeln aushöhlen. Die Filets rollen und in Butter und einigen Eßlöffeln Fischfond pochieren. In jede Kartoffel erst einen Löffel Krevetten in Béchamelsauce, dann je ein Seezungenfilet geben; mit Béchamelsauce auffüllen, etwas geriebenen Käse darüberstreuen, mit zerlassener Butter leicht anfeuchten und im Ofen oder unter dem Grill rasch überbacken. Die Kartoffeln auf einer Serviette anrichten.

SEEZUNGENFILETS OTÉRO

Für 4 Personen

4 große Kartoffeln
4 Seezungenfilets (etwa 300 g)
30 g Butter
1 dl Fischfond oder Weißwein
Salz und Pfeffer
260 g gekochte Krevetten, grob verhackt

FÜR DIE BECHAMELSAUCE:

45 g Butter
25 g Mehl
1/2 l Milch, gewürzt mit 1 Scheibe Zwiebel, 6 Pfefferkörnern und 1 Lorbeerblatt

ZUM FERTIGMACHEN:

30 g geriebener Käse
30 g zerlassene Butter

Escoffier verwendete Dover Seezunge (also aus dem Ärmelkanal), aber es können auch andere weiße Fischfilets genommen werden.

Die Kartoffeln in einem mittelheißen Ofen (170° C) etwa 1–1¼ Stunde backen, bis sie gut durch sind. Wenn sie heiß aus dem Ofen kommen, der Länge nach ein Stück abschneiden und das Innere aushöhlen (kann anderweitig verwendet werden).

ZUM POCHIEREN DES FISCHES: Die Filets rollen und in eine gebutterte, feuerfeste Form geben. Den Fischfond oder den Wein darüberlöffeln, mit Salz und Pfeffer bestreuen und Butterflöckchen draufgeben. Mit Folie decken und in mittelheißem Ofen 15–20 Minuten garen.

FÜR DIE BECHAMELSAUCE: Die Butter schmelzen, das Mehl einrühren, schaumig werden lassen, die Milch seihen, dazugeben und unter ständigem Rühren aufkochen, abschmekken und 2–3 Minuten ziehen lassen. Die verhackten Krevetten mit 3–4 Eßlöffeln Sauce mischen und in die Kartoffeln füllen. Die Fischfilets abtropfen lassen und je eines in eine Kartoffel geben, mit Béchamelsauce auffüllen. Etwas Käse und Butter draufgeben. Die Kartoffeln können 6–8 Stunden im voraus bereitet und im Kühlschrank aufbewahrt werden.

ZUM FERTIGMACHEN: Sind die Kartoffeln noch warm, werden sie im Ofen braun überbacken. Müssen sie wieder erhitzt werden, brauchen sie 20–25 Minuten im mittelheißen Ofen (170° C). Auf einer Platte mit einer weißen Serviette anrichten.

Nellie Melba, die gefeierte australische Sopranistin (unten rechts), gehörte zu Escoffiers liebsten Gästen; nach ihr benannte er verschiedene Speisen. Während einer ihrer wiederholten Schlankheitskuren wurde der Melbatoast geboten: das sind jene hauchdünnen Weißbrotschnitten, die im Ofen geröstet werden. Die allerersten pêches Melba *(links), in einem aus Eis gehauenen Schwan gereicht, entsprachen wohl eher ihrem Geschmack.*

Sein Buch ist eine erstaunliche Sammlung klassischer Rezepte und Beilagen – über 5000 an der Zahl. Escoffier verschweigt durchaus nicht die Mitarbeit einiger Berufskollegen, die er dankend erwähnt. Beginnend mit den Grundbegriffen, den *fonds,* Grundsaucen und Teigarten, baut er sie wie Bausteine zu den herrlichen Gerichten zusammen, für die er und seine Vorgänger so berühmt waren. "Eher ein Instrumentarium als ein Buch" zu schaffen, war sein Ziel. Hinter der etwas technisch anmutenden Aufmachung verbirgt sich seine vierzigjährige praktische Erfahrung auf allen Gebieten der Kochkunst. Es ist aber keine Anleitung für die private Küche, und dem Laien, der wohl den Rezepten folgen kann, fiele es schwer, sie zu Hause anzuwenden. Jedoch für den Berufskoch, der die Fachausdrücke kennt und alle Grundsaucen zur Verfügung hat, ist *"Le Guide culinaire"* mit Tausenden von Rezepten wirklich das unübertroffene Handbuch und der "ständige Begleiter", von dem Escoffier so sehr hoffte, daß er es werde.
Natürlich gab es auch Leute, die Escoffier bekrittelten oder ablehnten. "Es dürfte schwierig sein,

Auch Sarah Bernhardt (links), die große französische Tragödin, wußte Escoffiers Kunst zu schätzen.

diese *suprêmes* auf den Tisch zu bringen, wie sie gedacht sind", hieß es abschätzig von Escoffiers *suprêmes de volailles Otéro* im Kochbuch *"La grande cuisine illustrée".* Das einzig Neue – und kaum Empfehlenswerte – liegt darin, sie auf Trüffelscheiben zu reichen, wobei die kleinste Trüffel nach dem Abschälen wohl noch ein Pfund gewogen haben muß." Die dies schrieben, waren zwei junge Küchenchefs, Prosper Montagné und Prosper Salles, beide Schüler von Giroix, Escoffiers

Gegenspieler in Monte Carlo. Noch deutlicher als Escoffiers "*Le Guide culinaire*" (das erst zwei Jahre später erschien) zeigt ihr Buch, wie weit sich die Kochsitten von den überladenen *pièces montées* entfernt hatten. Es war aber ein weniger umfassendes Werk und brachte den Verfassern keinen vergleichbaren Erfolg. Erst 35 Jahre später sollte es Prosper Montagné als Herausgeber des "*Larousse gastronomique*", der hervorragenden Enzyklopädie der Kochkunst, zu der Escoffier kurz vor seinem Tod in liebenswürdiger Weise das Vorwort schrieb, zu Ansehen und Einfluß bringen.

Escoffiers größte Neuerung betraf das Auftragen, den Service, womit er eine kurz nach Carêmes Tod eingetretene Entwicklung beschleunigte. Während Jahrhunderten war *à la française* aufgetragen worden, d.h. eine große Zahl verschiedenster Gerichte kam gleichzeitig auf den Tisch. Die Speisen konnten allerdings zwei- bis dreimal ausgewechselt werden und ergaben so drei oder vier Gänge. Dahinter steckte die Absicht, mit möglichst vielen Gerichten eine eindrucksvolle Schau des Überflusses zu bieten, nach dem Muster der mittelalterlichen Bankette. *Service à la russe* ist die heutige Art, Gerichte nacheinander zu reichen. Sie hat zwei große Vorteile: Die Speise kommt dann auf den Tisch, wenn sie am besten ist, und es gibt weniger Überreste, weil die Mengen besser abzuschätzen sind. Carême war selber in Rußland auf diese Methode gestoßen, die ihm, der die Zurschaustellung liebte, nur mißfallen konnte.

Die neue russische Mode kam denn auch nur langsam auf und setzte sich erst 1856 durch, als Urbain Dubois, der zwanzig Jahre in Rußland tätig war, sein umfangreiches Werk "*La Cuisine classique*" zusammen mit Emile Bernard, herausbrachte (für Escoffier "beides begabte Männer"). Um 1870 war diese Art des Service durchaus üblich, was Escoffier erlaubte, seine Speisenfolgen stark zu kürzen. In "*Le livre des menus*" (1912) legt er die Grundsätze für gut geplante Essen dar. Sie sollten dem Anlaß sowie den Gästen entsprechen, auch die Jahreszeit sei zu berücksichtigen; ist die Zeit knapp, sollte ebenfalls das Menü knapp gehalten sein, jedenfalls seien allzuviele Gänge zu vermeiden. Ein typisches Wintermenü des Carlton Hotels bestand aus: Blini mit Caviar, Consommé, Seezunge an Weißweinsauce, Rebhuhn und Nudeln mit Gänseleber,

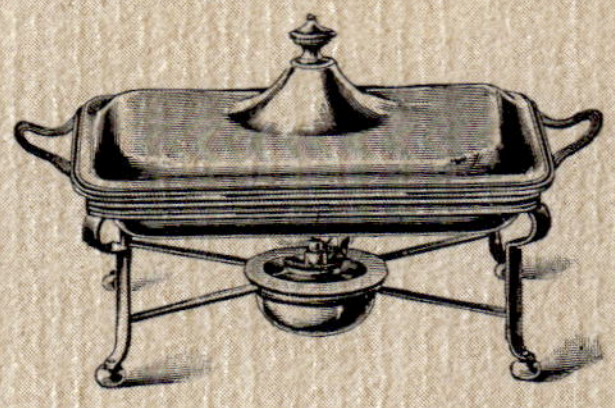

Escoffier machte seine Lehrzeit in lärmigen Großküchen, wie hier im Pariser Café Riche in den späten 1860er Jahren. Links die Speisekammer, wo der garde-manger *sein Amt ausübt, gegen die Hitze der Hauptküche abgeschirmt. Vorne links das verglaste Büro, von wo der oberste Chef die ganze Küche überwachen konnte, während er Einkauf und Speisenfolgen plante. Anstelle der damals üblichen Wärmeschüsseln (oben) sind heute elektrische Plattenwärmer getreten, aber manche Kupferpfannen (unten) gehören heute noch zu den unerläßlichen Gerätschaften des Küchenchefs.*

STEW-PAN.

BAIN-MARIE.

Grands restaurants de Paris. — Les nouvelles cuisines du café Riche, fondé en 1785, agrandi en 1865.

Boiling-Pot.

Braizing Pan.

Block Tin Saucepan.

Double, or Milk, Saucepan.

Stock-Pot.

Urbain Dubois, ein Berufskollege Escoffiers, gab in seinen Schriften Anleitungen für den Service. Links der altmodische service à la française, *bei dem für jeden Gang alle Gerichte gleichzeitig aufgetischt sind. In dieser recht naiven Darstellung scheinen sie allerdings vom Tisch zu rutschen! Rechts ist der Tisch für den* service à la russe, *die heute allgemein übliche Speisenfolge für verschiedenartige Gerichte, gedeckt.*

DINER SERVI A LA FRANÇAISE.

DINER SERVI A LA RUSSE.

Lamm *noisettes* (Filetkoteletts ohne Knochen) mit Artischockenherzen und Erbsen, Champagnersorbet (Halbgefrorenes); alle Speisenfolgen dieser Art enthielten als Erfrischung für den Gaumen Sorbets aus herbem Wein oder frischen Früchten.
Es folgten Truthahn mit Trüffeln, Endivien- und Spargelsalat und verschiedene Süßspeisen. Auch wenn man bescheiden zulangte, war eine solche Mahlzeit für unsere Begriffe üppig, hatte jedoch den Vorteil, nur einen Bruchteil der Gerichte zu umfassen, die Carême für ein vergleichbares Essen *à la française* aufgetischt hätte.
Wie Madame Ritz berichtet, sah Escoffier "wie ein Schriftsteller aus", und der grauhaarige, sanftmütige Mann verließ lieber die Küche, als sich mit einem fehlbaren Untergebenen zu streiten. Er war wirklich ganz anders als die üblichen, großmauligen Küchenchefs. Als er seine Laufbahn begann, war der Beruf des Koches wenig geachtet. Eingedenk seiner eigenen Lehrjahre wollte er alles daransetzen, um eine Verbesserung zu erreichen. Fluchen und die allgemein rohen Küchensitten verbot er und bestand darauf, daß in seiner Küche Ruhe herrsche. Er selbst erhob nie die Stimme und änderte bezeichnenderweise den Namen des *aboyeur* (der die Bestellungen "hinausbellte") in *annonceur* (Ankündiger). Gegen die widerwärtige Hitze konnte er nicht viel tun, achtete aber darauf, daß stets ein Krug mit ungegärtem Gerstenbräu zum Löschen des Durstes bereit stand, womit er der üblen Gewohnheit der Köche, allzuviel Bier und Wein zu trinken, Einhalt gebot.

Prosper Montagné, der Verfasser des "Larousse gastronomique", *ein Zeitgenosse Escoffiers, dem er den Ruhm streitig machte.*

Poulet grand-mère

Dieses einfache Hühnergericht aus "Ma Cuisine" ist echte Hausmannskost, wie schon der Name "nach Großmutter Art" besagt.

Das Huhn mit der folgenden Masse füllen: Einen Löffel feingehackte Zwiebel, in Butter glasig werden lassen, dazu 60 g Wurstfülle, die verhackte Hühnerleber, eine Prise Petersilie und 2 Löffel frische Weißbrotkrume, alles leicht mit Salz und Pfeffer abgeschmeckt, geben. Das Huhn dressieren und mit 50 g magerem Speck, in Würfelchen geschnitten, einem Löffel Butter und 10 kleinen Zwiebeln in eine irdene Kasserolle legen. Zudecken und über leichter Hitze dünsten. Sobald das Huhn und die Zwiebeln goldbraun sind, werden 300 g Kartoffeln, in kleinen Würfelchen, zugegeben; bei gleichbleibender Hitze weiterdünsten. Das Huhn in der Kasserolle zu Tisch bringen.

HUHN GROSSMUTTER ART

Für 2–3 Personen

1 ganzes Huhn, etwa 1¼ kg, mit der Leber
45 g Butter
60 g magerer Speck, in Würfelchen geschnitten
10 kleine Zwiebeln, blanchiert und geschält
Salz und Pfeffer
2 mittelgroße Kartoffeln

FÜR DIE FÜLLUNG:

½ mittelgroße Zwiebel, feingehackt
15 g Butter
60 g Wurstfülle
2 Teelöffel gehackte Petersilie
30 g frische Weißbrotkrume
Salz und Pfeffer
Dressiernadel und Bindfaden

FÜR DIE FÜLLUNG: Die Zwiebel in der Butter hellbraun dünsten, die Wurstfülle zugeben und verrühren, darauf die gehackte Hühnerleber beigeben, hellbraun dünsten. Vom Herd nehmen, Petersilie und Brotkrumen einrühren, mit Salz und Pfeffer abschmecken. Auskühlen lassen, das Huhn füllen und dressieren.

In einem Kochtopf 45 g Butter schmelzen, das Huhn, Speck und Zwiebel hineingeben, mit Salz und Pfeffer abschmecken. Zugedeckt (der Deckel muß gut schließen) über kleiner Hitze 20 Minuten hellbraun dünsten, das Huhn ab und zu wenden, umrühren. Die Kartoffeln schälen, in etwa 1 cm-Würfel schneiden und hinzugeben. Zugedeckt unter gelegentlichem Umrühren und Wenden des Huhnes weitere 20–25 Minuten dünsten, bis das Huhn sehr weich ist und die Kartoffeln schön braun sind. Den Dressierfaden entfernen und das Huhn im Topf auftischen.

Pêches Melba

Die berühmteste aller Escoffier-Speisen wird selten richtig bereitet, d.h. mit frischen Pfirsichen, frischem Himbeermark und hausgemachtem Vanilleeis. Ein *timbale* ist eine metallene, oft versilberte Platte mit hohem Rand; der Name stammt vom arabischen *at-thobal* ("die Trommel").

Man suche zarte, steinlösliche Pfirsiche aus, tauche sie rasch in siedendes Wasser, hebe sie mit einer Schaumkelle heraus und gebe sie in Wasser mit Eiswürfeln; darauf werden sie geschält, mit Zucker bestreut und kalt gestellt. Ferner braucht man ein sehr sahniges Vanilleeis und das gezukkerte Mark ganz frischer Himbeeren. Das Vanilleeis wird sodann in einer timbale oder einer Kristallschale angerichtet, die Pfirsiche darauf gegeben und mit dem Himbeermark überdeckt.

ANMERKUNG: *Wenn frische Mandeln erhältlich sind, können noch feine Splitter darübergestreut werden; aber niemals getrocknete Mandeln verwenden!*

PFIRSICH MELBA

Für 6 Personen

6 reife, steinlösliche Pfirsiche
1 Zitrone
Etwas Zucker (zum Darüberstreuen)
¾ l Vanilleeis (möglichst hausgemacht)

FÜR DAS MARK:

500 g frische Himbeeren (oder auch tiefgekühlt)
Staubzucker
6 Eisschalen oder Kelche

Wie bei allen einfachen Rezepten hängt auch hier das Gelingen von der Qualität der Zutaten ab.

Siedendes Wasser über die Pfirsiche gießen, einige Sekunden stehen lassen, dann die Früchte in eisgekühltes Wasser geben. Wenn sie sehr reif sind, wird die Haut sich nach 10 Sekunden im siedenden Wasser leicht entfernen lassen; sind sie weniger ausgereift, brauchen sie länger. Die geschälten Pfirsiche mit der aufgeschnittenen Zitronenfläche abreiben und sofort mit Zucker bestreuen, damit sie sich nicht verfärben. Sie werden dann einzeln in Plastikfolie gehüllt und kalt gestellt. Wird dies rasch gemacht, können die Pfirsiche schon 3–4 Stunden im voraus bereitet werden.

FÜR DAS MARK: Die Himbeeren im Mixer mit Zucker (nach Geschmack) pürieren – das Mark sollte aber nicht zu süß sein. Bei Verwendung tiefgekühlter Beeren ist es kaum nötig, Zukker zuzugeben. Das Mark passieren, um die Kerne zu entfernen, und kalt stellen. Auch die Schalen oder Kelche kalt stellen.
Unmittelbar vor dem Auftragen Vanilleeis in die Schalen oder Kelche geben, je einen Pfirsich daraufsetzen, mit Himbeermark bedecken und sofort servieren.

Soufflé Rothschild

Das Rezept findet sich in *"Ma Cuisine"* über verschiedene Seiten verstreut. Fängt man bei den Ingredienzien zum *soufflé Rothschild* an, muß man für die Masse zum *soufflé à la crème* zurückblättern und für die Backangaben noch weiter zurückgehen. Besonders ausgefallen und einzigartig sind die in Danziger Goldwasser eingeweichten kandierten Früchte, die dem Soufflé das gewisse Etwas verleihen.

Zur Masse für soufflé à la crème *fügt man 80 g in Danziger Goldwasser, mit viel Blattgoldflitter, eingeweichte kandierte Früchte bei. Unmittelbar vor dem Auftragen legt man um das Soufflé einen Kranz großer, frischer Erdbeeren oder, wenn es nicht Erdbeerzeit ist, eingemachter Kirschen.*
Die Masse für soufflé à la crème *für vier Personen: 1 dl Milch; 35 g Zukker, ein Löffel Mehl; 10 g Butter; 2 Eigelbe; 3 Eiweiße, sehr steif geschlagen.*
Die Milch mit dem Zucker zum Kochen bringen, das mit etwas kalter Milch glatt verrührte Mehl dazugeben und 2 Minuten kochen; vom Herd nehmen und mit der Butter, den Eigelben und Eiweißen fertigstellen.
Präsentation und Backen von Soufflés: Soufflés werden in einer timbale *oder in einer besonderen, gebutterten und mit Zucker bestreuten Form gereicht. Sie sind in einem eher mittelheißen Ofen zu backen, damit die Hitze die Masse langsam durchdringt. Zwei Minuten, bevor das Soufflé aus dem Ofen kommt, etwas Zucker darüberstreuen, damit es karamelisiert und die Oberseite glasiert. Die Dekoration ist Geschmacksache, sollte aber einfach sein.*

SOUFFLE ROTHSCHILD

Für 4 Personen

160 g kandierte Früchte, gemischt und verhackt
7 cl Danziger Goldwasser
Puderzucker/Staubzucker
8–10 große frische Erdbeeren oder
1 Dose (250 g) Kirschen

FÜR DIE SOUFFLEMASSE:

1,75 dl Milch
60 g Zucker
20 g Mehl mit 7 cl Milch glatt gerührt
15 g Butter
4 Eigelbe
6 Eiweiße
Auflaufform (1½ Liter)

Escoffiers Angaben (zwei ganze Eier und ein Eiweiß für ein Soufflé für 4 Personen) erscheinen uns ziemlich optimistisch. Wir haben die Zahl der Eier verdoppelt. Statt Danziger Goldwasser kann Kirsch verwendet werden.

Die kandierten Früchte fein hacken, den Likör zugeben, und zugedeckt mindestens 1 Stunde stehenlassen. Die Auflaufform buttern und mit Zukker bestreuen.
Die Milch mit dem Zucker erhitzen, bis er aufgelöst ist, dann die Mehlpaste einrühren, unter ständigem Rühren zum Kochen bringen und etwa 2 Minuten weiter kochen lassen, bis sie eindickt. Vom Herd nehmen, mit Butter betupfen und abkühlen lassen, bis sie lauwarm ist. Die Butter schmilzt und verhindert die Bildung einer Haut. Diese Masse kann 2–3 Stunden im voraus bereitet werden.
Zum Fertigstellen des Soufflés den Backofen auf 190° C vorheizen. Die Milchmasse aufwärmen, damit sie wieder weich wird. Die Eigelbe mit den eingeweichten kandierten Früchten einrühren, zusammen mit dem Likör. Die Eiweiße steif schlagen und so leicht wie möglich unter die Masse ziehen. Die Masse in die vorbereitete Form geben und etwa 15–18 Minuten backen. Das Soufflé muß aufgegangen, braun und in der Mitte noch weich sein. Die Oberfläche mit Staubzucker bestreuen, auf eine Platte setzen, diese mit den Erdbeeren oder Kirschen garnieren; sogleich auftragen.

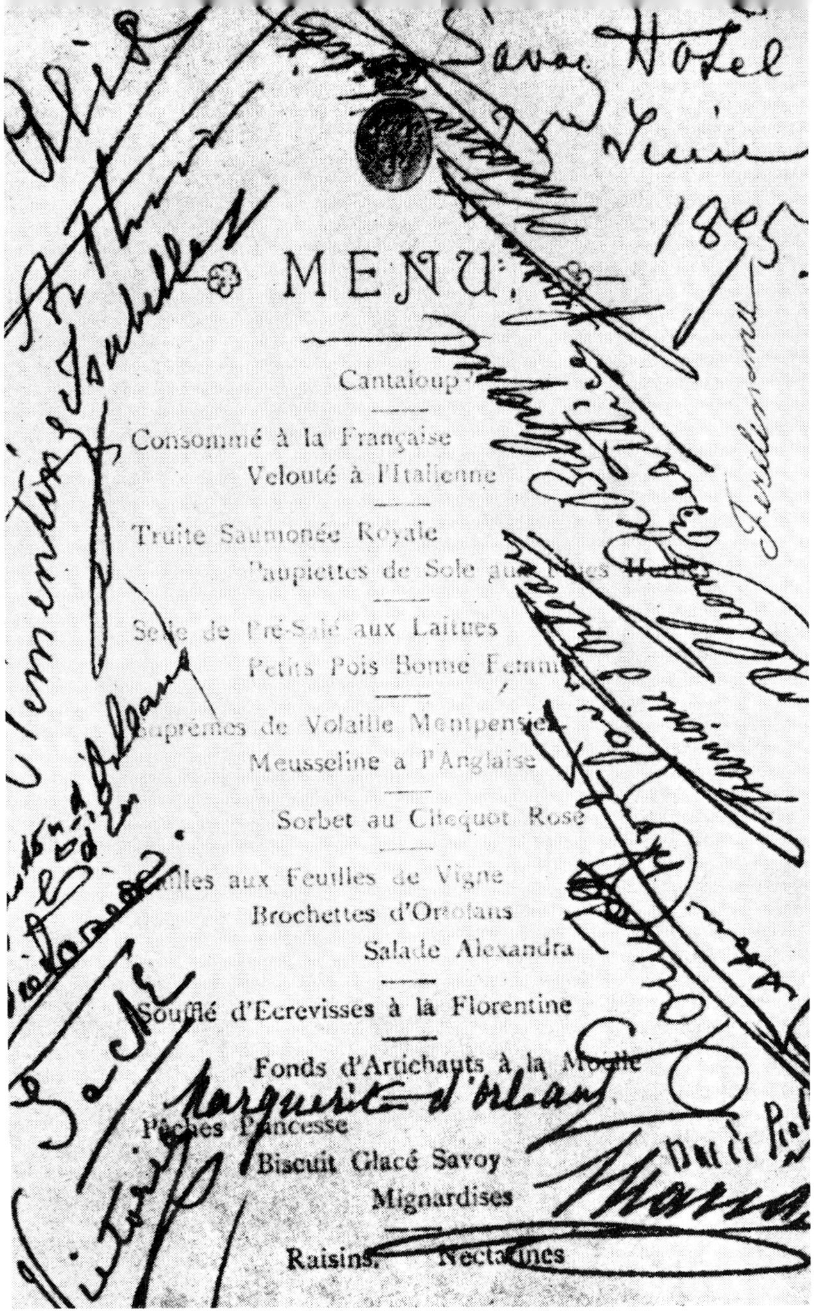

Diese Speisekarte des Savoy Hotels aus dem Jahr 1895 trägt die Unterschriften königlicher Hoheiten aus ganz Europa. Der Anlaß war die Hochzeit des Herzogs von Aosta mit der Herzogin von Orléans.

Noch wichtiger war Escoffiers Reformwerk in der Küche selbst. Seit dem Mittelalter bestand der Küchenstab aus mehreren Gruppen, von denen jede mehr oder weniger selbständig arbeitete. Dies hatte zur Folge, daß die üblichen Vorarbeiten für Saucen und Gebäck unter Umständen mehrmals von verschiedenen Brigaden ausgeführt wurden. Das bedeutete nicht nur eine Vergeudung, sondern erschwerte auch die Qualitätskontrolle. Escoffier teilte seine Küche nun in fünf gegenseitig abhängige Hauptabteilungen, *parties* genannt, ein. Der *pâtissier* machte das Gebäck für alle *parties,* der *garde-manger* überwachte die kalten Platten und Vorräte für die ganze Küche, während die warmen Gerichte einesteils vom *entremettier* (zuständig für Suppen, Gemüse und Süßspeisen) oder vom *rôtisseur* (zuständig für Braten und in der Pfanne zubereitete Gerichte) kamen. Ranghöchster nach Escoffier war, seiner Wichtigkeit entsprechend, der *saucier.* Wurde ein Gericht bestellt, konnte es nicht nur von den betreffenden *parties* schnell zubereitet, sondern von Escoffier selber im Endergebnis besser überprüft werden. In großen Küchen wird heute noch so gearbeitet. Wenn auch allgemein als der große Meister der *grand cuisine* der Restaurants angesehen, war Escoffier in der privaten Küche genau so zu Hause. Sein Buch *"Ma cuisine"* (1934) ist eine ausgezeichnete Darstellung der bürgerlichen Küche, die mit *poulet sauté bourguignonne, brandade de morue* und *paté de veau et de jambon* heute noch Geltung hat. Das Werk ist ebenso umfassend wie *"Le Guide culinaire",*

Das Carlton-Hotel in London, wo Escoffier bis zu seinem Rücktritt 1919 tätig war.

doch dank weniger Kreuzverweisen und mit mehr Erläuterungen unendlich leichter anwendbar.
Escoffier setzt recht ordentliche Kochkenntnisse voraus. Er erwähnt zwar Mengenangaben, ist aber weniger systematisch und gibt weder Ofenhitze, Kochzeit noch Portionen an.
Bis Ende des ersten Weltkrieges blieb Escoffier im Ritz Carlton und zog sich dann mit 73 Jahren nach Monte Carlo ins Privatleben zurück. Er konnte nun auf sechzig Jahre gänzlicher Hingabe an die Kochkunst zurückblicken. Er ist als der überragende Chef der letzten hundert Jahre in die Geschichte eingegangen, und sein *"Guide culinaire"* ist das hauptsächliche Handbuch der Köche geblieben. Escoffier ist der Vater unserer heutigen Speisenfolgen, die, wenn auch vereinfacht, immer noch seinem Aufbau entsprechen. Er war und bleibt der Schöpfer vieler unserer Lieblingsgerichte. Vor allem war es Escoffier, der dem mittelalterlichen, schaustellerischen Prunk der Tafel ein Ende setzte, um endlich nach 500 Jahren die Qualität vor die Menge zu stellen und dem Feinschmekker gegenüber dem Vielfraß zu seinem Recht zu verhelfen.

Tournedos chasseur

Dies ist ein gutes Beispiel für das schrittweise Vorgehen in der feinen französischen Küche. Das Ergebnis ist ein trügerisch einfaches Rinderfilet mit einer Weinsauce, welche vier Grundelemente – Fleischbouillon *(fond)*, braune Grundsauce *(demi-glace)*, Fleischextrakt *(glace de viande)* und Tomatensauce – erfordert. Es ist zudem eines von Escoffiers einfacheren Rezepten für Rinderfilet. Jedes *chasseur* (Jägerart) benannte Gericht bedingt entweder die *sauce chevreuil* (Spezialsauce zu Wildbret) oder die *sauce chasseur*, mit Champignons, Schalotten und Weißwein.

Die Rinderfilets würzen und rasch braten; auf einer runden Platte anrichten. Den Bratfond mit Cognac und Weißwein aufgießen. Für je vier Filets eine feingehackte Schalotte und ein Dutzend frische, blättriggeschnittene Champignons, in Butter gedünstet, beigeben; 1 dl sauce demi-glace, *die mit Tomaten (-sauce), einem Löffel* glace de viande *und einer Prise gehackter Petersilie verfeinert ist, aufgießen, einige Sekunden ziehen lassen und über die Rinderfilets gießen.*

Sauce chasseur

150 g feinblättrig geschnittene Champignons in Öl und Butter leicht anbräunen. Einen Löffel gehackte Schalotten beigeben und unmittelbar mit ½ dl guten Cognacs und 1 dl Weißwein auffüllen und auf die Hälfte einkochen. Zum Fertigmachen 3 dl sauce demi-glace, *2–3 Löffel Tomatensauce und einen Löffel* glace de viande *beigeben, einige Minuten kochen lassen und zuletzt eine Prise gehackte Petersilie einstreuen.*

Sauce demi-glace

Die demi-glace *genannte Sauce ist spanische Sauce, fertiggemacht mit reduzierter Fleischbouillon* (fond) *oder einem guten Fleischextrakt.*

Sauce espagnole

Für einen Liter spanische Sauce wird 100 Gramm roux (Mehlschwitze), wie beschrieben, bereitet. Wenn er fertig ist, die Pfanne vom Herd nehmen, einige Sekunden auskühlen und einen Liter klaren braunen Fond mit einem Besen einrühren, damit es keine Klumpen gibt. Die Sauce unter ständigem Rühren mit dem Besen oder einem Spachtel aufkochen, dann auf der Seite sachte kochen lassen.
Ein mirepoix (Röstgemüse) wie folgt bereiten: 30 g in kleine Würfel geschnittener fetter Speck, 30 g Zwiebeln, 50 g in Wüfel geschnittene Karotten, ein Thymianzweig, ein kleines Lorbeerblatt und einige Stengel Petersilie. Den Speck mit 30 g Butter in einer flachen Pfanne schwitzen lassen, die Gemüse und Kräuter beigeben und sacht dünsten lassen.
Die Sauce 3 Stunden sacht weiterkochen lassen, ab und zu einige Deziliter kalten braunen Fond zugeben (wegen des Abschäumens). Das Klären geht umso rascher, wenn der Fond mit dem Saft des dazu verwendeten Fleisches verstärkt wird. Im richtigen Moment die Sauce in eine Schüssel passieren, wobei das mirepoix leicht auszudrücken ist; die fertige Sauce schlagen, bis sie fast kalt ist. In Vorrat halten.

Sauce tomate

Für 1 Liter gute Tomatensauce braucht man 3 kg frische Tomaten; sie werden halbiert, die Kerne – ohne das Tomatenfleisch zu zerdrücken – entfernt; die entkernten Tomaten kleinschneiden und mit 75 g Butter, oder besser 5 Suppenlöffel Olivenöl, 10 g Salz, einer Prise Pfeffer und einem Strauß Petersilie (um eine Knoblauchzehe gewickelt) in eine Kasserolle geben. Zudecken und 30–35 Minuten bei kleiner Hitze kochen. Durch ein feines Sieb treiben, das so erhaltene Püree in eine Schüssel geben, die Oberfläche mit einem Stück Butter reiben und auf die Seite stellen.

TOURNEDOS CHASSEUR

Für 6 Personen

FÜR DIE BRAUNE GRUNDSAUCE (DEMI-GLACE):

45 g Butter
20 g Mehl
Ca. 1 Liter klarer brauner Fond/erstklassige Fleischbouillon
1 Eßlöffel Speck, in Würfeln
1 Eßlöffel Zwiebeln, in Würfeln
2 Eßlöffel Karotten, in Würfeln
1 Prise Thymian
1 kleines Lorbeerblatt
Einige Stengel Petersilie
1 Teelöffel Fleischextrakt

FÜR DIE TOMATENSAUCE:

1 Pfund frische Tomaten, halbiert, entkernt und kleingeschnitten, oder 500 g italienische Tomaten in Büchsen, abgetropft und kleingeschnitten
15 g Butter oder Olivenöl
Einige Stengel Petersilie, um eine Knoblauchzehe gewickelt
Salz und Pfeffer
15 g Butter

FÜR DIE CHASSEURSAUCE:

25 g Champignons, feinblättrig geschnitten
2 Eßlöffel Öl
30 g Butter
2 Schalotten, feingehackt
2 dl Weißwein
3 Eßlöffel Cognac
Braune Grundsauce (siehe oben)
Tomatensauce (siehe oben)
1 Teelöffel Fleischextrakt
2 Teelöffel gehackte Petersilie

FÜR DIE RINDERFILETS:

6 Scheiben Rinderfilet (4–5 cm dick)
1 Eßlöffel Öl
15 g Butter (1 Eßlöffel)
Salz und Pfeffer
1,25 dl Weißwein
Chasseursauce (siehe oben)
Ein Sträußchen Brunnenkresse, zum Garnieren

Fleischextrakt läßt sich durch Einkochen von 4 dl Fond/Fleischbouillon auf 2 Teelöffeln bereiten.

FÜR DIE BRAUNE GRUNDSAUCE (DEMI-GLACE): In einer Kasserolle mit dickem Boden 30 g Butter schmelzen, das Mehl beigeben und unter ständigem Rühren schwitzen lassen, bis es nußbraun ist. Vom Herd nehmen, ½ Minute abkühlen lassen, dann mit ½ l Fond/Fleischbouillon auffüllen. Unter ständigem Rühren aufkochen und halb zugedeckt sacht weiterkochen lassen. Die restliche Butter in einer kleinen Kasserolle schmelzen, den Speck beigeben und schwitzen lassen. Zwiebeln, Karotten, Thymian, Lorbeerblatt und Petersilie hinzugeben und 5–7 Minuten leicht dünsten, bis das Fett aufgesaugt ist und die Gemüse weich sind. Das *mirepoix* hineingeben und weiterkochen. Von Zeit zu Zeit 1–1½ dl kalte Fleischbouillon nachfüllen, wieder aufkochen und abschäumen, damit die Sauce klar und glänzend wird. Nach einer Kochzeit von 2–3 Stunden, wenn die ganze Fleischbouillon aufgebraucht und die Sauce die Konsistenz dünner Sahne hat, wird sie durchpassiert, wobei die Gemüse noch gut ausgepreßt werden. Es sollte etwa ½ Liter Sauce ergeben. Den Fleischextrakt beifügen, aufkochen und abschmecken.

FÜR DIE TOMATENSAUCE: Die Tomaten in eine Kasserolle mit dickem Boden, zusammen mit der Butter oder dem Öl, Petersilie, Knoblauch, Salz und Pfeffer, geben. Unter gelegentlichem Umrühren zugedeckt 30–40 Minuten sacht kochen lassen, bis die Tomaten ganz verkocht sind.

Durch ein feines Sieb treiben und sacht kochen, bis die Sauce den Löffel überzieht. Abschmecken, dann die Oberfläche mit den restlichen 15 g Butter abreiben, um die Bildung einer Haut zu verhindern. Das Rezept sollte etwa 2 dl Sauce ergeben.

FÜR DIE CHASSEURSAUCE: Die Champignons bei mittlerer Hitze in Öl und Butter leicht anbräunen. Die Schalotten beigeben, eine Minute weiterkochen lassen, dann so viel Fett wie möglich abgießen. Den Weißwein und den Cognac hinzugießen und auf die Hälfte einkochen lassen. Die braune Grundsauce *(demiglace)* und die Tomatensauce einrühren, aufkochen und 5 Minuten leicht kochen lassen. Die Petersilie einstreuen, abschmecken und warm stellen.

BRATEN DER RINDERFILETSCHEIBEN: In einer schweren Bratpfanne das Öl und die Butter erhitzen und das Fleisch scharf braten (für blutiges Steak 3–4 Minuten je Seite). Mit Salz und Pfeffer bestreuen und auf einer runden Platte anrichten. Den Bratfond mit Weißwein ablöschen, einkochen lassen, die Chasseursauce beigeben und einige Minuten sacht kochen lassen. Die Sauce löffelweise über die Fleischstücke geben, den Rest dazureichen. Die Platte mit Brunnenkresse garnieren.

Eine Tafelrunde in Prosper Montagnés weltbekanntem Restaurant in Paris. Man erkennt den Hausherrn (in weißer Jacke), Escoffier (am Tischende rechts), der sich mit seinem Mitarbeiter, Philéas Gilbert, unterhält, und Curnonsky (vorne links).
Personen und Namen mögen ändern, aber das gastronomische Frankreich wird immer noch von einigen wenigen tonangebenden Männern, unbestrittenen Kennern und Könnern, beherrscht.

NACHWORT

Was geschieht heute mit der Kochkunst? Wohin geht der Weg von hier aus? Fannie Farmer würde sich über die äußerst genauen Details der modernen Rezepte freuen; aber ist nun, da die Schlacht für die Genauigkeit gewonnen ist, jener Funke an Individualität, der ein gutes Gericht erst herrlich macht, zum Erlöschen gebracht? Vatel würde sehr erleichtert sein, daß die Fischlieferungen in unseren Tagen nicht mehr von launenhaften Pferdetransporten abhängig sind; aber mit dem Verbrennungsmotor haben auch Standardisierung und Supermärkte Einzug gehalten. Kann das Kochen als Kunst überleben?

Natürlich kann es! Kaum jemals war Kochen eine so zeitgemäße Beschäftigung wie gerade heute. Dank neuer Technologie und der raschen Verbreitung seiner Zutaten hat es eine wirkliche Revolution durchlaufen. Die Köche selber haben sich verändert. Die jahrhundertealte Kluft zwischen dem Chefkoch und dem Hauskoch ist schmäler geworden. Die beiden großen Kochtraditionen – einerseits repräsentiert durch die *grande cuisine* von Carême und Escoffier, andererseits durch die Haushaltsbroschüren von Hannah Glasse, Amelia Simmons und Mrs. Beeton – nähern sich einander an. Heute kann ein Chefkoch sich durchsetzen und Berühmtheit erlangen, ohne daß er zuerst lange Jahre niedrige Arbeit verrichten muß. Auf der anderen Seite bereiten immer mehr Hausfrauen die Spezialitäten der großen Küchenmeister zu. Der Nutzen ist dabei gegenseitig; die Öffentlichkeit gewinnt ein besseres Verständnis von dem, was zur Schöpfung eines großen Gerichtes nötig ist, und die Chefköche genießen die Herausforderung, die eine anspruchsvolle und kritikfähige Kundschaft darstellt. Das Feinste an der Kochkunst ist nicht mehr im Monopol der großen Tafeln zu sehen. Die Restaurants werden kleiner und persönlicher, und die Gegenwart des Chefkochs wird ebensosehr gesehen wie gefühlt. Das moderne Leben hat die großen Kochbrigaden beseitigt und mit ihnen auch die dicken Wälzer der Jahrhundertwende, die das Küchenleben beherrscht hatten. Aber wenn sich auch der Stern eines Escoffier verdunkelt hat, so wird die Kochkunst dennoch immer untrennbar bleiben von den Meisterköchen der Vergangenheit. Die neueste Form der *nouvelle cuisine* folgt noch immer der ursprünglichen Inspiration, wie sie Marin 1742 darlegte: "weniger Aufwand, weniger Mischungen, aber genausoviel Abwechslung; eine einfachere, sauberere und kenntnisreichere Art von Chemie".

VERZEICHNIS DER REZEPTE

AUSGEWÄHLTE BIBLIOGRAPHIE

BILDNACHWEIS

VERZEICHNIS DER REZEPTE

Originalrezepte sind kursiv gedruckt.

AUSGEWÄHLTE BIBLIOGRAPHIE

Diese Bibliographie umfaßt etwa 80 Bücher, die vor 1974 erschienen sind und am häufigsten bei den Nachforschungen für *Kochkünste aus sieben Jahrhunderten* verwendet wurden. Dagegen schließt sie die bereits im Text erwähnten Kochbücher aus, außer wenn sie wiedergedruckt worden sind. Zur Information über die Originalausgaben sollte man eine der unten angeführten Standardbibliographien konsultieren (Bitting, Lowenstein, Simon, Vicaire oder Westbury). Weitere zur Nachprüfung wertvolle Hinweise können in vielen der hier aufgezählten Büchern gefunden werden.
Zu den Spezialbuchhandlungen, die den Sammler antiquarischer oder vergriffener Kochbücher gerne bedienen, gehören: The Corner Book Shop, 102 4th Avenue, New York; Cookbooks Only, 1727 2nd Avenue, New York; Marian Gore, Box 433, San Gabriel, California; Librairie Salet, 5 quai Voltaire, Paris; Librairie Morcrette, Box 26, 95270 Luzarches (kurz vor Paris); in England: John Lyle, Harpford, Sidmouth, Devon und Janet Clarke, Manor House, Hunsterton, Nantwich, Cheshire.

Academia Italiana della Cucina: *Atti.* Gedruckt in Mailand. Erstes Meeting, 1969; zweites Meeting, 1971; drittes Meeting, 1973; viertes Meeting, 1974. Diese Organisation wurde gegründet zur zuverlässigen Erforschung der Geschichte des Kochens in Italien. Ihre Ergebnisse beziehen sich auf eine interessante Vielzahl von Themen, vom venezianischen Gewürzhandel über den Einfluß der französischen Küche in der Renaissance bis zum Einfluß der italienischen Küche in England.

Acton, Eliza: *Modern Cookery.* London, 1845. Neudruck. Elek Books, London, 1966.

Aebischer, Paul: "Un Manuscrit valaisan du *Viandier* attribué à Taillevent." *Valesia,* Bulletin annuel de la Bibliothèque et des Archives cantonales du Valais, Suisse, no. 7, 1953. Der Autor argumentiert, daß dieses Manuskript von *Viandier* vor der Zeit von Taillevent entstanden sei.

Ainsworth-Davies, J.R.: *Cooking through the Centuries.* Dent, London, 1931.

Alberini, Massimo: *Storia del pranzo all'italiana.* Rizzoli, Milano, 1966.
—: *4000 Anni a tavola.* Fabbri, Milano, 1972.

American Heritage Magazine: *The American Heritage Cookbook and Illustrated History of American Eating and Drinking.* American Heritage Publishing Co., New York, 1964.

Apicius: siehe Guégan, Bertrand.

Aylett, Mary und Olive Ordish: *First Catch Your Hare.* Macdonald, London, 1965.

Barber, Richard: *Cooking from Rome to the Renaissance.* Allen Lane, London, 1973.

Battiscombe, Georgina: *English Picnics.* Harvill Press, London, 1949.

Beeton, Isabella: *Beeton's Book of Household Management.* London, 1861. Neudruck: Jonathan Cape, London, 1968.

Bitting, Katherine Golden: *Gastronomic Bibliography.* San Francisco, 1939. Neudruck: Gryphon Books, Ann Arbor, Michigan, 1971.

Booth, Sally Smith: *Hung, Strung and Potted.* Potter, New York, 1971.

Burnet, Regula (Hrsgb.): *Ann Cook and Friend.* Oxford University Press, Oxford, 1936. Dieses Buch erzählt die seltsame Geschichte von Ann Cooks Angriffen auf Hannah Glasse.

Carême, Antonin: *Le Cuisinier parisien.* Zweite Auflage, Paris, 1828. Neudruck: Daniel Morcrette, Luzarches, Frankreich, 1976.

Carson, Jane: *Colonial Virginia Cookery.* Colonial Williamsburg, 1968.

Castelot, André: *L'Histoire à table,* Plon, Paris, 1972.

Child, Lydia: *The American Frugal Housewife.* Boston, 1829. Neudruck: (12. Auflage, 1832), Ohio State University Library, 1971.

Clair, Colin: *Kitchen and Table.* Abelard-Schuman, London, 1964.

Cougnet, Alberto: *I Piaceri della tavola.* Bocca, Torino, 1903. Dies ist eine gute Geschichte der Bankette in Frankreich und Italien, obschon Hinweise und Daten manchmal vage sind.

Courtine, Robert: *La Gastronomie.* Presses Universitaires de France, Paris, 1970.

Dodds, Madeleine Hope: "The Rival Cooks: Hannah Glasse and Ann Cook." *Archeologia Aeliana,* Society of Antiquaries, Newcastle upon Tyne, ser. 4, vol. 15, 1938. In diesem maßgeblichen Artikel wurde Hannah Glasses Herkunft zuerst enthüllt. Mr. L.G. Allgood, einem direkten Nachkommen von Sir Lancelot Allgood (Hannahs Halbbruder) bin ich dankbar, daß er mich mit zusätzlichen Informationen über Hannah versehen hat – Familienbriefen entnommen, die Mr. A.H.T. Robb-Smith in einigen unveröffentlichten Notizen zusammengefaßt hat (geschrieben 1961, jetzt im Besitz der Newcastle Public Library).

Dombes, Prince de (zugeschr.): *Le Cuisinier gascon.* Amsterdam, 1740. Neudruck: Daniel Morcrette, Luzarches, Frankreich, 1976.

Dumay, Raymond: *De la gastronomie française.* Stock, Paris, 1969.

Eluard-Valette, Cécile: *Les grandes heures de la cuisine française.* Librairies Associés, Paris, 1964.

Escoffier, Auguste: *Le Guide culinaire.* Paris, 1902. Mehrere Neudrucke bei Flammarion, Paris.
—: *Ma cuisine.* Paris, 1934. Mehrere Neudrucke bei Flammarion, Paris.

Faccioli, Emilio (Hrsgb.): *Arte della cucina.* 2 Bde. Edizione il Polifilo, Milano, 1966. Enthält den vollständigen Text von

Martinos Manuskript und Auszüge aus anderen klassischen italienischen Kochbüchern, darunter Scappis *Opera* und Leonardis *L'Apicio moderno.*

Farmer, Fannie: *The Boston Cooking-School Cook Book.* 1896. Neudruck: Hugh Lauter Levin, New York, 1973.

—: *The Book of Good Dinners.* 1905. Neudruck: Pyne Press, Princeton, 1972.

Fayot, F. (Hrsgb.): *Les Classiques de la table.* Paris, 1843. Mehrere unterschiedliche, im Laufe der Jahre veröffentlichte Ausgaben; die meisten von ihnen enthalten ein autobiographisches Fragment von Carême.

Francatelli, Charles E.: *The Modern Cook,* 1846. Neudruck: Dover Publications, New York, 1976.

Franklin, Benjamin: *On the Art of Eating.* American Philosophical Society, Philadelphia, 1958.

Gault, Henry und Christian Millau: *Guide gourmand de la France.* Librairie Hachette, Paris, 1970. Kein Land, außer Frankreich natürlich, könnte tausend feingedruckte Seiten mit der Geschichte und Geographie seiner Gastronomie füllen. Ein beachtenswerter Dorf-um-Dorf-Bericht über französische Spezialitäten.

Glasse, Hannah: *The Art of Cookery Made Plain and Easy.* London, 1747. Neudruck der Ausgabe von 1796: S.R. Publishers, Wakefield, 1971.

Gottschalk, Alfred: *Histoire de l'alimentation et de la gastronomie.* 2 Bde. Editions Hippocrate, Paris, 1948.

Guégan, Bertrand: *Les dix livres de cuisine d'Apicius.* René Bonnel, Paris, 1933.

—: *Le Cuisinier français.* Emile Paul Frères, Paris, 1934. Die neunzigseitige Einführung ist eine der besten historischen Übersichten über die französische Küche.

Hampson, John: *The English at Table.* Collins, London, 1946.

Hartley, Dorothy: *Food in England.* Macdonald, London, 1954. Ein Meilenstein in der englischen Küchenliteratur.

Hayward, A.: *The Art of Dining.* John Murray, London, 1883. Ein kurzer Klassiker.

Hazlitt, W. Carew: *Old Cookery Books and Ancient Cuisine.* New York, 1886. Neudruck: Gale Research Co., Detroit, 1968. Ein Standardwerk, trotz gelegentlich unzuverlässiger Hinweise.

Herbert, A. Kenney: "The Literature of Cookery." *National Review,* 1895, pp. 676–684, 776–789.

Herbodeau, Eugène und Paul Thalamas: *Georges Auguste Escoffier.* Practical Press, London, 1955.

Horizon Magazine: *The Horizon Cookbook and Illustrated History of Eating and Drinking through the Ages.* American Heritage Publishing Co., New York, 1968.

Hyde, H. Montgomery: *Mr. & Mrs. Beeton.* Harrap, London, 1951.

Jeaffreson, John Cordy: *A Book about the Table.* 2 Bde. Hurst and Blackett, London, 1875. Ein romantischer, aber zuverlässiger Bericht über Ernährung.

Lacroix, Paul: *Manners, Customs and Dress during the Middle Ages and during the Renaissance Period.* London, 1874.

Layard, A.H. "Renaissance Cookery." *Murray's Magazine,* März, 1891.

Lotteringhi della Stufa, Maria Luisa: *Desinari e cene.* Olimpia, Firenze, 1965.

—: *Pranzi e conviti.* Olimpia, Firenze, 1965. Unterhaltende und sehr gut dokumentierte Geschichte hauptsächlich der toskanischen Küche im Laufe der Jahrhunderte; enthält eine nützliche Bibliographie.

Lowenstein, Eleanor: *Bibliography of American Cookery Books.* 1742–1860. Corner Book Shop, New York, 1972.

Mallock, M.M.: "Old English Cookery". *Quarterly Review.* Januar, 1894. Ein vorzüglicher kleiner Bericht.

Martino: siehe Faccioli, Emilio.

Messisbugo, Cristoforo da: *Banchetti.* Ferrara, 1549. Neudruck: Neri Pozza, Venezia, 1960, mit Anmerkungen von Fernando Bandini.

Montagné, Prosper: *Larousse gastronomique.* Überarbeitete Auflage von Robert J. Courtine, Librairie Hachette, Paris 1960.

Morris, Helen: *Portrait of a Chef.* Cambridge University Press, Cambridge, 1938. Dieser interessante Bericht über Soyers Leben zeichnet in bemerkenswerter Weise ein wenig bekanntes Werk von F. Volant und J.R. Warren nach: *Memoirs of Alexis Soyer.* W. Kent, London, 1859.

Nicolardot, Louis: *Histoire de la table.* E. Dentu, Paris, 1868. Eine der besten Geschichten des 19. Jahrhunderts über die französische Küche.

Norman, Barbara: *Tales of the Table.* Prentice-Hall, Englewood Cliffs, New Jersey, 1972.

Pegge, Samuel (Hrsgb.): *The Forme of Cury.* J. Nichols, London, 1780.

Pennell, Elizabeth: *My Cookery Books.* Houghton Mifflin, Boston, 1903.

Pichon, Jérôme und Georges Vicaire (Hrsgb.): *Le Viandier de Guillaume Tirel dit Taillevent.* Paris, 1842. Neudruck: Daniel Morcrette, Luzarches, Frankreich, 1976.

Pichon, Jérôme (Hrsgb.): *Le Menagier de Paris.* Paris, 1846. Neudruck: Daniel Morcrette, Luzarches, Frankreich, 1963. Übersetzt ins Englische von Eileen Power unter dem Titel *The Goodman of Paris.* George Routledge, London, 1928.

Raffald, Elizabeth: *The Experienced English Housekeeper.* London, 1769. Neudruck der Ausgabe von 1782: E & W Books, London, 1970. Ein interessanter Artikel über Mrs. Raffalds Erscheinen in *Manchester Collectanea,* Sitzungsberichte der Chetham Society, Bd. 2, 1872.

Randolph, Mary: *The Virginia Housewife.* Washington, 1824. Neudruck der Ausgabe von 1860: Avenel Books, New York.

Root, Waverley: *The Cooking of Italy.* Time-Life Books, New York, 1968.

—: *The Food of Italy.* Atheneum, New York, 1971. Ein fachkundiger und höchst lesenswerter Bericht über die Kochkunst italienischer Regionen.

Simmons, Amelia: *American Cookery* Hartford, 1796. Neudruck: Oxford University Press, New York, 1958, mit einer interessanten Einführung von Mary Tolford Wilson.

Simon, André: *Bibliotheca Gastronomica.* Wine and Food Society, London, 1953.

—:"From Esau to Escoffier: or the history of gastronomy." *Wine and Food,* no. 28, 1940. Die frühen Nummern dieses Magazins enthalten mehrere nützliche Artikel, herausgegeben von André Simon.

Smallried, Kathleen Ann: *The Everlasting Pleasure.* Appleton Century, New York, 1956.

Smith, E.: *The Compleat Housewife.* London, 1727. Neudruck der Ausgabe von 1753: Literary Services and Production Ltd., London, 1968.

Soyer, Alexis: *A Shilling Cookery for the People.* London, 1854. Neudruck: David McKay, New York, 1959, unter dem Titel: *Soyer's Cookery Book.*

Spain, Nancy: *Mrs. Beeton and her Husband.* Collins, London, 1948.

Stobart, Tom: *Herbs, Spices and Flavourings.* David and Charles, Devon, 1970.

Taillevent: siehe Pichon, Jérôme.

Varenne, La: *Le Cuisinier françois.* Paris, 1651. Eine spätere Ausgabe (Amsterdam, um 1696), welche *Le Maître d'hôtel* und *Le grand Ecuyer-Tranchant* einschließt, ist jetzt wiedergedruckt worden (Daniel Morcrette, Luzarches, Frankreich, 1976).

—: (zugeschr.) *Le Pastissier françois.* Paris, 1653. Die berühmte Elzevir-Ausgabe von 1655 wurde von der Librairie Dorbon Ainé, Paris, 1931, wiedergedruckt, mit einer Einführung von Maurice des Ombiaux.

Vehling, J.D.: "Martino and Platina, Exponents of Renaissance Cookery." *Hotel Bulletin and The Nation's Chefs,* Band 49, no. 14, Chicago, 1932. Vehling war der Finder von Martinos Manuskript, das jetzt in der Library of Congress ist. Da dieses Manuskript identisch ist nicht nur mit den Rezeptteilen in Platinas *De honesta voluptate et valetudine* (1474), sondern auch mit dem Kochbuch *Epulario* (1516), ist Vehlings Annahme, daß das Manuskript aus der Zeit um 1450 datiert – d.h., daß es bereits existierte, als Platina sein Werk schrieb – fraglich. Ein Artikel von Agostino Cavalcabo ("Platina, maestro dell'arte culinaria", in *Cremona,* no. 7, 1935) und Vehlings nachfolgende Monographie ("Platina and the Rebirth of Man", Chicago, 1941) werfen kein neues Licht auf die Datierung.

Vence, Céline und Robert Courtine: *Les grands maîtres de la cuisine française.* Bordas, Paris, 1972.

Vicaire, Georges: *Bibliographie gastronomique.* Paris 1890. Neudruck: Holland Press, London, 1954.

Warner, Richard: *Antiquitates Culinariae.* London, 1791. Kein lateinisches Werk, aber eine der frühesten englischen Geschichten der Gastronomie; es bildet immer noch eine lebendige Lektüre. Enthält *The Forme of Cury,* in einem leichter leslichen Stil als Samuel Pegges Original.

Westbury, Lord: *Handlist of Italian Cookery Books.* Leo S. Olschki, Firenze, 1963. Mit einem hervorragenden einleitenden Essay über italienische Kochkunst.

Whitehall, Jane: *Food, Drink and Recipes of Early New England.* Old Sturbridge Village, Mass., 1963.

Wright, Thomas: *The Homes of Other Days.* London, 1871. Neudruck: Singing Tree Press, Detroit, 1968.

BILDNACHWEIS

The Abby Aldrich Rockefeller Folk Art Collection: 116.

American Antiquarian Society: 119 (oben); 121 (unten); 126 (oben).

The Art Institute of Chicago, Chicago: 122/123.

Archiv der Autorin: 17; 33 (links und Mitte, rechts und unten, rechts); 39 (oben); 41 (oben); 44; 59 (oben und Mitte); 64/65 (oben); 73 (oben, rechts); 78; 87 (links); 89 (oben); 90 (unten); 93 (unten); 117 (oben, rechts); 126 (unten); 129 (Mitte, rechts); 140; 147 (Mitte); 161 (Mitte); 164; 165; 168; 169; 170; 171; 179 (oben); 182 (oben, links und rechts); 185.

Bergamo-Collection, Lorenzelli B.: 106/107.

Biblioteca Estense, Modena: 25 (rechts; Foto Orlandini).

Bibliothèque de l'Arsenal, Paris: 51 (oben; Foto J. Colomb-Gérard); 56 (links; Foto J. Colomb-Gérard).

Bibliothèque Nationale, Paris: 6; 9 (oben, rechts); 12 (oben); 21 (links); 28 (unten); 31; 46; 47 (unten, rechts); 82/83 (unten); 86 (oben); 134 (oben, links und unten).

The Boston Athenaeum, Boston: 118 (links; Foto Sam Masotta); 160.

British Museum, London: 9 (unten, rechts); 10 (oben und links); 12 (unten); 16.

Bulloz, Paris: 13 (Musée du Petit Palais, Paris); 79 (oben).

Civica Raccolta Stampe Bertarelli, Milano: 110 (unten); 114.

Collection Allgood: 96/97 (oben; Foto Northumberland County Records Office).

Pa., Collection of Fred Wichmann: 125 (Foto Courtesy of the John Gordon Gallery, New York).

Collections of The Historical Society of York County, York: 127 (Foto Hayman Studio).

Ermitage Museum, Leningrad: 71 (Giraudon, Foto Hanfstaengl).

William A. Farnsworth Library and Art Museum, Rockland, Maine: 124.

J. Freeman, London: 64/65 (Mitte); British Library, London 2/3; 10 (rechts); 11 (unten, links); 18; 22; 23; 24 (oben und rechts); 29; 33 (oben, rechts); 34; 36; 37 (oben und unten); 38; 39 (links und Mitte, rechts und unten, rechts); 42; 51 (unten); 54 (oben); 55 (unten); 56 (rechts); 60; 61; 62 (Mitte und unten); 63 (rechts); 64/65 (oben); 76 (rechts); 77; 79 (unten); 87 (rechts); 90 (oben); 99 (oben); 128; 129 (oben und Mitte, links); 130 (links); 131; 132/133; 135; 136 (links); 138; 141; 145; 150; 154 (unten); 156; 158 (oben); 176 (unten); 177; British Museum, London: 58; 59 (unten); 69; 82 (Mitte); 93 (oben); 98; Mary Evans Picture Library, London: 92.

Giraudon, Paris: 8 (Musée Condé, Chantilly); 75; 100 (Museo Cà Rezzonico, Venezia); 113 (unten; Museo Cà Rezzonico, Venezia).

Archive of the McGraw-Hill Book Company: 11 (oben); 21 (unten, rechts); 43 (unten, links); 86 (unten); 96 (unten); 104; 108; 112; 113 (oben); 119 (unten); 120; 163; 167; 178; 183; 184; 187.

Hachette, Paris: 85.

Hotel Ritz, Paris: 173 (unten).

Kunsthistorisches Museum, Wien: 43 (Mitte, links).

R. Lalance: 55 (oben); 72; 73 (unten, rechts); 129 (unten); 130 (oben); 134 (oben, rechts); 172; 175 (Mitte).

The Library of Congress, Washington: 21 (oben, rechts).

The Mansell Collection, London: 28 (oben); 40 (Foto Alinari); 49; 66/67; 154 (oben); 158 (unten).

Manuel Frères: 188/189.

Mary Evans Picture Library, London: 54 (unten); 62 (oben); 68; 91 (unten); 99 (unten); 139; 147 (unten); 148 (Mitte und oben); 155; 157 (unten); 180/181 (oben).

The Metropolitan Museum of Art, New York: 43 (rechts; Rogers Fund, 1947); 94/95.

Daniel Morcrette, Luzarches: 19; 101 (oben); 102; 173 (Mitte).

Musée de l'Art Culinaire, Villeneuve-Loubet: 175 (oben); 176 (oben; Foto Cl. Mille).

Musée de Strasbourg, Strasbourg: 52/53 (Cliché Franz).

Musée National du Louvre, Paris: 32 (Foto Agraci); 48 (Foto Agraci); 130 (rechts; Cabinet des Dessins; Foto Musées Nationaux).

Musées Nationaux, Paris: 80/81.

Musée Réattu, Arles: 82 (oben).

Museo del Castello Sforzesco, Milano: 101 (unten).

Museo Nazionale di S. Martino, Napoli: 105.

Museo Storico degli Spaghetti, Pontedassio, Imperia (Collezione Agnesi): 30; 109; 115.

Museo Vaticano, Roma: 20.

National Portrait Gallery, London: 147 (oben).

Dexter Perkins, Rochester, N.Y.: 161 (oben und unten); 162 (links); 166.

Photothèque Laffont, Paris: 74 (unten; Bibliotèque Nationale, coll. de Vinck); 144 (Bibliothèque Nationale, coll. de Vinck); 175 (unten).

Pierpont Morgan Library, New York: 11 (unten, rechts).

Radio Times Hulton Picture Library, London: 14/15; 151; 173 (oben); 174; 179 (rechts); 180/181 (unten); 186.

The Rhode Island Historical Society: 117 (unten, rechts); 121 (oben).

Roger Viollet, Paris: 47 (links; Bibliothèque Nationale); 57 (Bibliothèque de la Ville de Paris); 73 (links; Musée de Versailles); 74 (oben, links); 74 (oben, rechts; Musée de Chantilly); 74 (Mitte, links und Mitte; Bibliothèque Nationale); 74 (Mitte, rechts); 76 (links); 110 (oben); 117 (links); 179 (links); 181; 182 (unten).

Royal Academy of Arts, London: 136/137.

Scala, Firenze: 26/27 (Prado).

Harry Schraemli, Hergiswil: 47 (oben, rechts).

The Science Museum, London: 157 (oben).

Staatliche Museen Preussischer Kulturbesitz, Berlin: 25 (links; Foto Walter Steinkopf).

The Tate Gallery, London: 88; 146.

Treviso-Coll., G. Comisso: 45.

University of Texas, Austin: 152/153 (Humanities Research Center, Gernsheim Collection).

Victoria and Albert Museum, London: 9 (links); 37 (Mitte; Foto McDonald); 43 (oben und Mitte, rechts); 70, 89 (unten); 97 (unten); 149.

Wayland Picture Library: 63 (links); 148 (unten); 159.

Zentralbibliothek Luzern: 14 und 15 (oben, links und oben, Mitte und unten, rechts und unten, Mitte; A. Lonicero: "Kreuterbuch", 1679, Faksimile); 15 (oben, rechts; H. Bock: "Kreuterbuch", 1577, Faksimile); 15 (unten, links; Mattioli: "Commentaires", Lyons, 1579).